中华武术文库

鹿飞雪
解密太极拳

鹿飞雪 著

人民体育出版社

图书在版编目（CIP）数据

鹿飞雪解密太极拳 / 鹿飞雪著. --北京：人民体育出版社，2021
（中华武术文库）
ISBN 978-7-5009-5932-8

Ⅰ.①鹿… Ⅱ.①鹿… Ⅲ.①太极拳-研究 Ⅳ.①G852.11

中国版本图书馆 CIP 数据核字（2020）第267430号

*

人民体育出版社出版发行
北京盛通印刷股份有限公司印刷
新 华 书 店 经 销

*

787×960 16开本 21印张 287千字
2021年7月第1版 2021年7月第1次印刷
印数：1—3,000册

*

ISBN 978-7-5009-5932-8
定价：69.00元

社址：北京市东城区体育馆路8号（天坛公园东门）
电话：67151482（发行部） 邮编：100061
传真：67151483 邮购：67118491
网址：www.sportspublish.cn
（购买本社图书，如遇有缺损页可与邮购部联系）

目 录

太极拳总论

太极拳之名称……………………………………………16

六合论……………………………………………………22

孙式太极拳与杨式太极拳合论暨武当一脉太极解密（1）

——孙公自序………………………………………27

孙式太极拳与杨式太极拳合论暨武当一脉太极解密（2）

—— 起式……………………………………………35

孙式太极拳与杨式太极拳合论暨武当一脉太极解密（3）

——揽雀尾…………………………………………47

孙式太极拳与杨式太极拳合论暨武当一脉太极解密（4）

——懒扎衣…………………………………………54

孙式太极拳与杨式太极拳合论暨武当一脉太极解密（5）

——开合手…………………………………………64

孙式太极拳与杨式太极拳合论暨武当一脉太极解密（6）
——单鞭 70

孙式太极拳与杨式太极拳合论暨武当一脉太极解密（7）
——提手上式与白鹤亮翅 75

孙式太极拳与杨式太极拳合论暨武当一脉太极解密（8）
——搂膝拗步与手挥琵琶 81

孙式太极拳与杨式太极拳合论暨武当一脉太极解密（9）
——进步搬拦捶 90

孙式太极拳与杨式太极拳合论暨武当一脉太极解密（10）
——如封似闭、十字手与抱虎推山 95

孙式太极拳与杨式太极拳合论暨武当一脉太极解密（11）
——肘下看捶 104

孙式太极拳与杨式太极拳合论暨武当一脉太极解密（12）
——倒撵猴 110

孙式太极拳与杨式太极拳合论暨武当一脉太极解密（13）
——三通背 115

孙式太极拳与杨式太极拳合论暨武当一脉太极解密（14）
——云手 125

孙式太极拳与杨式太极拳合论暨武当一脉太极解密（15）
——高探马 132

孙式太极拳与杨式太极拳合论暨武当一脉太极解密（16）
——左右分脚与转身蹬脚 137

孙式太极拳与杨式太极拳合论暨武当一脉太极解密（17）

——践步打捶（进步栽捶） ………………………………… 144

孙式太极拳与杨式太极拳合论暨武当一脉太极解密（18）

——翻身二起（翻身撇身捶） …………………………… 149

孙式太极拳与杨式太极拳合论暨武当一脉太极解密（19）

——披身伏虎（左右打虎式） …………………………… 153

孙式太极拳与杨式太极拳合论暨武当一脉太极解密（20）

——野马分鬃学（野马分鬃右式左式） ………………… 158

孙式太极拳与杨式太极拳合论暨武当一脉太极解密（21）

——右通背掌学、玉女穿梭学（玉女穿梭） …………… 163

孙式太极拳与杨式太极拳合论暨武当一脉太极解密（22）

——云手下式、更鸡独立（单鞭下式、金鸡独立） …… 173

孙式太极拳与杨式太极拳合论暨武当一脉太极解密（23）

——十字摆莲（十字腿） ………………………………… 179

孙式太极拳与杨式太极拳合论暨武当一脉太极解密（24）

——进步指裆捶 …………………………………………… 184

孙式太极拳与杨式太极拳合论暨武当一脉太极解密（25）

——上步七星 ……………………………………………… 187

孙式太极拳与杨式太极拳合论暨武当一脉太极解密（26）

——下步跨虎（退步跨虎） ……………………………… 191

孙式太极拳与杨式太极拳合论暨武当一脉太极解密（27）

——转角摆莲（转身摆莲） ……………………………… 194

孙式太极拳与杨式太极拳合论暨武当一脉太极解密（28）

——弯弓射虎 …………………………………………… 197

孙式太极拳与杨式太极拳合论暨武当一脉太极解密（29）

——孙式双撞捶学、阴阳混一学、无极还原学 …………… 200

习拳偶得

无中生有与丹田内劲 ……………………………………… 204

打太极拳如何能提高免疫力 ……………………………… 208

内开，内动，内通 ………………………………………… 210

长功夫的次第 ……………………………………………… 213

学拳误区ABC ……………………………………………… 218

内家拳的修炼与儒释道三家 ……………………………… 223

说说内家拳的攻击力 ……………………………………… 229

心能常清净　天地悉皆归 ………………………………… 233

清新如兰　淡雅如菊 ……………………………………… 240

内家拳与健康养生 ………………………………………… 245

欲望习气的话题 …………………………………………… 248

实战的真功夫和内家拳的先天 …………………………… 252

论不动心 …………………………………………………… 257

谈谈后天的有形有相 ……………………………………… 260

生命密码与拳道相合 ……………………………………… 266

太极十三式的秘密 …………………………………………… 275

河图　洛书　虚无一气 ………………………………………… 277

《解密形意拳》中几个典型问题的解答 …………………… 280

延缓衰老的秘密就是生长 …………………………………… 283

练内家拳改变气质的原因 …………………………………… 288

儒释道略谈 …………………………………………………… 291

关于习武者早死早衰的原因 ………………………………… 297

兵器论 ………………………………………………………… 300

关于命门后凸 ………………………………………………… 304

点穴论 ………………………………………………………… 307

统论明劲、暗劲、化劲 ……………………………………… 310

睡眠的重要性 ………………………………………………… 313

什么才是真松？ ……………………………………………… 316

内家拳训练体系中的性命双修 ……………………………… 318

太极拳总论

在全面解读本书之先，作此《总论》，把太极拳的起源、宗旨、理论、练法、用法等先讲清楚，读者在进入到后面的招式学习时就可以做到有的放矢。涉及到太极拳的应用方面，本书以野斗实战为背景，主要是突出打，强调打化结合，化为打服务。从科学、客观、实际的角度，解析太极拳的存在价值和实战应用。后一篇的《六合论》非常重要，是内家拳内功应用的核心内容。虽然是以形意拳讲起，但实与太极拳无异，请读者加倍关注。前面把原则和方法都讲清楚，后面具体招式则主要讲用法。这样前后结合起来，以便于大家学、练、用之中抓住重点。

一、拳理

太极拳的起源，公认武当张三丰或张三峰。有史料可查的，张三丰名气最大，是元末明初人，外号邋遢道人。而张三峰则是宋代人，以武艺著称于世。三峰本精于少林，偶观庭院中蛇雀相斗，蛇每进击，雀则后退避其攻势。蛇退则雀进，雀终获蛇。三峰遂悟以柔克刚、以退为进之术，翻外家而为内家，即是武当内家拳的起源。而张三丰，则是当年在武当山修行之时，看到武当山的道士练拳过于刚猛，对身心造成伤害，于是借后天之形，不用后天之力，纯以神行，创编太极拳。武当山一直有太极拳存焉。道史记载张三丰门徒若干，其中宋远桥等颇为知名。民国有宋书铭者，称为宋远桥后人，习练远桥太极拳。当时还有子路太极拳等，不一而足。此皆是武当传人将太极拳流布于民间，形成的不同支脉，但拳架、招式、名称都大同小异，显是三丰一脉的传承。杨露禅学自陈长兴，在《杨氏太极拳体用全书》自序中，杨澄浦转述杨露禅的原话，说此拳源于武当张三丰，后传到蒋发，陈长兴为蒋发唯一弟子。吴氏得艺于杨氏。武氏得艺于赵堡陈清平。赵堡太极拳源自武当。孙禄堂公得艺于武氏。孙公在《太极拳学》自序中言道：太极拳起自武当张三丰。

太极者，一气也！太极即一气，一气即太极。虚无一气，金丹也，拳中之内劲。所以太极拳就是直接练内劲、用内劲的拳。因此太极拳起点极高，从白丁起步相对就比较难。非得于内外两家都融会贯通，对虚无一气也就是内劲得到彻悟，这时候再去练太极拳，就是一日千里的进步。不然从零开始，核心的内劲不掌握，很容易走到有形有相的后天上去。或以为架子就是真理，或以为打手就是技击，或以为发力就是王道，种种不一而足，此皆是抛砖弄瓦，离题万里。

张三丰当年创拳，已经到了拳法道艺极高的程度，才能在运用一气的基础上，拣选了三十几个招式，编创了太极拳。太极拳之所以不好出功夫，在于后人不懂先后天分野的道理。太极拳完全返先天，不在后天思维和肌肉上造作。返先天者，纯粹本能之学。后天者，思维指挥肌肉做功之术。所以学习太极拳，首先要做的就是让大脑和肌肉都休息，脑子里要空空静静，就阻断了对肌肉的控制。练拳则要纯以神行。所谓神，也即先天神意，而不是后天思维刻意，在先天神意指挥下，则是筋膜做主肌肉辅助，也即"意气君来骨肉臣"，屏蔽了后天，则先天渐渐出现，逐渐走入本能运用的状态。那么，什么是先天神意就非常重要了，所谓"拳无拳，意无意，无意之中是真意"。比如李仲轩要离开尚云祥，尚对李交待，没功夫练拳，在脑子里走走拳意也就练了，即所谓"神练"，这个神也是先天神意。用现代生活中的常识来解释，比如你看了一部精彩的电影，回到家往床上一躺，脑子里不由自主地过电影，这个就是先天神意。归结为一句话：是自己来的，便为先天。刻意造作，全是后天。再深入一步，比如别人提了一个问题，你心中瞬间有了答案，但这个答案是朦朦胧胧的，只是个意会，这个东西就是先天神意。有了这个答案，你还得用文字组织解说出来，走了脑子的工作，就是后天思维了。李仲轩在《逝去的武林》（一）中说大画家、大诗人、大戏子的那份灵感，和内劲是一个来路，其实说得非常正确。所谓意会，说不清楚只是个感觉，就是在太极一气先天的状态下智慧般若的觉知，用思维造作文字一解释，就入了后天，分了阴阳。所以生活中很多事不用非得说出来，每个人心里都有答案，所谓"万言万当，不如一默"，非要说出来，就低级了。

到这里，就明白了练太极拳最根本的原则，就是脑子空空静静，肌肉全不做主，而是在先天神意下让身体自己去运动，这样的练法才是正确的，才会出功夫。不然只要一动思维，肌肉就做功，就练到后天消耗上去了。举个例子，常人状态下想动手打人，首先是脑子里起意，这个意起了，肌肉就同步紧张。所以人在后天的运动模式中有个传输的过程，脑子先发出指令，传导到肌肉上，肌肉紧张做功，然后再打出去。肌肉做功需要大量的血液来支持，肌肉做功程度越大，需要血液就越多。血液来自何处呢？心肺功能的支持。所以人一运动，心跳就开始加速，就开始呼吸加速，用不了多久身体就会出现疲惫，就是专业的搏击选手，擂台每局也只有3分钟，不然他们也支撑不了，身体会出现问题。肌肉做功还有个特点，就是力量的分散与消耗。如果肌肉瞬间发出100公斤的力量，打到对方身上却只有30公斤左右，其余70公斤都在肌肉的自我较劲中消耗掉了。而这30公斤力量打到对方身上还是呈现分散的状态，因此不能给对方以毁灭性打击。所以普通人打架，都是把人打翻、打倒的比较多，没有一拳就把人打坏的。专业的拳击或搏击运动员，通过调整身体的发力顺序，通过脚蹬地借力，扭腰胯助力，以半边身子为轴，把另外半边甩出去，这种发力方式就会大大降低力量的自我消耗程度，使力量成倍增加。所以一个优秀的拳击手不一定肌肉发达，但会发出很惊人的力量，就在于这个发力机制。但这种发力机制仍然不能摆脱

心肺消耗、发力速度慢和力量分散这三个关键性的问题，所以搏击擂台上的"KO"，基本都是由外而内的震伤，而不会出现如子弹穿透人体的透力伤害。而且要发重拳必须蓄力，时间上没有优势，如果发刺拳这类时间有优势的，又丧失了绝对力量，这就是后天思维肌肉做功的局限性。

中华武术的前辈们，很早就把这些都研究得清清楚楚，知道人体功能在后天的局限性，所以舍后天而用先天。先天的优势，就在于时间短、威力大、身体几乎没有消耗，而且练、用、养三位一体，练拳的同时也把性命养出来了，故所谓内家者，先天本能之学耳！关于先天运动的特性，比如急刹车，肯定是想都没想脚就出去了，而且正好踩在刹车踏板上。这个力度，与你遇见危险的程度成正比，瞬间危险越大，你发出的力量就越大。由此可知，先天功能基于对生命的保护，它自己能够调整力量、速度、距离、时间，刹那间完成。这个速度是多少呢？0.6秒！再比如你从书柜上拿书，有一本书突然掉下来，肯定是想都不想手就去接，这也是先天本能。再比如自家的婴儿突然从床上掉下来，你在旁边的话，也是想都不想身体自己就出去要接孩子，只要距离在你本能的控制范围内，你就一定能瞬间接到孩子。对比先天后天的特性就知道，当人遇见危险，后天来不及反应的时候，先天功能就会自动出来保护你。所以每个人的身体里同时存在先天与后天两套系统，在人生绝大多数时间里，先天功能都在"睡大觉"，人都是在后天上磋磨消耗生命，除非你遇见危险才能见识到先天本能是怎么回事。所以我们要做的，就是把先天本能找出来，说用就用。

二、练法

知道了先、后天分野，也明白了先天神意，知道了练太极拳、用太极拳都必须在先天本能状态下，由先天神意驱动着身体自己去运动，而不是通过后天神经思维指挥肌肉做功，前者才是太极拳真正的宗旨。那

么问题是，怎么练？

不管是返先天，还是先天神意的运用，都需要个人逐步体证。也就是要通过身心体悟来实证，而不能靠思想来琢磨，一琢磨、一动心就又回到了后天刻意，永远也没有出路。所以释迦牟尼在佛经中经常用一句"不可思议"来指导弟子，就是说不要动脑子去想，不要用聪明思而有得，而是要用先天智慧不思而得。智慧与功夫是一体两面，功夫成就了，智慧也成就了。内家拳的功夫与智慧，其根本是什么呢？无极和一气。无极，就是虚无本体；一气，就是虚无本体衍化天地宇宙的那个功能。在内家拳里，被称作内劲；在道家里，被称作金丹。所谓丹的本质，其实就是虚无，因此道家的修丹之学，也无非就是还虚、入虚、化虚，最后与虚无本质融为一体，是为佛家的涅槃。因此，单纯讲太极拳，初学的练法核心就是"空空静静"这四个字。虽不中，亦不远矣！

"空空静静"，其实也是比喻。虚无本体连空空静静也没有，但一开始一定得从有形有相而入，才能逐步进入到无形无相。如果简单把"空空静静"说成是"入静"也可以，这个入静其实就是平静下来。如果能平静下来，脑子里尽量干净不起念头，慢慢地也就能够向空空静静靠拢了。关键是要把"念头"这东西搞明白。其实念头，是般若智慧在另一层面的反射，本身而言它谈不上好坏，只是人把这个功能用在另外的方面去了。我们在打拳或者站桩中，可以看着这些念头，但你的心不要动，这时返观自身，就会发现你是你、念头是念头，念头并不是你自心本来有的东西，这时也就能够切割。但是切割不是可以去回避、去除、杜绝，那种刻意制造出来的静是假的，是大脑思维在后天刻意出来的一种情景。真正的静，是无生，即丝毫不起，但本体的作用却如日煌煌无时不在，这个才对。这些念头，不要和它们发生联系，你越克制回避，它们就越赖着不走，你不理它们，慢慢也就走了。这就好像一杯清水中投入沙子，如果你拿抄子去捞，是永远捞不干净的。别管它，沙子慢慢沉淀，水也就会重新变清了。

民国时期有杨澄甫弟子发明音乐练拳法,让大家听着音乐打太极拳,这是以一念带万念的方法,对于爱好者、初学者是有用的,但也只是方便手段,如果想深入拳法三昧,就必须直入本源彻悟先天本体玄机,把内劲也就是一气悟出来。对于普通的太极拳爱好者,只是为了身体健康的,那么听着音乐,通过音乐做到安静,脑子也休息了,打拳时轻柔缓慢,肌肉也就休息了,这样也就实现了与道体本质的接续,身心内外一片安静,把音乐也忘记了,则先天元气也会归来,则"长生酒"也就是津液源源不断,身心之内生出无限法喜,越打越开心,不想停下,也就是练到了,作为强身健体则足矣。这个法喜是怎么回事?就是释迦牟尼说的"内触"之乐。释迦云,世间男女性爱的快乐是粗俗且不持久的,而这个内触之乐则细腻且持久。打拳中出来的法喜,和站桩里出来的一样,都表现为身心内部酣畅甜美舒服,深深陶醉其中不愿意出来,这时候身体里头出现的是化学反应,也会开始出现逆生长,那么练对了的人性命上出现逆反回真,表现为显年轻、体力旺盛等。这个法喜到底为何物呢?其实就是人身体内部的阴阳交合。阴阳的属性本质就是要交合,不断衍化出新的阴阳,所以生命才会不断繁衍,天地宇宙也在不断扩大。人是通过男女交媾来实现的,但每个人的身体里头也都自存阴阳,为什么常人不能实现自我交媾,那是因为人在后天欲望习气中,阴阳都被片面地消耗了。当你无限接近或者真做到空空静静了,欲望习气念头不起,这个时候你生命中自带的阴阳就开始自动交合,这个时候出来的就是法喜、内触之乐、化学反应,道家也称这种状态为"混沌"。

这些东西以前可能没人明白地说出来过,都当成是秘密,道家修炼成功的也都是用隐喻,所谓养元婴、育胎儿等。从我这儿将其解密了,明白了这些则大家得福,以后无论站桩还是打拳都能有的放矢,知道往那个方向去努力,不然以其昏昏使人昭昭,一代人一代人就这么糊涂下去,真东西也就慢慢失传了。这些东西,也就中国传统的文化里头有,主要是植根于阴阳学说。阴阳学说是中华民族独有的。中华文明留下的

各类典籍,都是以《易经》为基础,而《易经》就是阴阳经。佛家讲四大皆空,直入本质,不强调过程中的东西,所以释迦牟尼讲法多从心性上入手,真的彻悟本质了,这些东西也就迎刃而解,不是什么大事。当然,这里讲的仅是立足于强身健体、延寿长命的层面,就不往深入里即形而上去解说了。我的本意是把真正的内家性命之学推广,让千百万人受益,身体健康,智慧生发,少病长寿,到这个程度也就达到目的了。

作为普通的太极拳爱好者,只为强身健体的,按照上文所叙也就足够了。其实这些,都是形而上道艺的东西,如果个人真有这个慧根,沿着这个方向去,亦不可限量。作为专门的太极拳习练者,还想出功夫、走入较高层次的,光靠这些就不够了。形而下武艺还有几个要素是必须做到的:一是返归无极,见得本心;二是彻悟一气,把握内劲;三是培育丹田,练出鼓荡;四是易骨易筋,强如虎豹;五是练法打法,无一不通。以上五点,是太极拳走向深入的必由之路,而且都是息息相关、互通有无,基本上一有全有的,必须拜明师练真功,才有可能实现最终目的。

道艺上得依靠上师传法,武艺上也是如此。因为人家都经历过了,走到哪个关节知道怎么解扣,不然基本上是稍有进步,遇到一个关节就永远停在那儿过不去了。孙公其实把核心的原则都说了。孙公的书一字千金,每一个字都有重要的意义,但是现在的人看不懂就没办法深入,因为具体的练法是写不到书上去的,更多靠的是师徒间的口耳相传,有时候是一个眼神,有时候是一句话,有时候是一个动作。同样一句话,10个徒弟听了就会有10种理解,所以此道不易,遑论自学?得点身心上健康的好处是可以的,我把能说的都说了,老老实实照着学和练,一定会受益,只是千万别有点东西就患得患失,就又回到后天思维刻意上去了。很多人一开始挺好,过一段就退步,有人说是退功夫正常,其实没那回事,只是先、后天分野的原因。

告诉大家一个鉴别他人同时也是鉴别自己的方法,就是看结果。

果是对的,因就是对的。练得对不对,有没有功夫,看这人的结果就行了。身体健康都是最基本的,一身的毛病能练什么功?如果连身体问题都没解决,这个器都坏了,别说修行,活着都是不圆满的,你什么也干不了。深入点,要看性命,生命状态得年轻才行。50岁看着像70岁肯定是练错了,得反过来才行。道体本质客观真实,天地宇宙以及生命万物的规律极其客观,不要神化,一神化就容易走错路。

太极拳本身有很多种练法,如今的人们大多只会行云流水般的练法,这是好听点的说法,其实就是像舞蹈那样练的太极拳,可以说身姿美妙,美轮美奂。这么练对不对呢?其实也对,这是道艺的练法。形而上道艺,形而下武艺。任何一门拳术,道艺上的练法就是"飘飘欲仙"这四个字,你练美了,练舒服了,身心内部阴阳自行交合,也就自然能够促进身体的健康。至于说道艺本身,也有很多关窍,包括炼精化气的练法,是需要明白人口耳相传的。如今大多是气血上受益了,也就仅此而已。那么太极拳到底能不能打呢?

三、功夫

太极拳其实是中华武术的本质之学,只是这个本质太彻底,并没有像其他武术门派那样,还有各种各样需求的东西配合。比如少林拳是一整套体系,从拳到功到法。对于少林拳而言,打擂台是个独特的领域,需要专门进行教授学习和实践。打擂台的技术和战场厮杀、缉拿盗匪还是有区别的,这就像特种兵上擂台可能打不过搏击冠军,但搏击冠军到了丛林里都会被特种兵秒杀。存在和使用的环境不同,方法目的就不同。战场上都是一招制敌,最起码一招就要解除对方的攻击能力,因此第一下特别重要。过去形意拳私下里的交流,有点像欧洲中世纪的决斗,两个人背对背各走三步,转过身来见证人说开始就动手拼命,基本上碰一下就见真章了,躺下的输了,立着的赢了。现代的擂台竞技一个最基本的要素是对抗能力，而且是长时间对抗能力。擂台只论胜负，不论生死。而过去的传统武术是论生死才论胜负的。论生死和论胜负都需要对抗能力，但不是同一种对抗能力。平地上论生死多数是两人一个冲击，这一瞬间的冲击可以用大卡车撞中吉普来形容体会，一下就基本见胜负了。擂台上论胜负的对抗，则是双方互抢，看谁硬，看谁扛得住，扛的次数多，本质上是有区别的。

　　传统武术的对抗能力，尤其是内家拳，不是靠排打出来的，而是靠筋膜自生长，靠筋膜腾起达到一定硬度，从而适应打斗时的对抗。比如猫科动物的身体都极其柔软，谈不上对抗能力，但是在捕食的一刹那，身体筋膜腾发则如钢似铁，就是这瞬间的几下就够了。要想练到筋膜腾起，必须从炼精化气开始一步一步地易骨易筋，其实和形意拳也没太多区别，本质上都差不多。孙公禄堂在《太极拳学》里一会儿让人缩住劲，一会儿又让人放开缩劲，他是把大原则说出来了，只让人按照他说的练去，早晚神妙自现，其实就是这个意思。你练到瞬间筋膜腾起，跟人一碰都说你身上硬，这就是有了。

　　过去的老辈人都保守，教拳不教功，传艺不传理，一代人里头可能就只有几个人是完整受艺的，以至于社会上衍生出各种群众武术，以为拳架子就是根本，或者以为苦练硬练就是真理，这都是后天有形有相之学，而非先天大道。其实内家练拳练功是自生长，关键是要返先天，则功夫自来。如今都是练到后天思维肌肉做功上。比如有些练掤、捋、挤、按、採、挒、肘、靠，发力凶猛，口中呵呵有声，这不都是后天思维指挥肌肉做功吗？凡是练在后天上，功夫再大也超越不了自己后天的生理极限，又何谈功力呢？其实太极十三式的说法恰恰是太极拳练法功法的秘密，可能当年的人不想传得那么明白，含含糊糊地用"掤、捋、挤、按、採、挒、肘、靠、进、退、顾、盼、定"这十三个字来代表。所谓太极，就是一气，也就是内劲，是所谓"人"；十三式是指身体的十三个大的关节部位，又分内方和外圆，内方为地，外圆为天。这

个就是太极拳里的"三才"。"三才三身非无用，分明指向天地人。三元灵身能妙用，化得法身万万千"。内家拳，就这个"三才"概念最重要。懂了三才，在三才上下正确的功夫，长筋腾膜，易骨易筋，身体才会越来越强，功夫才会越来越高。所以太极拳光盘架子是没用的，出不来打人的真功夫。形意拳里三才就是三体式，太极拳里的三才就是基本功架。孙式太极拳的基本架其实还是三体式，其他门派的有弓步、有马步。功架其实不是主要的，主要的是四正四隅。

  太极拳的所谓十三式，四正四隅是指身体的八个部位，其实这八个部位也是后天八卦在人身体上的落实。先天八卦四正是乾南、坤北、坎西、离东，后天八卦则演绎成离南、坎北、震东、兑西。落实到身体上，所谓后天八卦的四正就是两个肩膀根与两个大腿根，而先天八卦则要返先天体悟一气之后才能把握。孙公禄堂在著作里反复提到缩住肩膀根与大腿根，或者松开缩劲，为什么？不懂先后天八卦的道理，就不懂得练功到底练的是什么？就出不来功夫。孙公的道法在《八卦拳学》里，先天八卦怎么走的、后天八卦怎么走的、身体上怎么划分的，都说得很清楚。练太极拳不懂四正四隅，不懂先后天的道理，真以为每天玩玩掤、捋、挤、按就出功夫，就能打人了，那可真是欺世之谈。先天是性命，后天是功用。逆反回真，从后天返先天，要从后天卦在身上的功能开始做起。所谓顺中用逆，后天卦返先天卦，才会重新进入到生长，才会有易骨易筋，才会出功夫。四正四隅加上进、退、顾、盼、定为十三式，所谓进、退、顾、盼、定说的是四维上下，也就是上下前后左右。人身是个小宇宙，天地是个大宇宙，小宇宙与大宇宙息息相关，一体两面。卦象立身立命，加上四维上下与天地宇宙就联系上了。作为人这样的运动载体，除了上下前后左右，还有其他的运动方向吗？天地间就这六个方位，把握这六个方向，练时各处呼应，用时竭尽变化。所以动手不是只有一个方向，而是六个方向全有。把太极阴阳鱼立起来成为一个立体圆球就是先天八卦，平面的就是现在的后天八卦，这样一结合,才是完整的天地宇宙全息影像。我们练太极拳,一动一静各处都是消息。静极生动,动极生静。一阴一阳,一阳一阴。阴极而阳,阳极而阴。极慢极快,极软极硬。这个才是三丰真人创立太极拳的初衷。

四、打法

　　落实到用法上,太极拳的手法分接手和断手。练道艺要行云流水滔滔不绝,练武艺应用上打起来则是断断续续的。每一式出来都是欲言又止的味道,所谓式停而内中神意不停,说的就是这个意思。结合我说的先天神意,大约也可揣摩出,我们不是在肌肉架势上打人,而是在神意的刹那激发上,这个东西就是又快又狠。那么你又硬,又快,又狠,与人对垒是刹那一个打击,这样的太极拳打人是不是靠点谱了?如今批评太极拳不会实战的人其实都不懂太极拳,认为太极拳就应该是慢吞吞打人的,这不是大白天说梦话吗?就是打架也得又快又狠,这是自然规律,哪有慢慢腾腾就把人打了的?不管是什么拳,动手打人那一刹那,都一样,快打慢,硬打软,力大打力小,所谓拳不打人功打人。只是太极拳是直接激发内劲,一招见红,简单直接快速有效,这个才是太极拳。要说不同,打来打去的不是太极拳,一下就利索的才是太极拳。任何一个拳派,练到最高级的境界,其实也都是太极拳。太极拳的本质,是在武学的最高峰上,一气激发,本能制敌。

　　所谓接手,就是引进落空这些东西,前提是得接得上对方的劲,你才能从容实施。如果双方差距比较大,或者平常老百姓之间纠缠撕斗,大约还是能接得住。如果换做又快又狠的连续进攻,想接住对方基本就是做梦。因为接手需要时间,不然是一定要挨打的,如今这样的例子太多。因此就需要用断手。所谓断手,就在于这个"断"字,零点几秒内和对方身体一个接触,顾上也打上。或者连续几个断手,完成攻防,比如手挥琵琶。如果是接手,主要就是捋劲,往一侧捋带,也可以顺势反

关节擒拿，甚至背折对方的肘关节，但这都需要一个时间过程。在瞬息万变的打斗中，接不上就得用断手，也就是两手一块上，同时切击对方手臂，甚至可以两手连续切打，像切菜剁板那样，这样的就是断手。几乎所有太极拳的招式都有接手和断手。运用之妙存乎一心，关键在于你临场临机的发挥。

当年有个清朝的官员记述过杨露禅跟人动手，说是两手如抱球，势如流星。身法快速可以理解，不管哪种拳都是要求一瞬间就到。这个双手如抱球是什么架势？《逝去的武林》（一）里头不是说有个古法叫圈手吗？云手就是从圈手衍化过来的。其实把云手做小了、做快了就是圈手。形意拳里的鼍形也是圈手的衍化。也就是两手在身前连续不断地做回环，当然要配合身法的不停转换，脚底下一般都是走三角步，一瞬间就到对方侧面，或者一接就到对方身后。而两臂快速回环，一是防护好自己，二是让对方无隙可乘，不管什么劲过来都被化了。这是从外形上说。从身法本质上讲，其实是身体内部的快速转换。你看着他动左边，其实身体里头已经转换成右边了。你就应他左边，他就在右边打你。相反亦然。所以李仲轩说不是手从左边运动到右边，而是身体变化到右边。练武术进入技击的初级阶段，大体都是一下或者几下，比较简单直接。再深入一层就是变化，你会变化了就更加主动。薛颠的象形拳，讲的就是变化。

上面说的是太极拳的主动攻击，一般而言太极拳都是后发制人，也就是等着对方先出手。这个以静制动、后发制人，可以从踩急刹车的感受去体会。危险肯定是先来的，但是你的脚瞬间自己出去把车踩住，这个是后发，但是却在撞上之前停住，就是后发先至。这个功能是人先天有的，不在后天，所以要想练出来必须返先天。练太极拳如果只为防身自卫，就把这几十个招式每天重复，练拳无人似有人，得在先天神意里预设场景，然后真遇见事，想都不用想身体就会自动反应。任何一门拳法都是三层防护圈，手、脚是外层，肘、膝是中层，肩、胯是内层。好像三个圆圈，其实是三个球体，而且同时有上中下三盘，也即手、肘、肩头为上盘，腰、胯为中盘，足、膝为下盘。上、中、下三盘和内、中、外三圈结合在一起，好像常山之蛇，打头则尾去，打尾则头去，打中间则头尾皆去，甚而上、中、下三盘一起反应，挨上就是七八下没完没了。但关键是第一下的先天反应，第一下要解除对方大部分的攻击力，然后才能七下八下。

武术就那么几十个原始架势。比如圈手是其一，还有剪手。杨式太极拳的怀抱琵琶、提手上势都是剪手的衍化。我们看过去传下来的拳谱，画着几十个图，不像现在还给你画个运动路线，肯定不明白啊。其实武术练的是原则，人家把标准姿势画出来就已经透了真东西了，剩下的一靠明白人引路，二靠自己活学活用。任何一个原始架势，都是几十种乃至上百种变化，难不成你要把所有的变化都学全？真的学全了你也就不会用了。就像拳击只有直、摆、勾，直、摆、勾就是三个最原始的架势，但是要在各种对抗和模拟中体会它们的变化。武术就更进一步，要在先天里头把握和使用。一套拳几十个动作，这个动作变化到下一个动作，具体怎么变化你随便嘛，怎么合适你就怎么用。凡是那些最后能自创太极拳的，都是活学活用的典范，如孙公把三拳合一，那基本都是自己的东西。我打孙式太极拳，标准架子和孙公一样，要是打活了就是我自己的一套，让人看着像是孙式，好像又不是。

拳法招式都是大原则，原则是打不了人的，基于原则的变化，适合你自己的，所谓独门，才能打人。经常打的人才会知道，其实真用起来就一招半式，因为都是基于你的本能积累。真动手时招式并不重要，重要的是功力。就是搏击也不过三拳两腿，而每个运动员所擅长的也不会超过一拳一腿，有的就是一拳，比如泰森的勾拳，有的就是一腿，比如播求的鞭腿。一招半式已经足够，关键是功力够大，你接得住别人，别人却接不住你。太极拳的最高境界是毫无预兆的一招制敌，对方根本没反应过来就倒了，所谓唯快不破。达不到这样就会和对方有接触，有接触就有对抗。接触的一瞬间，除非对方比你差很多，速度力量都不行，你可以从容接手玩人家，否则一瞬间只能用断手。但是在身法应用上是可以体现粘黏连随的，唯独手不能软，手软一定挨打，因为你若接不住对方，对方的攻击瞬间就到你身上。

　　再回到练法的话题。无论形意太极还是八卦，有所谓形意身、太极身、八卦身的说法，其实这个身就是三才，即所谓三元灵身。三元灵身就是天、地、人的概念。人身内部的天、地、人与天地宇宙的天、地、人形成对应，通过返先天接续元气、长筋腾膜、易骨易筋等秘传练法，实现身体的不断强大。在太极拳的每一式中，都是按照三元灵身的原理来实施，即所谓太极身。明白了这些，回头再去看孙公的著作，或者前人留下的拳谱，大约就有新的体会了。所谓的"以静制动，后发制人"，仍然是太极拳技击实战的核心原则。太极拳的练习过程中，初步而言心一定要静，其实是要返先天，把人的先天本能调动出来。好比踩急刹车，遇见危险脚就自己出去了。同理，在面对敌人进攻的时候，身体同样可以按照平时积累的技击元素自然反应，也就是防守和进攻。太极拳的练习可以用"等着"来表述，等着对方来进攻，则我的身心会自动做出反应。如何的反应，都是顺势而为。太极拳三十几个招式基本涵盖了可能遇到的情景。所以练功的过程就是积累磨炼存储的过程，在大脑皮质形成深刻记忆，应敌时对景了，身体自然发动，这是后发制人。太极拳有没有先发制人呢？有后发就有先发。先发则比后发更进一步，需要体悟到一气之后才能主动调动身体，在先天层面组织进攻。这方面，形意拳是非常先进的拳法。其实落实到打斗的最基本层面，所有的内家拳法都是一样的。

太极拳之名称

人自赋性含生以来，本藏有养生之元气，不仰不俯，不偏不倚，和而不流，至善至极，是为真阳，所谓中和之气是也。其气平时洋溢于四体之中，浸润于百骸之内，无处不有，无时不然，内外一气，流行不息。于是拳之开合动静即根此气而生；放伸收缩之妙，即由此气而出。开者为伸、为动；合者为收、为缩、为静；开者为阳，合者为阴。放伸动者为阳，收缩静者为阴。开合像一气运阴阳，即太极一气也。

太极即一气，一气即太极。以体言，则为太极；以用言，则为一气。时阳则阳，时阴则阴，时上则上，时下则下。阳而阴，阴而阳。一气活活泼泼，有无不（并）立，开合自然，皆在当中那一点子运用，即太极是也。古人不能明示人者，即此也。不能笔之于书者，亦即此也。学者能于开合动静相交处，悟彻本源，则可在各式圆研相合之中，得其妙用矣。圆者，有形之虚○圈也；研者，无形之实●圈是也。斯二者，太极拳虚实之理也。其式之内，空而不空，不空而空矣。此气周流无碍，圆活无方，不凹不凸，放之则弥六合，卷之则退藏于密，其变无穷，用之不竭，皆实学也。此太极拳之所以名也。

这段文字，是孙公对太极拳作的最根本的一个总结。人的生命根本在先天，根在无极，用在一气，变在两仪，也即阴阳。所谓"道自虚无生一气，便从一气产阴阳"。无极道体是天地宇宙之根源。虽然是虚无的，但却隐含着巨大的功能，这个功能道家叫它虚无一气。功能有多大？没有穷尽！这个功能衍化出天地宇宙，各种生物。无数的星系、星

球都在虚空中悬浮旋转，上头有各种物质，有的存在各种生命，如此不可思议之事，都是这个功能创造出来的。在这里，孙公叫它元气，落实到人的生命中，叫元阳。切记，这个元阳不是后天阴阳的那个阳气，而是阴阳产生之前的原始元气。道家讲接续，就是接上无极本体，续上这个先天元气。元气来了，才又能衍化成阴阳乃至气血。

从性命之学上讲，可以称为元气、元阳，从拳术上讲，就是一气，内劲，太极。称呼虽异，但说的东西是一个。无极包含一气，一气为生命之根本，所以孙公讲赋性含生，老子讲含德之厚、比于赤子。一气这个功能要展现作用，就衍化出阴阳两仪，于是后天世界由此而生，便有了唯物主义的矛盾对立学说。这个是没错的，但只是在后天。后天凡事凡物肯定是阴阳对立，像释迦牟尼讲的二边之内。这也是客观真实不讲道理的。落实到拳法具体里面，就是开合动静，伸缩往复。后天世界里有前就有后，有上就有下，有里就有外。作为拳法动作，无非上下前后左右。孙公这里把所有这些动作进行了归纳总结，凡是动的、伸的都属于开，属于阳；凡是静的、缩的属于合，属于阴。因此，太极拳落实到身体动作无非开合，其实也就是阴阳。阴阳从先天一气而来，所以孙公讲打太极拳好像是一气这个背后做主的运化着种种阴阳开合。

一气也叫太极，太极也叫一气。所以这个拳叫太极拳，叫一气拳也未尝不可，或者说是直接使用内劲的拳。所谓太极为体，一气为用？这句话是孙公还不够透彻的地方。太极和一气只是名称不同，其实是一个东西。如果论体用，应该是无极为体，太极或一气为用。因为这个功能自无始以来，也就是开创天地宇宙开始，就从来都没有停歇过。如果这个功能停歇了，天地宇宙就会停止运转，人类也就不存在了。所以这个功能本身就是用，是无法再分出体用的。后面的话就是说一气衍化出阴阳，活活泼泼。虽然阴阳是二边之内总有两个对立统一的方面，但一气根本是不分二边的，所以孙公讲"有无不立、有无并立"。这句话除非你身心验证到了，才能知道是什么意思。用后天的神经思维琢磨永远

搞不明白。因为你的思维仍是在二边之内，不可能体悟到先天一维的东西。所谓证悟，就是身心一体变化。你逆反回先天，停了后天的思维欲望习气，先天般若智慧激发出来做主了，此时身体也会同步变化，所以才能验证前辈圣贤所说。有无不立，就是根本上是没有无。有无并立，是说后天有无其实骨子里也只是一个。

孙公下面讲，各种伸缩开合，全在当中一点子运用，即太极是也。就是说，拳术里面各种动作，不只是外在肢体的运动，关键是里面要通过内劲来驱动驱使，不然就只是后天肌肉运动，那就不是内家拳，而是体育竞技或者群众体育了。当年我老师李贵江先生未悟先天时，师爷张玉书点拨他，问"你这外头练得不错，你里头有吗？"当即做了个一气激发。当时的场景估计跟我第一次见李老师差不多。我是问劈拳，李老师当场给我做了一个，那真是一气鼓荡，全身膨起，神威凛凛，如天神下凡。等到后来功夫深了，才悟出咱们这个一气其实和修佛修道的那个是一个东西，只是咱们往武艺上去，人家是往形而上道艺上去。如果想知道一气激发时人是啥样，就去庙里看四大金刚，基本是一样的。形意拳门里管这个叫现本相，平时看上去平凡普通，比如李老师乍一看就是个退休的大爷，我第一次见时，根本就不相信他是隐于民间的内家高手，可是等人家一现本相，也叫变脸，才知道山有多高水有多深。所以练咱们这个的挺有欺骗性，越练人性是越和善，就给人错觉，这人好欺负，真动手时一刹那才见人家本相，就已经挨打了。

孙公后面的话，就是让大家不要执迷于后天阴阳的局限，而是要通过阴阳逆转回去彻悟本源，也就是一气或者太极或者内劲。这里有句话特别重要，孙公说，若能在开合动静相交处悟彻本源，就能在各式圆研相合中得其妙用了。什么是开合动静相交处？因为你一落开合动静，就误在阴阳二边之内了，那就是我说的神经指挥肌肉做功。孙公说动静开合相交处，这话太重要、太高明了，其实已经把答案告诉大家了，明眼人一看就知道孙公没藏私，确实是这么回事。若是还不能明白，那我就

替孙公再铺陈一番。动静开合无非是阴阳转化，阳极而阴，阴极而阳，总在阳极而未阴、阴极而未阳处，要多加留意体会。我这话已经说得太直白了，如果还是不懂，就是自己在后天磋磨的太深，一点先天的领悟都没有。不如多读读六祖坛经和金刚经，把头脑先转一转，然后再体会拳术的事。

后面这段话进入到太极拳的实际用法，也就是在太极一气的驱动下，太极拳作战的最基本原则。首先，太极拳要做到神意为先。这个神意，是先天意，而不是后天意。先天意其实就是般若智慧的一种显现。比如大家都说我文字厉害，其实是一种文字般若。太极拳这里的先天意，可以称作感知般若，先天意越深入的，感知能力越强。比如练推手，就是体悟这种感知能力，以至于两人肌肤尚未交接，功夫深的一方就已经感知到另一方的意向，这就是神意为先，于是预先埋伏或者提前断手，才能胜算在握。如今两个人像顶牛摔跤式的推手，背离大道远矣。其实这个先天意，也是一气或者太极的功能，不返先天，不证悟太极，太极拳是无法登堂入室的。形意拳讲"拳无拳，意无意，无意之中是真意"，说的也是这个。但是形意拳就简单直接了，所谓打人不知，打倒还嫌慢，先天神意激发，对方还没反应过来就已经挨打了。所以形意拳就是打，而且主动打，太极拳则讲究化，后发制人。为什么会有这样的区别？因为形意拳是从战场上来的，怎么杀人高效怎么来，太极拳是从道门修行人中来的，与世无争修行解脱之人，练拳应敌只求防身自卫，并不要求杀人害命，所以太极拳就显得温文尔雅。

这个先天意出来了，动手时能先人一步做出反应，达到克敌制胜的目的。先天意之后的就是这个反应，这个反应必须是在先天的敏感才对，比如踩急刹车的反应，比如女同志对身后有人的反应。女人脑袋后头有眼睛，当然是无形的眼睛，如果有人跟着她，女同志大抵都会知道。尚云祥让李仲轩转身瞪跟着的人，说你用心里头瞪，其实说的是同一个，这些都是来自先天层面身体自带的功能。有了这个，才能谈得上

下一步的以静制动。不然要是还想着怎么招架怎么攻击，那是后天神经思维指挥肌肉做功，是一定会挨打的。以上我说的这些，才是太极拳技击最核心的东西。

关于神意感知的方面，都属于先天，而身体动作则属于后天。孙公讲先、后天要相交，部分也指身心一体、先天为体、后天为用的意思。那么太极拳在后天肢体动作，最根本的特性就是处处成圆。这个圆是360°立体的圆球，而且必须是时刻运转滚动着的，如果是静态，那就是沙袋，等着挨打。如果这个圆球的转动是先天意在指挥，那就非常高妙了，太极拳所谓的引化，都是这个圆球的作用。站着不动用太极拳是不对的，一定要动起来，而且瞬间启动要比对方快才行、才对。因为处处成圆，所以与对手相接那一刹那，一接即走，走即化，就把对方的打击或者劲力沿着圆球切面切线给化走了。这个圆球时时运转，肢体动作处处成圆，看得见摸得着，就是孙公讲的"有形之虚圈"，也就是所谓的"圆劲"。虽然看上去很具体，但处处都是虚的，对方接上来同步就化了，所谓"虚实转化"。由虚转实，就是化即打，打这一下就是孙公讲的"无形之实圈"，也就是所谓的"研劲"。其实虚圈实圈就是同一个圈，只是看落虚还是落实。比如对方来个直拳，你提前用掤劲往一侧带，对方的劲就化了，这是圆劲；化了的同时你是捋还是挒，这一下做实了就是研劲。如果对方也是提前感知，用挤进来破，那就只能瞬间由实转虚，要么用掤劲圆化，要么用按劲破解了。这个劲力虚实转化的过程，就是所谓的圆研相合。孙公讲，你把这个虚实转化搞明白，这里虚的是空，不虚的是实，虚实转化是相对的不是绝对的，都要提前感知临机而用，所以说空而不空，不空而空，全在当中一点子变化运用。关于"圆研相合"，我上面是从用法上说的，有用就有体，体用兼备，学术上才完整。"圆研相合"的体，实际上是指身体的两种形态，圆就是肢体的各种圆球运动，研则是指人体正中有一根虚空的中线。我们讲究姿态中正，就是这个中线始终立位不移，则无论身体如何变化，也是万变不离其中。杨澄甫有句话是"磨转心不转"。石磨中间有个空心，当石磨转起来的时候，除了这个空心，其他部分都在不停转动。因为这个心是空的，所以不存在转或者不转的问题，它就安安静静地在那里存在。从石磨转动到我们练拳时身体的形态，这个虚空的中线始终存在，是为研。身体各部位随时转动，是为圆。再形而上之，脱离了这个肉身来说话，或者更高级的"圆研相合"，就是先天一气为体，后天两仪四象种种变化为用了。所谓变化无穷！

最后的那句话，回过头来对一气进行一下总结：放之则弥六合，卷之则退藏于密，变化无穷，用之不竭，皆实学也！天地宇宙可谓之弥六合。退藏于密则指逆反归真无极本体。百姓日用而不知，唯圣人能守之、用之，达则兼济天下，穷则独善其身。

六合论

　　内家拳最核心的肯定是内劲。内劲这个东西，孙公禄堂叫它"一气"，也就是道自虚无生一气的一气。所谓一气，就是道体衍化天地万物的那个功能。因为孙公在四川修道数载，彻悟大道本质，明白了内劲原来就是一气，所谓拳道一体，并无二致。其他的门派里还都是叫内劲，对于内劲的领悟，主要是靠老师对徒弟的启发。比如尚云祥让李仲轩"心里头也瞪"，便是如此。这东西不好把握，主要是因为人们都在后天思维刻意上寻找，便是永远都找不到。你只有回头向来处，逆反回真，回归无极本源，才能见到一气的真面目。以下内容虽从形意拳说起，但太极拳亦同根同理，练法用法骨子里都是一样的，并无二致，可一并参考。

　　形意拳从岳飞起源。岳飞其实是少林弟子。可见少林拳古来也是心意为骨、拳法为皮的。如今的心意把，大约还沾点边，不过看不到先天的东西。所谓把，就是用锄头锄地。过去少林寺的和尚都干农活，佛家叫"出坡"，一日不作一日不食。和尚们从锄头的一起一落里体悟到自然大道，也即是起也打落也打的简单道理。所以心意把的核心就是两个动作，一个起把，一个落把。把这两个把弄明白，也就差不多了。和尚们除了干农活，还要修禅悟道，所以人家有道行的都在无极本源处休息，自然对无极、一气十分通透。但那时是不是叫内劲不好说，一气也是道家的说法，佛家大约是修闭口功的，就是见本心而已。

　　到了岳飞这里，因为他是大元帅，从战场厮杀出来的，他发现士卒如果一旦到了忘我的程度，同时精神上充满必胜的信念，会以一当十，人的身体里会迸发出巨大的能量。所谓"撼山易撼岳家军难"，就在于岳飞发现了人的生命里这个"本"，本出来了人会变成野兽。少林拳毕竟是搏斗之术，并不适合战场厮杀，于是岳飞化枪为拳，以枪法为拳法，融合骑兵冲击的战术，打造了一套简单直接的拳术，就是如今的形意拳。如果看《武穆遗书》，那个时候如果有名字，应该是叫"六合拳"，因为《武穆遗书》里说来说去的都是"六合"，并没有具体的拳法架势。但要是过来人一看，就知道岳飞是把六合心法这个最核心的留下来了，其实你掌握了这个，用什么拳无所谓。当今的人就是用拳击也一样可以。

  所谓六合，如果很表面地解释，就是外三合与内三合。外三合容易理解：胯与肩合，膝与肘合，足与手合。一般人刚开始练形意拳时挺别扭，却找不到原因，其实这里头有两个，一是形意拳是一顺的，也就是顺撇。普通人走路都是左手右足，右手左足，而形意拳恰恰相反，是左手左足，右手右足。为了什么？就是为了造就身体的浑然一体。一开始别扭没关系，等你习惯了，只要一出手就是身体整体出去，这就是外三合的妙处。内三合呢？心与意合，意与气合，气与力合。到了内三合很多人就糊涂了，尤其是气与力合。于是衍生出很多运气行力的练法，都走到后天有形有相去了。其实这个内三合是在先天层面，不在后天，而心意气其实不能分开说，它是一体出现的。比如士兵在战场上舍生忘死，一瞬间忘我了，面对强敌迸发出巨大的勇气和力量，这个就是内三合。包括生活里踩急刹车、人急眼了蔫人出猛虎，都是内三合。所以这东西是人自带的本能，你返先天到一定程度它自己就出来了，非要到后天去找、去创造，那是离题万里。

  过去的老辈人练出来了，把自己的体会写出来，都说不求力而力自生，也就是说不要刻意去练什么力量，这个力量是自己来的。那么它是怎么来的？就是返先天之后人的本能里迸发出的力量，也就是内三合最后那个气与力合。心意气一合，身体自然如狼似虎。所以把形意拳练到后天有形有相上对吗？永远也找不到真理啊。其实不光是形意拳，太极拳、八卦掌也是一样的，一开始练拳都挺别扭，这个时候不能多练，但是要勤练。为什么？因为内外不合。拳法架势都对应着身体内部的五脏六腑，一开始内外不合，怎么练怎么没道理，慢慢越打越顺了，突然有一天觉得找到节奏了，兴致就越来越大，这个就是内外相合了，再往后就是怎么打怎么有道理了。为什么我说真练出来的都有自己的架子？因为每个人生理都不一样，慧根也不同，所以成就的架子也就不同。孙禄堂的架子小巧，尚云祥的架子大气，后辈人要是学人家的架子，那就走到弯路上去了。

　　光是内三合、外三合还不够，还要内外相合。而内外相合逐渐衍变成阴阳相合，功夫就往深里头走了。也就是说，做不到阴阳相合，生理上就不会起变化，就不会越练越强，易骨易筋也就都是虚话。总结一下，六合分两个层面，内外三合是应用上的，而内外相合一直到阴阳相合是功夫修炼上的。少林寺内功的核心就是易筋经和洗髓经，而这二经是达摩从印度带来的，其实就是古瑜伽。易筋经的抻拔必须结合洗髓经的印心，不然就流于表面了。而少林洗髓经都是禅定功夫。岳飞在这里又加了一个易骨，形成了易骨易筋洗髓的三步功夫、三层道理。而易骨的达到，就是从阴阳相合开始的，不懂阴阳相合的练法，永远达不到易骨，后面的易筋也就没指望。多少人练拳没有这个，就把明劲搞得稀里糊涂，以为明劲就是明明白白的劲，一练就是明劲，就都练到肌肉做功上去了。

　　我们再回到岳飞创拳的话题。那么化枪为拳体现在形意拳的哪里呢？主要在三体式上。总说三体式是形意拳的总机关，很多人理解到要站三体式。单纯站三体式顶多就是个强健身体的事，因为是一种肌肉的静力持久运动，肌肉的静态持久力强了，对心肺功能也有一定的增强，除此以外还有什么？这些我都是练过的，所以有资格说这个话。任何练

在静态上的功夫，一到实战时就都傻眼。就好像练金钟罩、铁布衫、铁砂掌，站那儿不动随便让人打没事，或者劈砖一下七八块，但这都是静态的练法。静态的时候人做到气血集中是容易的，一动起来气血就散了。而且真打起来瞬息万变，长期在静态上练身体没有快速应变的记忆，结果就是对方一动自己就手足无措被动挨打，如今上擂台被人当成沙包打的例子也不是一两个。其实静态上练出的功夫也是在六合的基础上，但关键是动态上能不能做到六合？这个就是大问题了！

三体式，就是胯下有匹马，掌中有杆枪。所谓胯下马，也就是膝盖往里扭劲，脚后跟往外扭劲。膝盖往里扭劲就是夹住马肚子，脚后跟往外扭劲就是蹬住马镫子，然后上半身坐在下半身上，所谓塌腰坐胯，就是骑在马上。而两手如中四平，就是四平枪法。虽然胯下无马，但全身就是马。战场上骑兵怎么打仗的，你就怎么打，这就是化枪为拳。如此，三体式浑然一体，才有后面的五行拳。岳飞那时候应该只有五行拳，十二形是姬龙峰自家的功夫带进来的。因为战场厮杀讲究简单直接高效，十二形并不符合战场厮杀的要求。比如孙存周说他用里裹外翻就够了，其实里裹外翻加中四平，就是枪法里的拦、拿、扎。如今拼刺刀不过这三下。那么在五行拳里的拦拿扎如何体现？就是钻、裹、践！所谓老三拳而已！

回到六合的话题。既然静态的六合没有用，动态的六合该如何做到呢？现在的搏击、拳击为什么讲究训练距离感、时间感呢？其实就是找这个动态上的合，但他们都是在后天有形有相上找，相对而言就笨拙了。通过各种手段，其实也是要形成身体记忆，往先天本能上靠。所以有些拳击高手也能从有形有相悟到无形无相，比如刘易斯和阿里，就都是这方面厉害。只要悟到先天无形无相，这个人基本在格斗赛场上就无敌了，除非遇见一个比他悟得更透彻的。搏击、拳击的训练有句话叫"身体感觉好"，这个身体感觉就是先天的东西，而不是后天思维了。那么形意拳呢？是直接返先天，人在先天层面一气激发时身心内外是自动六合的。好比孩子突然从床上掉下来，当父母的若在旁边，一定会瞬间出去接孩子，这个时候就是六合的，而且是在极快速的状态下六合。我们练拳，就是把这个东西找出来用在拳法上而已。至于如何练到？那就得像孙公禄堂在《形意拳学》里讲的，得找明白人去请教。

那么太极拳呢？也是一样的。太极即一气，一气即太极。孙公还说了一条根本，就是有无不立，有无并立。什么意思？分阴阳都是在后天，也就是分有无，返先天是不分阴阳的。那么有无其实都归结到一气。归根结底，六合最后都合到一气上就对了。都合到一气上，这个拳的状态就是太极拳，不管你是练的什么拳。很多事情，历史考证不清楚，但你功夫到了一定程度也就懂了。比如太极拳的起源，太极是什么？能说得清楚而且能练到做到，才是大明白人。创拳的人一定是得道的高人。孙公就这两句话："太极即一气，一气即太极；有无不立，有无并立。"高明至极！

孙式太极拳与杨式太极拳合论
暨武当一脉太极解密（1）
——孙公自序

世上练太极拳者繁若星辰，然得太极真意者又有几人？吾不揣固陋，将孙公禄堂《太极拳学》与杨公澄甫《杨式太极拳体用全书》对照解读，为此道中人助一臂力也。

所谓太极者，即内劲也。孙公禄堂有言："太极即一气，一气即太极。"又云："一气者，金丹也，内劲也。"所以练太极拳，即是直接练内劲的拳，舍此无他。

尚云祥言："练劲不练拳。"又云："拳不打人功打人。"孙公禄堂言："世人皆在有形有相处揣测，此皆是抛砖弄瓦。"何意？凡于后天形式上自我磋磨的，皆非正道。然今之世，于有形有相处自我磋磨的何其之多。

吴图南曾经用"使劲不使劲"来鉴别是否真太极拳。我没入内家门的时候也不懂，哪有不使劲的拳？不使劲怎么打人呢？一度不以为然。等我真到了一定的程度，其实吴图南说的和杨澄甫说的是一个意思。只要是太极拳，或者说所有的内家拳，都不在后天使劲，也就是不用神经思维指挥肌肉做功去打人，而是返先天，避免神经思维肌肉的作用，通过人体内部自带的自我防护本能，激发出来打人。而这套系统，是筋、骨、膜的联合作用，肌肉是从属作用跟着走的。所以，真太极拳确实不

使劲。不光是太极拳，形意拳和八卦掌也不使劲，但凡使劲的就是练错了。大家是不是经常见到那些呵呵发力、动作勇猛、让人一见而生敬畏的形意拳？其实这种练法，神经和肌肉会形成记忆，一动手一点变化也没有，面对瞬息万变的形势刹那就使不出来了。

对于松，大约首先是从杨式太极拳里传出来的。这个"松"，困惑了世人近百年，有各种各样的说法。最著名的一句话，就是杨澄甫教导郑曼青："要松，不松就是挨打的架子！"于是乎大家都糊涂了，打人必然是紧，防卫也是个紧，为何反其道而行之。这边都要挨打了，自己还在使劲松；或者想把对方打躺下，非但不提起力气，还要尽可能松，怎么能打人？这就是世人对内家拳的误解，以为和搏击一样，都是用肌肉打人。咱们内家拳不是通过肌肉紧张去打人的。其实也怪不得旁人，这门里是一层功夫一层道理，没练到就体悟不到。内家拳都是返先天，不在后天神经肌肉上做功。后天是靠思维的，看谁比谁脑子快、主意多，所以凡事都是要多琢磨、多思考，打人也必然是肌肉做功的程度越大越好，把全身肌肉练到硬邦邦的，普通人手指头都抠不动，或就被认为是本事最大的。但是内家拳恰好相反，不让肌肉做主，也不让神经思维做主，而是靠身体自我防护的本能去打人。所以才有杨澄甫说："要松，不松就是挨打的架子！"当然了，光是松也不足以去打人，不管内家、外家，先天、后天，应用上都是一整套体系，不会光靠这单一的功能或者身体的局部去进攻。而先天的体系相比于后天的体系，则事简而功大，也正因为其简，所以不容易把握理解。

其实所谓的"松"，首先是精神上放松，然后肌肉也就放松了，这样神经思维、肌肉等后天体系就不会主动参与到做功里头。之前我在一篇文章里说过，后天的体型特征，就是当你思想上准备进攻时，肌肉同步紧张，心肺负担加大，身体进入高度消耗状态，这就是不松！而松，则是反过来，不让神经、肌肉参与，才是真松。那么当你真正做到松了，身心之中自我保护的本能便会激发，这个本能可以模糊地称其为

"一气",也即是内劲。再结合我们平时易骨易筋、长筋腾膜的锻炼,把先天一气作用到后天筋、骨、膜上,借助着打法的手段,瞬间作用到对方身上,可谓摧枯拉朽,才是内家拳的真实用法。

文人做到了极致就是武人,所谓"头颅抛处血斑斑";武人做到了极致就是文人,无不是恬淡雅致与世无争。传统武术走的是拳道相合、文武合流之路,并不只是简单的打打杀杀。所谓"匹夫见辱 拔剑而起",靠着胳臂粗、拳头硬打人,用李存义的话,那是"练拐了"。若是想知道先天境界人的本事有多大,你只管去招惹抱孩子的妇女,你去欺负她的孩子,瞬间就会让你见识到什么是母老虎;或者去侮辱有儿子陪伴的母亲,你看那个当儿子的会不会撕碎了你?人因为受到威胁或者屈辱,一旦到了忘我的程度蔫人就会出猛虎,因为他把后天的思维、肌肉都忘了,只剩下本能里保护自己、保护家人的兽性。这个兽性出来,就是没练过的普通人,一个打五六个都是小意思。可是正常情况下打得了这么多吗?再比如踩急刹车,因为情况过于紧急,后天思维神经传导到肌肉做功来不及了,这时候先天本能就出来了,激发着筋骨膜作用,你的右脚没人指挥自己就出去了。这就是先天与后天的区别。

太极拳本质是什么?太极就是内劲。太极拳就是直奔主题用内劲的拳。内劲是什么?内劲就是先天层面人自我保护的本能里头那个驱动因素。孙公简单称其为"一气"。核心是内劲,也就是太极,至于拳,则千变万化。大家都习惯了行云流水般的太极拳,其实那样的太极拳只不过是打慢了的套路而已。套路,只是记载一门武学技术的载体。张三丰著名的那句话:"借后天之形不用后天之力。"明白告诉后人,我们不用后天之力。后天之力是什么力?就是肌肉之力。所以吴图南说"使劲的不是太极拳"。杨澄甫说"松,不松就是挨打的架子"。过去的武术几乎都是用套路作为记录载体,但也有其独特的作用,不过具体练功上大都是用单式。套路的连续,实际上是几个招式在应用上存在前后承接的关系,比如太极拳里搂膝拗步接海底针接扇通背,基本上就是三招一

式,是前后承接的关系。因此在练拳上要眼前无人似有人,就是要有这个实战场景。但这个场景又不能在后天思维上去造作出来,而是要在先天神意上意无意,对于常人就比较难了,不遇见明白人给你解扣,一辈子也不知道怎么回事。这个东西不明白,就始终练在后天刻意上了。套路有一个重要的作用,其实是练出"身形应当似水流",也就是"动中静",全是道艺上的东西,而道艺又是武艺的骨,骨头没有肉之焉附?因此孙公讲入门时有毫厘之谬,未来就是千里之远。道艺有了,接下来武艺,同样是一个套路一个架子或者同一个单式,道艺和武艺的练法又全然不同了,不然没法出功夫没法打人。道艺主要是转性命,武艺主要是技击,两个都有,才能说学的对、练的对。

《太极拳学》自序:乾坤肇始,元气流行,动静分和,遂生万物,是为后天而有象。先天元气,赋予后天形质。后天形质,包含先天元气。故人为先后天合一之形体也。人自有知识情欲,阴阳参差,先天元气渐消,后天之气渐长,阳衰阴盛,又为六气所侵(六气者,即风寒暑湿燥火也),七情所感,故身躯日弱,而百病迭生。古人忧之,于是尝药以去其病,静坐以养其心,而又惧动静之不能互为用也,更发明拳术,以求复其虚灵之气。迨达摩东来讲道豫之少林寺,恐修道之人,久坐伤神,形容憔悴,故以顺逆阴阳之理,弥纶先天之元气。作易筋洗髓二经,教人习之,以壮其体。至宋岳武穆王,益发明二经之体义,制成形意拳,而适其用。八卦拳之理,亦含其中。此内家拳术之发源也。元顺帝时,张三丰先生,修道于武当山。见修丹之士,兼练拳术者,后天之力,用之过当,不能得其中中和之气,以致伤丹,而损元气,故尊前二经之义,用周子太极图之形,取河洛之理,先后易之数,顺其理之自然,作太极拳术,阐明养身之妙。此拳在假后天之形,不用后天之力,一动一静,纯任自然,不尚血气,意在炼气化神耳。其中本一理,二气,三才,四象,五行,六合,七星,八卦,九宫等奥义,始于一,终于九,九九又还一之数也。一理者,即太极拳术起点腹内中和之气,太极是也。二气者，身体一动一静之式，两仪是也。三才者，头手足，即上中下也。四象者，即前进后退左顾右盼也。五行者，即进退顾盼定也。六合者，即精合其神，神合其气，气合其精，是内三合也。肩与胯合，肘与膝合，手与足合，是外三合也。内外如一，是成为六合。七星者，头手肩肘胯膝足，共七拳，是七星也。八卦掌，掤捋挤按，採挒肘靠，即八卦也。九宫者，以八手加中定，是九宫也。先生以河图洛书为之经，以八卦九宫为之纬，又以五行为之体，以七星八卦为之用，创此太极拳术。其精微奥妙，山右王宗岳先生，论之详矣。自是而后，源远派分，各随己意而变其形式，至前清道咸年间，有广平武禹襄先生，问豫省怀庆府赵堡镇，有陈清平先生者，精于是技，不惮远道，亲往访焉，遂从学数月，而得其条理。后传亦畬先生，又作五字诀，传郝为真先生。先生以数十年之研究，深得其拳之奥妙，余受教于为真先生，朝夕习练，数年之久，略明拳中大概之理。又深思体验，将夙昔所练之形意拳、八卦拳与太极拳三家会合而为一体，一体又分为三派之形式。三派之姿势虽不同，其理则一也。唯前人只凭口授，无有专书，偶著论说，亦无实练入手之法。余自维浅陋，不揣冒昧，将形意拳、八卦拳、太极拳三派各编辑成书。书中之式图，均有电照本像，又加以图解，庶有志于此者，可按图模仿，实力作去，久之不难得拳中之妙用。书中皆述诸先生之实理，并无文法可观，其间有舛错不合者，尚祈海内明达，随时指示为感。（民国八年十月河北完县禄堂孙福全谨序）

这段自序是讲太极拳的根本原理和拳法源流。乾坤肇始，意思是天地宇宙刚刚要形成的时候，先天元气流布于天地宇宙之内，一分而先有乾坤两卦代表的物质形态。要理解什么是元气，元即最根本、最原始，也可以理解为虚无，元等于无。元气不是有形有相的气，既不是呼吸之气，也不是经络之气，而是道体自己具备的能量或者能力，正因为道体具备这种无穷无尽的能力，所以才能从虚无衍化出如此庞大不可全知之天地宇宙，而人类不过是沧海一粟罢了。道体本身虚无，是不分阴阳的。元气是其能量，要发生作用，而这种作用一发生就产生了阴阳。阴阳的本质就是和合而再生阴阳，于是不断衍化就生育了万物。凡物必有象，所谓象，就是万物本身出自道体功能后自有的一种特征，古人对其进行了总结，最后归纳为八种最根本的象，也就是八卦。有关于八卦的具体解读，在孙公禄堂的《八卦拳学》中有全面的说明。

　　天地宇宙万物，包括各种生命的形态，都是先天元气展现功能所成就，也就是说，这个天地宇宙间任何的物形，都不过是本体功能造作出来的产物，本体是唯一的母亲，后面的都是子子孙孙。有句话叫无中生有，是非常有道理的，只是人们把它用作了贬义。每一个人都是先天和后天合一的，这个本体的功能创造了你，那么你的身心里头就有这个本体的功能存在，叫作先天元气。这个元气是无形无相的，有形有相的是你的身体，包括你的思想、习气、性格、精气神等，都是后天形质。这个本体的功能与你的生命相结合，最根本的表现就是你生命的本钱，也就是所谓的生命力。有的人生命力强，七八十岁还生小孩；有的人从小就能吃，到老了胃口强健不堕；有的人从小不生病，一直到老无疾而终。这些都是先天本钱大，生命力强盛的表现，反之，就是本钱小，经不住消耗了。但不管本钱大还是本钱小，人一经七情六欲的磋磨，先天元气就无时无刻不在消耗，所以人十五六岁长成后就开始走向衰老直至死亡。道家修炼的秘密，就是要返回来不走那个顺行，而是要逆反归真，把先天元气再补回来修出来，把这个生命的本体再旺盛起来，所以才有与天地同寿的话。内家拳骨子里和修道是一回事，故而有拳道合一、以拳入道的话。真正把内家拳练好了，也是这个逆反回真，等于修道一样。

　　下面的内容就比较好理解了。每代皆有圣贤出。古代的圣贤们看到人民为欲望磋磨自苦，于是发明了医药和拳术，从身、心两个方面来治理治疗。特别提到达摩东来带来了易筋、洗髓二经，并通过岳飞的发展创立了形意拳，而八卦拳的道理其实和形意拳是一样的，这就为后来

有人创立八卦拳奠定了基础。到了元末明初，出现了一位张三丰真人，在武当山修道的时候，发现那里的道人练拳十分刚猛，损伤了先天元气得不偿失，于是创立了太极拳来为道人调理身心。这里有个伏笔，张三丰创拳的目的并不是开宗立派，也不是为了克敌制胜，而是为了治病救人，所以太极拳的出发点其实并不能与其他的武术进行比较，而是假后天之形，不用后天之力，立意就是为了护丹养元，意在炼气化神。这就高级了，不管练拳还是修道，都要先经过炼精化气才能炼气化神，而太极拳直接就炼气化神，说明也必须是有了相当修炼的基础，才能在太极拳上见到效果。

那么是不是没有基础就不能练太极拳了呢？那肯定不是。虽然太极拳起点比较高，但对于常人而言，只要把前面这一段落下的课补上就行了，所以找到明白人引路是非常重要的。"此拳在假后天之形，不用后天之力，一动一静，纯任自然，不尚血气，意在炼气化神耳"。这段话其实就是太极拳的练法！如何是不用力？就是纯任自然这四个字，但是人活在后天喜欢琢磨思考，这一琢磨就造作到后天复杂里头去了。这几十年，一直有太极拳到底用劲还是不用劲的争论，其实这都搞错了，我们要学会观察生活里什么动作才是自然而然的，比如你拿筷子夹菜，你说用劲还是不用劲？一句话，不用造作之劲！"不尚血气"是何意？就是别较劲。先得知道什么叫血气？有句话叫血气方刚，也有句话叫血气虚弱。年轻人血气旺，老年人血气衰，其实都是后天、是生理上的。比如年轻人好争斗，一语不合拔刀相向，这个就是尚血气，有所凭仗。还有张三丰所针对的那些练拳刚猛的武当道士，也是在尚血气，用后天之力，结果就是伤了先天元气，会伤及五脏六腑而自损寿命。凡是练得硬、练得猛，早晚都是要拉清单的。练拳死得早，大体都是这个原因。其实真正的内家拳并不是绝大多数人想象的那样，起心动念就错了。我们练拳要求不尚血气，就是不要动后天的意气，心里头始终是空空静静、平平淡淡、从从容容，这样才能走上正确的路。

从一到九，一而九，九而一，不过是道体功能衍化。一，所谓腹内中和之气，就是一气，就是太极，也就是内劲。所有的后天衍化都是从这个起点开始，最后到九为终点。所谓九九归一，就是后天衍化再繁复，归根结底无非是一气所生发。文中最后，孙公讲述了自己为什么要将三拳合一，以及三拳合一的根本道理。一，就是内劲，是内家拳的根本，而拳法只不过是承载内劲、体现功能的载体，所以万变不离其宗，练来练去最后练明白了，原来就是这点东西，不光是三拳合一，万法都是合一的。古人云："天得一以清，地得一以宁，人得一而万事毕。"于人生修养而言，得一就是得道，悟彻道体本源。于内家拳修炼而言，得一就是彻悟内劲，其余皆从属也。所谓"道本一气自然游，空空静静最难求。得来万法皆无用，身形应当似水流"。请注意最后两句，"得来万法皆无用"，就是说真到了最高处回头一望才发现，练了这么多年功夫，学了这么多东西，那些有形有相的原来都不是根本。而"身形应当似水流"，则是前一句的引申，万法无用，身心内外一任空静，让身体自己去动作、去打拳，是为如水流。

孙式太极拳与杨式太极拳合论
暨武当一脉太极解密（2）
—— 起式

任何一派太极拳，都是由起式开始，但是很多人都把起式忽略过去，把重点放在后面的揽雀尾或懒扎衣上，这是非常大的错误。起式的重要性，几乎会占到整套拳法一半的程度，包括最后的合太极，一开一合基本上就把太极拳的道理都说清楚了。起式用孙公的说法，就是一气之流行，内劲生发的起点，要从起式上感悟内劲，把内劲运动起来，这样后面的拳招拳路就始终在正确的路子上。而最后的合太极更重要，就是收功。前面练了这么多，最后要归为己用，光会练还不行，还得会收，这样才不会白练。具体怎么收，到最后再说，这里先讲起式。

杨式太极拳之起式——

太极拳起式。此为太极拳预备动作之姿势，立定时，头宜正直，意含顶劲，眼向前平视，含胸拔背，不可前俯后仰。沉肩坠肘。两手指尖向前，掌心向下。松腰胯，两足直踏，平行分开，距离与肩相齐，尤要精神内固，气沉丹田，一任自然，不可牵强。

守我之静，以待人之动，则内外合一，体用兼全。人皆于此式易为忽略，殊不知练法用法，俱根本于此，望学者首当于此注意焉。

孙式太极拳之起式——

第一章　无极学

无极者，当人未练拳术之初，心无所思，意无所动，目无所视，手足无舞蹈，身体无动作，阴阳未判，清浊未分，浑浑噩噩，一气浑然者也。夫人生于天地之间，秉阴阳之性，本有浑然之元气，但为物欲所蔽，于是拙气拙力生焉。加以内不知修，外不知养，以至阴阳不合，内外不一，阳尽生阴，阴极必蔽，亦是人之无可如何者。唯圣人有逆运之道，转乾坤，扭气机，能以后天返先天，化其拙气拙力，引火归元，气贯丹田。于是拳术有十三势之作用，研求一气伸缩之道，所谓无极而能生太极是也（一气即太极者是也）。十三势者，掤、捋、挤、按、採、挒、肘、靠、进、退、顾、盼、定也。掤、捋、挤、按（即坎、离、震、兑），四正方也。採、挒、肘、靠（即乾、坤、艮、巽），四斜角也，亦即八卦之理。进步、退步、左顾、右盼、中定（金、木、水、火、土也），此五行也。合上述之四正四斜为十三势，此太极拳十三势之所由名也。其中分体、用，以太极架子、进、退、顾、盼、定言，谓之体。以掤、捋、挤、按、採、挒、肘、靠，谓之用。又或以五行谓之经，以八卦谓之纬。总而言之曰，内外体用一气而已。以练架子，为知己功夫，以二人推手，为知人功夫。练架子时，内中精、气、神，贵能全体圆满无亏。操练手法时，手足动作，要在周身灵活不滞。先达云：终朝每日常缠手，功久可以知己知彼，能制人而不为人所制矣。

无极学图解

起点，面向正方，身子直立，两手下垂，两肩不可向下用力，下垂要自然，两足为九十度之形式，如图是也。两足尖亦不可用力抓扣，两足后跟亦不用力蹬扭，身子如同立在沙漠之地。手足亦无往来动作之节制，身心未知开合顶劲之灵活，但顺其自然之性，流行不已。心中空空洞洞，内无所思，外无所视，伸缩往来，进退动作，皆无征兆。

第二章　太极学

太极者，在于无极之中，先求一至中和至虚灵之极点，其气之隐于内也，则为德。其气之现于外也，则为道。内外一气之流行，可以位天地，孕阴阳，故拳术之内劲，实为人身之基础，在天曰命，在人曰性，在物曰理，在技曰内家拳术。名称虽殊，其理则一，故名之曰太极。

古人云无极而太极，不独拳术为然，推而及于圣贤之所谓执中，佛教之所谓圆觉，道家之所谓谷神，名词虽殊，要皆于此气之流行已耳。故内家拳术，实与道家相表里，岂仅健身体、延年寿而已哉？

第一节　太极学图解

起点两手下垂，两肩松开，右足尖向里扭直，与左足成为四十五度之形式。头与右足向里扭时，同时亦向左边扭转，两眼向斜角看去，将心稳住，气向下沉，腰用意塌住，要自然，不可用拙力塌劲。头扭之时，要与心意，丹田，上下

内外，如同一气旋转之意。舌顶上腭，谷道上提。如此则谓之转乾坤、扭气机，逆运先天真一之气，此气名之曰太极。先哲云："太极即一气，一气即太极。"观此，则圣贤仙佛以及内家拳术，无不当有其极，无不当保有其极，更应无所不用其极，不然而欲修至身体轻灵，内外一气，与太虚同体难矣。

杨式的起式，其实就是一个身形整体的缓慢起落，倒也没什么太多可说，关键是这个起落里有大文章。简单讲，双手一抬，然后全身缓慢下沉，这个是从有形有相变化到无形无相。随着你身形的下降，如果能返先天，一下子人就定住了，这个状态就是无极。定住了之后再一动，就是太极。而这个似动非动的就是所谓的一气，也就是内劲生发了。也就是说，杨式的起式是完整的内劲从无到有生发出来的过程，和孙式的无极而太极骨子里是一个。杨公澄甫说很多人把起式忽略了，却不知练法、用法都根于此。然后随着缓缓下蹲，身体的球意球力全面形成。八门劲法的核心是掤劲，掤劲其实就是周身球力，周身球力的核心则是丹田爆炸力。这由里而外的系统功夫，才能搭手发人丈外，打手立于不败之地。同时因为下蹲，凸显了腰、胯、丹田的作用。上头虚领顶劲，下头塌腰坐胯，大龙就较出来了。所谓时刻注意在腰间，命意源头在腰隙，都是说腰、胯为外小腹为内的丹田作用。所以习练者要好好体会这个起始的下蹲。

又说一句，以我之静待人之动，这句话真是价值千金。其实不仅仅太极拳，只要是内家拳，练法、用法上都是从这一句"以我之静待人之动"开始的。从练法上说，内劲是从空空静静中自己来的；从用法上说，内家拳是用人的天然本能去应敌，既然是本能，就不需要你去造作或者计划什么，一切都是顺应对方的来势自然的反应。张三峰当年悟创内家拳，就是这个以静制动、后发制人。人的身体里有来自先天的自我防护的本能，比如你用一把刀子突然戳向一个人的小腹，这人本能地会收缩小腹应对，有的瞬间就能跳开，这就是我说的防护的本能。因为

人自己带着这个功能，所以我们以静制动，其实就是等着对方过来，让身体自己去反应而打击对手。所以，练太极拳要心静，就是为了返先天把这个本能调出来，随时应对敌人的进攻。先、后天有个时间差，虽然对方先进攻，但却是从后天神经指挥肌肉上来的，而我们是先天本能激发，后发而能先至。要想把这个本事练出来，一是需要找明白人引路，二是要善于观察自己的生理、物理两方面的特征。

那么孙式拳呢？杨式拳的起式之所以容易被人忽略过去，是让人觉得太简单，人都是好繁恶简嘛，如果不是过来人明白告诉你，是不可能自己体会出来的。而孙式无论是形意拳、太极拳还是八卦掌，都是按照道体从无到有一体生发进行设计，而且告诉你别瞎想，只要你照做，早晚必得其妙。孙公也是良苦用心，知道后世学人遇见明白老师不易，所以就都安排好了，只要你照做就行。但他却忽略了一个问题，就是如何让后人不自己瞎琢磨故意造作？而且越是后世之人脑子用得就越是厉害，就越是在后天里头自我造作，也就离道越远，又怎能早晚必得其妙呢？那么孙公是如何安排好的，其实只要看过我的《解密形意拳学》，就应该知道形意拳和太极拳在这里都是一样的，从无极到太极，内劲会自然生发，是不需要你去寻寻觅觅个什么东西。功夫自从空空静静之中而来，奈何世人总向有形有相中抛砖弄瓦呢？

无极者，当人未练拳术之初，心无所思，意无所动，目无所视，手足无舞蹈，身体无动作，阴阳未判，清浊未分，浑浑噩噩，一气浑然者也。

这段话并不是让你做傻子，只是让你不动心，但心还在那儿，也就是禅宗说的主人翁要时刻在家，只是不用而已。这个状态，道家叫无极，佛家叫本心，儒家叫诚中，身心无有丝毫之动作。如果是修道，就是混沌的状态；如果是练拳，就是空空静静。其实不管哪家哪派都有类似孙式拳无极桩的功夫，不一定都是像立正这样站着，但孙式拳的无极桩确实是逆反回真彻悟本源的极好手段。形而上道艺，形而下武艺，孙式拳都是从无极桩开始的。无极上不透彻，后面就要打折扣了。

夫人生于天地之间，秉阴阳之性，本有浑然之元气，但为物欲所蔽，于是拙气拙力生焉。加以内不知修，外不知养，以至阴阳不合，内外不一，阳尽生阴，阴极必蔽，亦是人之无可如何者。

这段话是说人与天地同根，生下来的时候元气充足，但后天心性一开，要吃要喝，贪念一起，七情六欲渐来，就开始了消耗，这个先天元气便从有到无渐渐消耗完毕。一般而言，女7男8，女人49岁、男人56岁，先天元气也就是阳气就几乎要用光了，这个时候身心内部从婴儿的纯阳状态逐渐转变成阴气做主，到这个时候人就开始衰老了。掉头发、掉牙、骨质疏松、五脏功能减退等。但这个时候人是不会马上死的，因为阴气还在做主，阳气阴气都是有用的，并非说阳气时人活着，阳气没有了人立即就死掉。有白天就有黑夜，有男人就有女人，阴阳并立互助互生，只是看谁做主的问题。所以人生前半程是阳气做主，后半程是阴气做主，阴气主收敛，就逐渐走向衰亡了。大体上人的寿命约为七八十岁，少数到九十已经是非常好的了。一旦阴气也消耗光了，生命也就走到了尽头。所谓修和养，后世变成了一个词。修是逆反回真把元气再补回来，是所谓修道。养是虽然我在消耗，但尽量减少消耗的程度，所以要清心寡欲，这个衰老的程度就会慢一点。修养的本意就是这样。把这段话看懂了就会养生了。所谓拙力，即是说后天人用神经指挥肌肉做功，浊气，即是人使劲时肺部憋住气来助力，此皆是巨大的生命消耗或戕害。

唯圣人有逆运之道，转乾坤，扭气机，能以后天返先天，化其拙气拙力，引火归元，气贯丹田。于是拳术有十三势之作用，研求一气伸缩之道，所谓无极而能生太极是也（一气即太极者是也）。

这段话的意思是圣人明白了上面这个道理，反过来说，你要是懂了上面的道理你也是准圣人，所谓英雄征服世界，圣人征服自己，但你还要依道循行不折不扣去做才行。而且自己也得有了体验，达到了一定的

高度，用佛家的话不是罗汉就是菩萨、佛陀，然后你才能回转世间，也就是入世拯救众生，把你的所悟和方法告诉大家，让大家也都来追求这个长生久视之道。所以说东方有圣人出焉，西方有圣人出焉，其心同，其理亦同。这个方法，核心的就是逆运，所谓逆反回真，顺中用逆，逆中行顺，从后天返先天，专气致柔如婴儿，最终回到纯阳的状态，就是形意拳的明劲功成。太极拳同样也有这些东西，只是不像形意拳那么明白地说出来而已。落实到具体上，要化拙气和拙力，就是不要用后天气血，不要用后天的力量，后天的种种用心、用意都是拙火，要把这些故意造作都消化掉。怎么消化？就是虚无了，空了，也就化解了，其实非常简单，先从不动心、不主动用肌肉做功开始。意气君来骨肉臣，这个意不是后天思维的故意，而是先天神意，不动心之后出来那个意。这个意做主了，思维和肌肉就都不工作了，才能做到逆反回真，才是顺中用逆。后面还有一句叫"气贯丹田"，容易让人误解，以为是引气血贯入丹田，这是大错特错，而且要出人命的。前面不是说了不让你用后天拙气拙力吗？这个气贯丹田是返回先天以后自然出现的现象，先天有了后天也就有了，先天没有造作后天一定会出事。接下来告诉你，太极拳就是干这个的，你练太极拳练对了，就是引火归元逆反回真，这是修道的拳，而这个拳其实就是一气伸缩之道。一气，就是内劲。伸缩，就是拳法特征和应用，也有讲开合的，其实都是一样。

十三势者，掤、捋、挤、按、採、挒、肘、靠、进、退、顾、盼、定也。掤、捋、挤、按（即坎、离、震、兑），四正方也。採、挒、肘、靠（即乾、坤、艮、巽），四斜角也，亦即八卦之理。进步、退步、左顾、右盼、中定（金、木、水、火、土也），此五行也。合上述之四正四斜为十三势，此太极拳十三势之所由名也。其中分体、用，以太极架子、进、退、顾、盼、定言，谓之体。以掤、捋、挤、按、採、挒、肘、靠，谓之用。又或以五行谓之经，以八卦谓之纬。总而言之曰，内外体用一气而已。

  这段话是太极拳法象上的总纲，所谓法象，就是能在后天看得见摸得着的，好像渡河之舟，它总要有个凭借，那么太极的凭借就是这个拳，总称太极拳。具体，有十三势，内含八卦和五行，也就是河图和洛书的道理。形意拳是按照河图创制的，八卦掌则是按照洛书。太极拳呢？把这两个都合一块儿了，全有。所以孙公把太极拳搞明白了，干脆就把形意、太极、八卦三门拳法合一，体用兼备，内容完整，就真是从理论到实践的整合了。八门劲法这里是隐喻，是说洛书里八卦的道理。进退顾盼定说的是先天五行，也即是洛书的道理。加在一起十三式，就是在身上全有了。四正就是两个肩膀根和两个胯骨根。四隅就是两条胳膊加两条腿。进退顾盼定就是上下前后左右。从身体上讲落实到具体的部位，从拳法应用上讲则是结合具体身法手法。所以说五行谓之经，八卦谓之纬。内外体用一气而已！

  以练架子，为知己功夫，以二人推手，为知人功夫。练架子时，内中精、气、神，贵能全体圆满无亏。操练手法时，手足动作，要在周身灵活不滞。先达云：终朝每日常缠手，功久可以知己知彼，能制人而不为人所制矣。

  这段话告诉你练拳的总体原则。太极拳两大法则，一是盘架子，二是打手，也就是推手，总是通过这两个法则来达到最终的圆满大成。什么是"精气神贵能圆满无亏"？要先弄懂怎么才会有亏？看了上面的文字就应该明白，你在后天消耗才会有亏，那么回返先天了不就不亏了嘛。如何回返先天？就是无极，空空静静，在这个状态下，每天你盘架子才能保有这个精气神，而且能把消耗的元气补回来。在应用的时候，要周身灵活不滞。太极拳如空心虚球，粘即化，又如珠落玉盘，随时游走没有丝毫停歇。说白了，我知人而不让人知。怎么做到？一个是你始终在动，在阴阳虚实的转换；另一个是你要比对手变得快，你在他先，自然就游刃有余了。那么又是如何比对手快呢？就是要在先天上用工夫，不要走到后天拙意拙力上去。你说两人推手顶牛了，或者打起来

了，这都是不懂真意而练拙了。当然，推手也不等于技击，真要是落实到野战就是另外一码事。从我老师李贵江先生开始就不教我们推手了，用他的话讲是"打起架来没用"。我个人的体会，生活中两人撕吧起来或者遇见玩跤的，如果精通推手借力打力，倒是能够用得上。我一个朋友之前是省散打队退役，说队里来了个陈式拳的全国冠军，后改的散打。平时打实战他谁都打不过，偏偏一摔跤任何人都不是他的对手。这就是常练太极拳的人，尤其是会推手的，在这方面占便宜。

起点，面向正方，身子直立，两手下垂，两肩不可向下用力，下垂要自然，两足为九十度之形式，如图是也。两足尖亦不可用力抓扣，两足后跟亦不用力蹬扭，身子如同立在沙漠之地。手足亦无往来动作之节制，身心未知开合顶劲之灵活，但顺其自然之性，流行不已。心中空空洞洞，内无所思，外无所视，伸缩往来，进退动作，皆无征兆。

起点这两个字，孙公曾经重点提到，但后人不解其意忽略了。什么是起点？就是孙公讲过的要寻一个至中和虚灵之极点，如果不理解就是从空空静静开始，那么孙式三拳无论哪一拳开拳都是从空空静静开始，这个就是起点。然后告诉你面向正方，这个方向就无所谓了。如果是寅卯时练功最好面向东方，因为东方属木，主气主生长。这里的无极学和形意拳里的无极学是一样的，只是有些不同的讲法，其实骨子里都是空空静静，从这个空空静静里它自己会生化出好东西来。我很多学生练了一两个星期身体就发生巨大变化，有的本来非常虚弱的明显就强壮起来，精气神都有了飞跃式的进步，就是从这个无极学里头来的。道理非常简单，孙公反复讲的，把元气补回来就成了。空空洞洞，也是空空静静，按照图片要求一站就成。然后告诉你，顺其自然之性，流行不已。自然之性，不是你后天心意能控制的，而是本来就有的。人活在后天，笨拙了体会不到，但你回返先天空空静静了才有体会，都不要管它，自然气血发动调理身心，强壮身体。

太极者，在于无极之中，先求一至中和至虚灵之极点，其气之隐于内也，则为德。其气之现于外也，则为道。内外一气之流行，可以位天地，孕阴阳，故拳术之内劲，实为人身之基础，在天曰命，在人曰性，在物曰理，在技曰内家拳术。名称虽殊，其理则一，故名之曰太极。

无极势成，下面接着就是太极。太极即一气，一气即太极，也就是内劲。那么无极还是空空静静，到太极内劲就出来了，这就是此学的奥秘。孙公在这里是用儒、释、道三家的理论在诠释这个太极，告诉你太极这东西就是本体衍化天地宇宙的那个根本能量，什么德啊道啊说的都是它，什么天地、阴阳、拳术、人身，都是它孕育出来的，这个才是天地万物包括人类生命的唯一母亲。名称有很多，但东西只是这一个，唯此一家，根本就叫太极。那么太极拳呢？从小的地方讲是直接练内劲的拳，从大的地方讲也是能够修道的拳。

古人云无极而太极，不独拳术为然，推而及于圣贤之所谓执中，佛教之所谓圆觉，道家之所谓谷神，名词虽殊，要皆于此气之流行已耳。故内家拳术，实与道家相表里，岂仅健身体、延年寿而已哉？

这段话就不用多解释了，告诉大家儒、释、道三家以及古来圣贤所阐释的道理，也不过就是这个道理与太极而已。那么拳道相合，我们练内家拳，又岂是强身健体那么简单呢？孙公学贯三家，明道悟理，通过练孙公这个拳，最后也都明心见性，了脱生死，这是多大的好处呢！

起点两手下垂，两肩松开，右足尖向里扭直，与左足成为四十五度之形式，头与右足向里扭时，同时亦向左边扭转，两眼向斜角看去，将心稳住，气向下沉，腰用意塌住，要自然，不可用拙力塌劲。头扭之时，要与心意，丹田，上下内外，如同一气旋转之意。舌顶上腭，谷道上提。

这一段是讲太极学的具体练法。从无极学开始，身体半侧左转，这个与形意拳正好是反着的，形意拳是身体半侧右转。右转是左旋，是为合天道，左转是右旋，是为合地道。古人认为太阳是往右转的，地球是往左转的，所以各行其轨才不会碰在一起。天道为阳，为单数，地道

为阴,为偶数。所以有"刚日读经、柔日读史"的说法。刚日就是指阳日,也就是农历的单日子。柔日是指地日,也就是农历的双日子。阳主生发,阴主成长,所以刚日读经是明道齐家治国的意向,柔日读史是大成若缺静观天下的意向。为什么形意拳左旋右转呢?因为形意拳以攻为主,是进击猛烈的拳法,更合天道刚健。太极拳是以静制动、后发制人的拳法,更合地道的含蓄。无极桩时空空静静,到这里还是空空静静,不能有丝毫的起心动念。至于说动作,其实根本就不用想,比如你在前面站着,我在后面喊你,你下意识一转身,这个转身你会想怎么转吗?你这个下意识就在先天里头,我们从无极到太极的转身,就是让身体自己去转,你的心不要动。而且也不过就是45°,难道还能转到沟里头去?自然而然,心平气和,也就做到了。

如此则谓之转乾坤、扭气机,逆运先天真一之气,此气名之曰太极。先哲云:"太极即一气,一气即太极"。观此,则圣贤仙佛以及内家拳术,无不当有其极,无不当报其极,更应无所不用其极,不然而欲修至身体轻灵,内外一气,与太虚同体难矣。

这段话实际提纲挈领的话。告诉你这么一转就是逆反回真,顺中用逆,就是修道的根本。这就有个大问题:这一转谁都会,那岂不是谁都可以修道得道了?那不满世界都是神仙了?确实谁都会转,但普通人都是在后天用意用力,你转一万年也没用。必须得是从无极空空静静里头返回了先天,才是真的转乾坤、扭气机、逆运先天真一之气啊,真做到了,这个先天的元气也就补上了。这个不懂,你练拳也好,站桩也好,最多也不过是松松筋骨、活活气血而已。所谓转乾坤,就是把后天卦的坎离做主,回返到先天卦的乾坤做主,是为转乾坤。不管是先天卦还是后天卦,都在我们身上挂着,百姓日用而不知。扭气机,就是要转化后天呼吸为先天之息。所谓常人呼吸以喉,至人呼吸以踵。一呼一吸是后天阴阳里头的生命状态,随着呼吸生命的本元就逐渐消耗光了。什么时候呼吸一停,人就死翘翘了。这里既然是逆反回真顺中用逆,就是从后

天卦转到先天卦，先天状态人是不用呼吸的，而是用息。何为息？息者停也，休息！那么做到这一步，即是逆运回到先天的状态，而此时套用佛家的话，就是见到了本心，觉性分明，也就是在真一之气了。具体的做法，要想深入就得找明白人引路，初入门就是空空静静心不要动，只管练去。孙公讲，早晚神明自现。

后面告诉你，什么修道修佛，骨子里也不过都是在无极、太极上用工夫，并没有什么神奇的。这是孙公彻悟道本之后的透底之言，算是揭开一个大秘密。过去讲不能泄露天机，泄露天机要遭天谴等，其实说这话的都是自己没修明白，哪有什么不可告人的天机？天机不是谁能私自收藏的，那是天地宇宙自然之理，说不说它都在那里摆着，知道这个道理的人就是悟道之人，不知道的就在六道里头执迷。什么神仙佛道，他们修的、用的也都是这个一气，所谓形而上道艺，形而下武艺，只是咱们练武术的把它用在技击之中而已。比如形意拳到了先天程度就会出来变脸，其实这个变脸就是庙里四大金刚那个金刚怒目。我们是往武艺上用，人家是往道艺上走，但核心都是用虚无一气。孙公最后说了一句话太重要了，是拳道合一的最高境界，就是要修到与太虚同体。太虚是什么？就是道体本身，佛家讲涅槃的那个，与太虚同体了不就是成道成佛了嘛。这里头讲无所不用其极，就是要逆反回真到那个最高境界。从这个角度说，拳术也不只是小道啊。佛家讲见本心，道家讲还虚，无论本心还是道体，真相都是"虚无"二字。你空空静静别当心，早晚能证到。

这一章就讲完了，下一章就是杨式拳的揽雀尾和孙式拳的懒扎衣。懒扎衣的名称来自武当长拳。过去的人穿长衫，遇见跟人动手来不及换衣服，就一手往前伸出防守，另一手撩起衣襟拴在裤腰里，是为懒扎衣。而揽雀尾的意思是把人的前臂比作一只鸟雀儿，一手扶头一手扶尾，就势使用四正的功夫。懒扎衣应该来自古远的长拳，后来被武当内家借用。孙式太极拳的懒扎衣有些不同，留待后叙。

孙式太极拳与杨式太极拳合论暨武当一脉太极解密（3）

——揽雀尾

揽雀尾，意思是把对方的前臂当作一只鸟雀，一手托前一手抚后，运用掤、捋、挤、按的手法运化之，好像在抚弄鸟雀的身体。因为双方打手时都是前臂相接听劲化劲，所以有此比喻。但是前臂只是全身的接触点，而不能认为太极拳的运化就只有前臂。任何拳法都是整体运动。首先要形成周身球劲，与对方相接的任何一点都是球面上的切线点，一接即走，一走即化。接就是走，就是化，是不能分开的。

揽雀尾掤法：揽雀尾为太极拳体用兼全之总手，即推手所谓黏连贴随，往复不离不断，遂以雀尾比喻手臂，故总名之曰揽雀尾。其法有四，曰掤、捋、挤、按。掤法，由起式，设敌人对面用左手击我胸部，我将右足即向右侧分开坐实，随起左足向前迈出一步，屈膝坐实，后腿伸直，遂为左实右虚，同时将左手提起至胸前，手心向内，肘尖略垂，即以我之腕贴在彼之肘腕中间，用横劲向前上掤去。不可露呆板平直之象，则彼之力既为我移动，彼之部位亦不稳矣。

这本书主要是讲杨式太极拳的用法，如果按照书上讲的来自学，肯定是摸不着门路，而且按照书中讲的去实战，也一样云里雾里。掤劲，是周身成圆，这个圆不是平面的，而是立体360°的圆球，要没有一处缺陷，你有缺陷人家就攻进来了。这个圆球是空心的，所谓空中，中

心是虚空,才能把外来的力量都化掉。而且是到处游走不定的,那么设想一下任何一个对圆球去的力,是不是瞬间就被圆球的游走化掉了呢?这个空心球意是要首先建立起来的,有的人练一辈子拳也没找到这个球意。其实找是找不到的,你在后天故意里头到哪儿找去?要返先天,从空空静静里头激发人的生理本能,通过太极拳的技术特征运用,瞬间就有了。

首先建立了球意,四正的劲才能有所施展。你的身体居于球体的中心部位,手、足是外圈,肘、膝是中圈,肩、胯是内圈,这个要明白。外圈挡不住中圈上,中圈挡不住内圈再上。不管外、中、内,它都是虚化的一个球体始终在那里,而且是游走不定的。如果你定住就被对方找到中心,正因为你游走不定,人不知我、我独知人,妙处就在这里。所以站着不动打太极拳是错误的。一动周身俱要轻灵,一动无不动,时时刻刻都在动。而且这个动还要在对方的动之先,就要看先天神意上功夫深浅了。太极拳练推手就是训练这个先天神意的感知能力,意上快对方一步就占了先机。过去老人讲手都是类似推手的一接,说你慢了不是手慢,而是意上慢了,慢了就等于要挨打。这个和拳击、搏击是两码事,一点类比性都没有,拳击、搏击是后天肌肉上用劲,没有先天意的这么微妙。落实到实战,其实也就是零点几秒就打完了。如果如文中杨澄甫先生说的先迈右腿再迈左腿,已经被打死好几回喽。拳法架子只是原则,过去老人写书是把原则和用法放在一块,要是没有明白人引路或者自己脑门上再长一只眼,肯定是越看越糊涂的,尤其是照书学了或者按照练法跟人动手,那是一定要挨打的。

这个周身360°圆球的掤劲,始终是在这个球体的切线上游化对手的劲力,沾上了对方、听住了对方劲,意上占了先,就沿着切线方向圆横着一化，就变成了捋带，也就掀了对方的根。就是不沾化不捋带，只是用圆心接着对方的劲，如果不是急速冲拳这种，因为你是以整体、以圆球对付对方的局部直力，所以对方想攻进来非常困难。这时你往前一动，对方就必然后退，这就是整体对局部、圆球对直线的高妙之处。但是这种用法只适合于两人打手或者平常的撕吧以及慢速度的打斗，在真正高速的技击实战里，你想用自己的肘、腕去贴对方的肘、腕几乎是做不到的，因为动手瞬间只有零点几秒的反应时间，大家都是本能反应，练是一回事，真打起来就是另外一回事了。练这个四正劲包括推手都是让你懂劲，知道太极拳的技术特征，真打起来就要灵活多变，怎么合适怎么用。现在很多人练推手都变成了顶牛摔跤，这是未得其真啊。如果连听劲都没有了，就不是太极拳了。至于说真正的打斗，有个清朝的官员用文字描述过杨露禅是怎么动手的，说他两手相抱如圆环，快如流星飞矢，哪会如推手般慢吞吞的呢？推手是练习太极拳的辅助手段，就是学会听劲认劲，为粘黏连随接化引化提供主动，但绝对不等同于技击。不能说对方要和你玩命，你说咱们推推手，那不是开玩笑吗？太极拳打人也是瞬间一下子。掤劲的活用就不一定非得用肘腕，身体哪里都可以发出掤劲，而且各种劲要结合在一起用，比如连掤带撞，对方正面过来，你瞬间一游走，就是化打结合把对手发出去了，这个才靠谱。一般掤后都是连着捋，无非一前一后互相结合。而周身球意球力配合丹田内炸力形成的周身掤劲，才能实现发人于丈外，也才能作为内家拳实战立于不败之地的基础。

　　由前势，设敌人用左手袭我侧肋部，我即将右足向右前正面踏出，屈膝踏实，左脚变虚，身亦同时向右面转，眼随往平看，右左手同时圆转，往右前出动，右手在前，手心侧向里；左手在后，手心侧向内，转至右手手心向下，左手手心向上时，速将我右肘腕间，侧贴彼肘节上，侧仰左腕，以腕背粘贴彼之腕背臂上，向左外侧，全身坐在左腿，左腿实，右脚虚。此时敌如进攻，我即内向胸前，右侧捋来，则彼之根力拔起，身亦随之倾斜矣。

前面说到球力和球意，其实是太极拳最核心的技术特征，你不掌握这个球体和球意，对于太极拳就始终处在一知半解的水平，就始终是局部之功，没有整体之用。其实形意拳和八卦掌也是球体球意，孙氏门里形容形意拳是实心铁球硬打硬撞无遮拦，而八卦掌和太极拳有共同类似的地方，八卦掌亦是周身球意随时游走，见力化力卸力打力，绝不和对方在一条直线上硬扛硬对。但太极拳重在引化，八卦掌重在化打，二者同功而异用。太极拳是空中，形意拳是实中，八卦掌是化中。太极拳这个空心大皮球，中间永远都是虚化的，虽然是人在当中，但这个人也要虚化，随时能把对方的来力化至虚无，对方不管怎么来到我这儿，都是泥牛入海悄无声息，所以太极拳是以化为打。而八卦掌是边化边打打化一体，挨上就化也打完了。所以一定要懂得这个根本道理，练拳才能有的放矢。

这个捋就是往侧后一引对方的力，生活中也是能经常见到的。对方来得凶猛，你不敢和对方硬接，就双手粘上一胡噜一侧身，对方无不应手跟跄而倒。这即是太极拳的根本道理，就是不顶不抗，顶抗了不是太极拳。经常看见玩推手的两边顶牛了，那就不要打了，双方功夫都不到家。推手要如珠走玉盘，时刻不停。一般都是一方想来个硬的，另一方来不及化，本能就是往前一抗，顶上了。太极球要顺人之势借人之力，要把后天顶抗的用力习惯改掉，处处不与人计较相争才行。你往我这儿来，我就顺着你的劲往后去，你往后退我就顺着贴上去，这才叫粘黏连随，像个狗皮膏药粘上你就跑不掉，其实双方还都没用实劲，都是似挨非挨，里头刹那转换。要把四正的劲用好，身形、身法一定要灵活多变，脚底下重心随时在动，不能双重，一双重就让人抓住空子了。推手就是要明白这个劲力转换，对方往左边来你右边要虚，对方从右边来你左边要虚，对方从中间来一转身，也就是圜研相合，就把来力从中间化到左右。左接而右虚，右接而左虚，脚底下一阴一阳，随时就把对方的劲化走了。

由前势，设敌人往回抽其臂，我即屈右膝，右脚实，左腿伸直，伸腰长往，随之前进，眼神亦直往前送去，同时速将右手腕向外翻出，左手心贴我之右腕臂间，向前往，乘其抽臂之际，随出挤之，则敌必应手而跌矣。

眼神的作用在哪里？就是"神气"二字。多数人练拳、用拳都在后天，从来不晓得神气的作用。如果是返了先天，化了后天故意，练到能够以心帅形的时候，身形似水流，动作就都是一心的作用，那么就是神气做主，到这个阶段，只要眼神一去劲力就去。说神气，其实也是人的生理本能，日用而不知。比如家里有孩子不听话，当爹的生气了一瞪眼，这个神气出来就把孩子震慑住，就是无意识中返了先天用了神气。后人追忆前辈的太极拳功夫，说眼神往哪儿一看人就飞过去，就是这个道理。现在练拳让你注意眼神是在打基础，等你真练出来了，进入无形无相，眼神就非常关键了。其实眼神并非主体，而是内劲激发带动眼神，眼神是内劲激发的显像。那么这个挤，就是在将之后对方怕失了重心想往回走，这时候要贴上去，借着对方往回收的劲力一给，对方就倒了。也不一定非要用手，哪儿都能挤。这里挤是说空隙小瞬间而为的意思。挤公共汽车要有技巧，硬挤是不成的，硬挤就扛住了。眼看有一个空，要借着两边人的劲左右一分就进去了。所以说挤是一定要借住对方的势才行。劲力转换的时候就是分胜负的时候，但谁胜谁负全看先天意上的反应速度，拳谱上不是说意在人先吗，就看谁的意更快。比如一开始你掤，对方早有准备，他一定会捋你，那就不一定是谁倒了。这个挤如果对方比你快，一样捋你还是会倒。所以原则是固定的，但招法是因时而变的，要从先天上去体会"拳无拳意无意，无意之中是真意"，这才是正道。

由前势，设敌人乘势从左侧来挤，我即将两腕，从左侧往上用提劲，空其挤力。手指向上，手心向前，沉肩坠肘，坐腕，含胸，全身坐于左腿，速用两手心按其肘和腕部，向前逼按去。屈右膝，坐实，伸左腿腰，亦同时向前进攻，眼神随动往前从上送去，则敌人即后仰跌出矣。

按劲较为特殊，是在对方挤过来以后你没法捋他，那么向上一提劲，对方必然一惊，本能要往下沉劲，这时候顺势往下、往前逼去，对方就失去重心了。一般人都以为往前推这一下是按，其实它是三个劲的组合。先是往上一提，紧接着往下一按，同时含着往前的劲，神意往前一送对方就出去了。如果往下按时对方进来的深，可以用头击打对方脸部。一般都是往前送，趁对方立足不稳则发一个向前的劲，这个是最终的结果，而不是整个的按劲。普通人后天都只会往前或者往后的劲，往上或者往下的劲不会用。这个在形意拳里就是"鹰熊斗志"，熊形直立一般人不知道怎么用，就是要练出来往上提的劲，所谓恨地无环。你往上一提，就势再往下一按，不就是鹰形扑击嘛。鹰熊斗志来自于古心意把，形意拳从心意把继承来的东西，基础就是这个。鹰熊斗志后来演化成劈拳，劈拳其实也就是一上一下，虽然是一上一下，但你不懂这个根骨，想出功夫那太难了。如果对手反应更快，反手为捋，那就改为挤跟上去。太极拳在用功上基本就是掤和捋，前后是进退，加上左右环转引化，所谓身形如柱，也就是圜研相合，要懂得空中和旋转，基本上也就差不多了。孙公禄堂为什么会把三拳合一，创立孙式太极拳？从根本上说，其实所有的武术都是太极拳，因为太极就是一气，就是内劲，拳法本来没有内外分别，中华武术本源上都是练这个内劲的。另一方面，张三丰创立武当太极拳，原本是为了修行的道士们疗养身心，化去犟劲拙力，所以技术特征上主要都是引化为主、击打为辅了。孙公在学习了武式太极拳以后，很自然地就会把形意和八卦的用法糅合进太极拳里，使太极拳在引化之外又多了形意和八卦的打法，从技击上来讲是更加实用化了。

吴式太极拳是从杨式来的，起始也是揽雀尾。但吴式的揽雀尾架子与杨式不同。杨式把掤、捋、挤、按做得比较清楚，吴式则是糅合到一起的两个画圆的动作，与孙式倒是有几分相像。但四门劲法的本质都是一样的。糅合在一起的妙处就是随时变化，只要往前、往上的就是连掤带挤带按，只要是往后的就是连捋带採带挒。运用之妙存乎一心而已。拳架子是记录一门传统武术技术的媒介，招式是技击实战的原则，所以拳架子和招式并不等同于实战技击。实战中瞬间冲突，瞬间转换身形，都需要以不变应万变，就是要把握这个原则，把原则练到先天本能上去，则打斗之中千变万化由己从心顺势而为之。客观说，太极拳存在以弱胜强的因素，因为它的技巧性非常强。普通人再强大也是在后天的强大，在先天是一片空白。先后天对比，先天比后天反应速度要快，力量要透，且消耗极少。由此可知，太极拳在不讲究身体功能绝对强大的条件下，预知感应和反应打击的速度才是关键。同时它的技术性非常高明，通过圆球引化、切线旋转等，可以消化对方来自后天的强大攻击，所以才有"大英雄独当万人"的豪迈说法。所谓接就化，化就打，甚至接化都不用瞬间直接打上，就可以克敌制胜。但是这一切都植根于防身自卫的程度，是没有问题的，如果涉及战场厮杀、擂台搏命、缉拿盗匪，类似的性命攻击，必须要往里头加更强大的东西。这也就是孙公把形意、太极、八卦合一，创立孙式太极拳的初衷了。

孙式太极拳与杨式太极拳合论暨武当一脉太极解密（4）
——懒扎衣

这一章解说孙式太极拳的"懒扎衣"。本章是全书的总纲，揭秘了重要的练法关窍，如不解其意，后面的拳就会流于表面，无法深入到内炼层次。同时，这些关窍也是孙式三拳乃至内家拳修炼的基本原则，懂了这些，其他的拳也就会练了。在孙式太极拳里，太极相当于《形意拳学》里的含一气，而懒扎衣里的一二式，形态上相当于《形意拳学》里的太极学。之所以这样安排，是因为太极拳里没有明确的两仪和三体式，自然也没有五行拳这样明确的阴阳五行划分。太极拳就是阴阳开合，故从无极而始，一气生发，则推动着阴阳开合始终。但孙式太极拳是三拳合一，任何一个招式都能找到三拳的影子，所以脱离了形意拳和八卦拳说孙式太极拳是无法全面和准确的。

第三章　懒扎衣

第一节　先将两手合向里扭，扭至两手心相对，两手再徐徐同时一气如抱着大圆球相似。两手之距离远近，顺着自己的两肩，向左斜角，自下边往前，又往上边起。两手起时与吸气同时，如同划两条弧线，划至离丹田处（即小腹）二三寸许。

这一节有个重点，就是"丹田"后面标注"小腹"，孙公怕人以为内家拳的丹田就是脐下一寸三分，特意指出丹田就是整个腹部。这点是非常关键的，因为时至今日有许多人还在练脐下丹穴，把内劲意会为内气，这是大错而特错的。如果练得浅倒无所谓，而练得深则一定早晚会出毛病。因为气血自有归路，你非要把它停在某个地方，就违背了生理的自然，结果是不言而喻的。气血属于后天，由先天元气带动，而先天元气取决于精神，这个精神无形无相，也即孙公禄堂所谓的"一气""内劲""金丹"。先天有了后天就有了，所以我们不练后天气血，而是要着重于先天精神。

动作上与杨式就有明显差异了。两手合住劲如抱球，刹那球意就要贯彻全身，而这个360°的球意就是掤劲，所以掤劲是无时无处不在的。双手慢慢往上起，提到肚脐附近。与双手上提相对的，是身形微微下降。此时一气发动，周身鼓荡，精神振作，二目中神光闪烁，此即内劲发动时生理上的自然反应。一气已立，后面就会屡次出现"一气着"如何如何，就是说要在内劲发动的基础上做动作。这个在杨式里面就是起式的一起，后面第二节就是一落，只是孙公加入了形意拳和八卦拳的因素，而且更加突出整体的起落。杨式的起落瞬间能入定，而孙式这个起落完全是内劲，也就是一气的勃发，周身鼓荡，全身膨胀，周身掤劲，球意球力自在其中矣。

第二节　前式似停而未停时，即将两手仍如抱着一圆球，靠着身子，与呼气同时往回返划弧线。此种呼吸不可有声。右手划至心口，与左手平直，身子仍直立，不可俯仰歪斜。两腿于两手划返时，要同时徐徐往下弯曲，弯至里屈圆满，上下似半月形。腰要塌住劲（昔人云："以腰为主宰，时刻注意在腰间"，是此意也）。两腿里根同时往回缩劲，右足后跟极力往上蹬劲（语云："劲起于足跟"，亦此意也），头亦竭力往上顶劲，心要虚灵（将两肩松开，再将气力用意往回收缩，用神逆运于丹田，则心自然虚灵矣）。

这一式和形意拳的太极学是异曲同工的，整体身形其实与太极学并无二致，只是手形有变化。此式仍未入阴阳，一气明显，周身鼓荡，精神贯顶。动作上两手往回慢慢收到心口前，身体随之慢慢下蹲，一般是150°左右，胯部就自己锁住下不去了。身体重心要始终放在大腿上部，主要是后腿承重，前腿稍微有之。孙公在这里提到了呼吸，但特别强调此种呼吸不可有声，就是告诉学人尽量把呼吸放轻，所谓呼吸一微妙生理就微妙，是要转化后天呼吸为先天之息的意思。

这一节有三个极其重要的关窍：一是腰的枢纽作用，二是如何缩劲，三是如何虚灵其心。

太极拳从本质上讲，就是一气之开合，形意拳是一气之起落，八卦拳是一气之左右旋。为了强调这个特性，孙公在编排孙式太极拳时，加进了很多的开合式，懂开合才懂孙式。其实身心内外处处有开合，但有个最基本的，就在腰椎那里。所谓时刻注意在腰间，命意源头在腰隙，要以后面这七节腰椎为根，通过丹田鼓荡一气，来实现这个最基本的开合。也就是说，不管你外面动作如何开合，这个最根本的开合始终都在，它支撑着太极拳所有的一切。如果从有形有相上讲，合时要塌腰坐胯，把腰塌住，练时以腰椎为枢纽，则方入此道。开就容易懂了，起手动足都为开，这样就是一个完整的开合。但有形有相只是入门，最后要做到无形无相，就是神意开合，外型上就看不出来了。所以说，练拳要往根里去，不要流于表面，否则毫无用处。

两腿里根缩劲，其实还要加上两个肩膀根往里缩劲，但此式两手恰是往回缩，所以就没有着墨。四肢俱往回缩劲，这是从具体练法上说，根本上就是顺中用逆，也就是孙公所言"内家拳是将人身体散乱之神气顺中用逆缩回丹田"，即此也！一般人没有开胯开肩，缩劲无从体会，你也做不出来，非要硬做就做到肌肉上去了，画虎不成反类犬。初学者只要记得用劲含蓄，好像你想摸心爱人的脸蛋，又怕人家骂你，伸出手去又有所退缩着，如此这般的顺中有逆、逆中有顺就行了。

右足跟要极力往上蹬劲，头要极力向上顶劲，这又是何意？这里的"极力"不是让你真做出来，而是神意上到。什么叫极力，就是精神上圆满无亏，右足跟蹬住劲，自己觉得完全了；头顶住劲，也没有亏缺的。特别是头顶劲要与塌腰成为一对劲，则大龙作用才会出现。头顶劲一般都叫做虚领顶劲，这个虚字非常妙。总之一句话，都是精神或者神意做功，而不能是肌肉做功，如果肌肉做功了就入了后天，大错特错。而所谓神意做功，其实每个人生活里头天天用，日用而不知。比如拿筷子夹菜，并不用想怎么去夹，都是手到擒来，这个就是神意做功。没听说吃饭夹菜还会累的，除非是病人连筷子都举不起来。因此神意做功这四个字价值千金，而太极拳的所谓用意不用力，用后天之形不用后天之力，其实也就是这个。

那么"心要虚灵"又是何意？就是要完全放空自己，即是退出后天返回先天，生活中就是把自己忘了，瞬间忘情。比如看书看得入神、看电影看得入神，别人喊你都听不见，这个状态下把书本和电影的因素去掉就是放空，而此时的心空空静静，也就是虚灵至极。这些话都是内家拳乃至道家修行的最高秘密，如无过来人点破，恐怕一辈子都是白费功夫。具体做法上，"把肩膀松开往回逆运至丹田"这句，就是我前面提到过的顺中用逆。初学的就按照上面说的含蓄的练法，已经开了肩膀和胯骨的，知道缩劲是怎么回事，那么只要神意上把劲往回缩去，心中一片空空静静，则自然虚灵。切记不要在所谓的丹田里头造作内气，此处的含蓄都是自然而然，腹内消息也都是自己形成，不要刻意分毫。

第三节　将前式也似停未停之时，左足再向左斜角迈去，足后跟似落未落地之时，两手再从心口前后着徐徐一气，向左斜角伸出，伸至极处。两肩亦同时往回缩劲（即松开两肩）。两股前节要有力。以上登顶伸缩，皆是用意，不可用拙力。先哲云"虚灵顶劲"是也。又云"不丢不顶、引进落空"，是打手用法之意，不在此列。右足于两手伸时，亦同时向前跟步，足尖着地。左足于右足迈时，亦渐渐满足着地。两手仍如同抱着圆球相似，两手随着两手当中看去。

懒扎衣　三

此式是整体往前去，不可上下分开。因为是整体前进，这里边的用意就千变万化了。孙式太极拳有别于其他太极拳派的就是进步必跟、退步必随，身体重心在随时转化中。此处是往斜角前方整体迈一步过去，双手跟着往前伸到极处，这个极处是在充分坠肘的基础上的极处，极处就是伸不出去了。这一式只要右腿一退步、两手一变就是三体式，或者是退步劈拳。往前去一变就是虎扑或者双撞捶乃至崩拳等灵活运用。本节有个重点关窍需要强调的，就是往前这一迈步，心不能动，若是心动而迈步就入了后天，笨拙无比。太极拳是借后天之形，不用后天之力，纯粹是神意上做功，好像之前我举的吃饭用筷子的例子，心不动自然而然就出去了，所以要切实体会这一点。以后的太极拳式，包括所有的内家拳门派，都是如此！

第四节　外形式似停而内中之气不停，两肩里根和两腿里根即速均往回抽劲，腹内要圆满虚空，神气以意逆运至丹田（神气收敛入

懒扎衣　四

骨，即此意也）。再将两手一气往右边，如划平弧线，右手划至与右肩平直，左手心与右胳臂里曲相齐。左足尖仰起，右足后跟着地，如螺丝轴之意。左足尖与身手同时向右边旋转，右足跟亦同时徐徐着地，两眼望着右手看去，不可停住。

第五节　再将右足往前迈去，足后跟着地，随即将两手一气着，于右足往前迈时，同时如转一圆圈相似，转至两手心向外，左手心离着右手里腕二三寸许。两手再一气着往前推去，两胳臂略弯曲点。左足于两手向前推时，同时跟步，足尖着地，离右足二三寸许。右足尖亦同时往下落地，两足尖均对斜角，两眼仍看前右手，微停，腹内要虚空（即是松静）。舌顶上腭，谷道上提，腰要塌劲，足蹬劲，头顶劲（古人云，腹内松静气腾然，尾闾中正神贯顶，满身轻利顶头悬，是此意也）。两肩两腿里根缩进，仍如前。亦皆是用意，不是用拙力。以后仿此。自起点至五节，要一气流行。不唯五节如此，由始至终亦要周身节节贯穿，勿令有丝毫间断，学者不可忽也。

第四节和第五节一定要合起来说才可以。从外形上只要一看，就知道这两式融合了八卦拳的转掌，而接着就是掤、捋、挤、按四门劲法。最后这进身一推与上头的进身也是异曲同工。虽然只是这么一转一推，却已经是把三拳的特征表露无遗了。特别要注意开头一句话，就是"内中之气不停"，千万不要以为这个气是呼吸或者是什么内气，而是内劲之一气，也就是孙公著作中常见的"一气着"这样或者那样。或者简单说是神意、精神不停，始终是在内劲催发的基础上做动作。不知道内劲或者一气为何物，或者根本就没练出来的，只要空空静静就好了，这个东西不寻明师亲身指点是永远没指望的。

有句话只在门内秘传，叫"人身如柱"，也就是孙公说的"圜研

相合",杨澄甫叫它"磨转心不转",说白了就是以曲破直。比如你打沙袋,如果沙袋是静止的,那就随便打,如果沙袋是旋转的呢?而且旋转的速率比你的速率要快呢?那你一定就会被沿着切线的方向甩出去。在工厂里,如果某个零件飞出来碰到了高速运转的齿轮,瞬间就会被打飞,如果打到人就要出人命了。这个道理都是一样的。八卦掌运用这个道理是最典型的,一动身就是走圈旋转,可能很多人以为八卦掌只是转圈,却忽视了自身旋转才是核心的关键,自己那个空心轴随时都在旋转,这个是自转,也就是研劲。手足动作的旋转是公转,也就是圆劲。圆研相合就是自转与公转的统一。如果没有自转只是公转就没意义了。从这儿才能体会出所谓"球意"的真实用意,所以我们传统武术,最起码内家拳从技术特点上并不是人们想象的那么简单。孙公在这里还特意做了个比方,如同"螺丝钻",是不是特别形象?这一转既可以意会成转掌,同时也包含着掤劲。

　　下面的重点其实在上面也都说过了,这里孙公又特别强调了一遍,就是肩膀根和胯骨根要同时往里缩劲,腹内虚空,逆运丹田,这就是顺中用逆这个内家或者道家的最根本大原则。具体看上面段落的叙述。

　　第四节和第五节虽然是分开说的,但却是一个整体连贯的动作,所以孙公在第四节最后一句话是"不可停住"。这时身体转了135°,因为之前是向着斜角整体前进,转到右侧正面,正好是这个度数。此时手上有一个画圆的动作,是双手一起做。整个四节和五节加在一起,实际上是一个大圈再套一个小圈,大圈在前、在外,小圈在后、在内。内中之气不停,或者说是神意不可断,神意还在旋转之中。这两个圈是两手一起转,但因为一手前一手后,所以转起来就有了区别,分成了一个大圈和一个小圈,二者相辅相成并不冲突。在这里边挤和捋就都有了。为什么不像杨式那样直着捋呢?这就是孙式三拳合一的妙处,里面加了八卦掌的东西,是转起来捋的,一边化一边捋,这个功用效果就更大了。其实掤和挤也是一样,都是在旋转或者自转、公转中进行,永远都有八卦掌运化的成分在里边。那么形意的成分在哪里呢？为什么孙式太极拳进步必跟？这个步子实际上是形意拳寸步的衍化，只要你处处走着这个步子，就永远都有形意的拳意在里头酝酿。形意是直取近攻，没那么多啰嗦，不管你走到哪一势，只要得了先机，就势上去一下结束战斗，或者沾上他就没完。在后面的孙式太极拳招式里，这个原则是贯彻始终的。

两个手一块儿转圈回到身前，然后整体进步往前一推，关键还是在这个转圈里面，掤、捋、挤就不说了，这个按要先提而后按，孙式这里走圈就是连化带提，甚至都不需要提，只需要化，对方失去了重心往回退，我就顺势往前进步连推带按。掤、捋、挤、按四门功夫在练拳或者推手训练的时候可以交待得很清楚，但真动手的时候就没有什么掤、捋、挤、按了，一刹那零点几秒的功夫，都是本能就手的事。那么孙式太极拳在这里既可以是按，也可以是撞，也可以是推，也可以是打，顺手就行。从实战角度来说，其实就是一个打，全在双方功夫高低差异。孙公在这里特别强调这个推式做完时，双脚是对着斜角的，也就是与双手方向成45°，为什么特别强调这个？因为这个架势基本就是八卦掌的定势。

下面孙公把身体上一些具体的要求又重复了一遍，这些要求在懒扎衣这一章中重复了三遍，而且在最后告诉大家，以后的招式都是如此要求，特别强调一气贯穿。这里的一气不是说让你拳架打得如行云流水一般，而是内中一气，也就是内劲不能断，始终是内劲激发着走拳，才能练出真实功夫来。如今练太极拳的十有八九都是把架子打得美轮美奂，须不知有句话叫"丑功夫俊把式"，说让你一气贯穿不是把拳练成舞蹈，而是用通过拳架这个媒介把内劲做大，使出真正功夫来。

最后再把孙公提到的"腹内松静气腾然，尾闾中正神贯顶，满身轻利顶头悬"解释一下。腹内松静不是造作出一个既松且静，而是如婴儿态般的自然松静，腹腔不要较劲，如一空空松松的皮腔。老子在《道德经》里举过两个例子来描述这个景象，一是说道体根本如山谷，二是说如皮风箱，都是内部本来虚空，但虚空之中具备巨大的能量，也就是道体本来能够衍化万物的功能，也就是道家说的金丹，内家拳说的内劲。这个气是指一气，也就是内劲。文中多次提到"一气着"，内劲始终在拳式中起着核心的指挥作用，但内劲是无形无相的，好像磁场、电场你看不到，但可以通过它实施的作用来观察。那么内劲作用于身体引发的现象就是腹部鼓荡，全身膨胀，而腹部鼓荡是比较明显的。需要强调的是，腹部鼓荡是自己来的，不是可以造作的。"腹内松静气腾然"这句话的意思就是在空空静静下内劲即发的景象。"尾闾中正神贯顶"这句话主要是说脊柱中正。现代人都是坐沙发、老板椅，时间长了人没有精神，还会得椎间盘突出，就是忽视了脊柱正直这个生理需求。薛颠说过，脊椎主管炼精化气，这话非常对。大家可以试一下，坐在沙发和坐在一把直背椅子上的感觉是不一样的，坐沙发上人没精神，换到高背椅子马上精神一振，这就是尾闾中正神贯顶。那么"满身轻利顶头悬"呢？就是虚领顶劲。比如爬山很累，人都会关注于自己的下半身，越爬就越累，如果此时你想像着天空中有一条绳子下来在你头顶轻轻一吊，马上就会觉得周身轻快。芭蕾舞演员懂这个道理，他们的身姿永远都是挺拔的，头昂得高高的。虚领顶劲带来的结果就是周身轻利，很简单，就不多讲了。

  武式太极拳的懒扎衣，起式与杨式相仿，起点面向正南。分左右懒扎衣，分别向着东南和西南两隅。左懒扎衣双手从腹部向上掤提，一直掤到与脸部高度相仿，然后双掌分前后推出。而后全身转南面对正，双手合到胸前相对，再向西南角掤挤，最后也是双掌分前后推出。脚下步法亦是进步跟，一足实一足虚。孙式太极拳是从武式太极拳基础上发展起来的。起式上，孙式是无极起式，半面左转。无极桩是孙式门内特有的，从形意拳的角度，易筋经体现在劈拳里，而洗髓经体现在无极桩里。一开始通过无极桩返先天，等功夫进入到暗劲的阶段，无极桩上就会出更深入的东西。此非过来者不知。孙式和武式的比较，进步跟退步

随的步法，以及双掌分前后都是继承了武式的技术特征，而后孙公往里边加入了形意和八卦的内容。比如半面左转然后下蹲，是形意拳的太极式。双掌往前掤到肚脐高度即往回收到心口位置，这个前后拉锯体现了推手的道理。然后再整体往前出，既有虎扑又有双撞掌，同时十个手指会像十个铁棒锤那样扎出去，里头妙处无限。而后转身、双臂划圆是八卦掌的转掌，同时里边加了十二形的猴扇风，最后才是连掤带挤带按的一推。孙式的懒扎衣后半部分划圆，可以理解为身上披了个褂子，跟人动手的一瞬间，两条胳膊往后一甩把褂子扔掉，是为懒扎衣。

孙式太极拳与杨式太极拳合论
暨武当一脉太极解密（5）
——开合手

开手与合手，是孙式太极拳独具特色的两式。从太极拳的本质上讲，无非一气之开合。太极拳处处皆开合，是阴阳在太极拳中独特的运用和展现。比如形意拳的劈拳是一气之起落，崩拳是一气之伸缩，钻拳是一气之曲折，炮拳是一气之开合，横拳是一气之团聚，而落实到太极拳这里，基本都是开与合。一气在先天，是不分阴阳的；一气的作用到了后天，就有了种种区分，所谓"道自虚无生一气，便从一气产阴阳"。而如起落、伸缩、开合等皆是后天阴阳的表现形式。明白了这个根本道理，才能进一步深入到太极拳三昧。

为什么讲太极拳是一气之开合呢？因为太极拳创拳时最根本的思路，就是讲究引进落空、不丢不顶、借人之力、顺人之势，所以处处都是顺着对方的来路，这就是收，也即是合；收到底就是化，化空了之后合即出，要把对方打出去，就是放，就是开。练拳的过程是时时刻刻体会一收一放、一开一合。动手的一刹那则都是本能，合也打人，开也打人，如同形意拳里讲起亦打落亦打。孙公禄堂在孙式太极拳的编排中特意加了好多个开手和合手，就是让后来者深刻认识到开合的重要性和根本意义，就是说，懂了开合，也就懂了太极拳。

开手与合手后来被统称为开合手。虽然孙公在书里是分开讲的，其实开合是不能分开的，有开必有合，开合是一气之作用。所谓有无不立、有无并立，也可以说成是开合不立、开合并立，这就非得到返先天悟彻无极和一气的程度才能体会。一气发生作用，则腹部鼓荡，周身膨胀，目中神光闪现。如果是静悄悄的身上没消息，就只是做体操了。孙公讲过，太极即一气，一气即太极。一气者，内劲也！说得明明白白，不过后人不知内劲为何物，其实太极拳就是直接操练内劲的拳，每一招式都要体现出内劲，也就是一气的功用。比如杨式的起式是一个完整的起落，如果某人做起式瞬间如金刚怒目般神光凛凛，才是真练出来的。

开手学：即将两手如同抱着气球，内中之气亦如同往外放大之意，两手大指离胸前一二寸许，平着往左右分开，开至两手虎口与两肩尖相对，两手五指俱张开微停。

合手学：即将右足尖仰起，足后跟着地，亦如同螺丝轴旋转之意，向着左边扭转，扭至足正直。身子扭转要一气，不可有忽起忽落、简断之形式。劲要和平，

不可有努力乖戾气象。再两手于右足扭时，要同时，亦如同抱着气球，往回缩小之意，往一处合，合至两手相离寸许，两手心空着，仍如同抱着圆球相似。两腿要弯曲，右足着地，左足后跟欠起，足尖着地。停住。两眼看两手当中。身体动作，阴阳要得宜，手足扭转开合要自然，周身不可有一丝一毫勉强之力。

此式从上一式懒扎衣最后的一推完成开始。这里有个讲究，开手是在转身之前做完，开完了再转，一边转一边往里合，等到身子完全转过来，正好合完。对于开合手有各种各样的说法，有转过来再开合的，

也有一边转一边开合的,这里孙公的原文是开完再转,边转边合。其实重点在开合,不在转不转。原地开合与转身开合都是开合,骨子里并无二致,都是一气之开合,体现内劲的功用。这一式在内劲鼓荡上特别明显,因为很单纯,只有开与合,并没有别的招式。孙公设计这个动作主要有两个目的,一是体会太极拳主要是开合这个根本,二是充分展现或者体会内劲的功能。在《逝去的武林:1934年的求武纪事》里,尚云祥曾经和李仲轩说过,站完桩做熊形合页手有好处,其实基本就是这个开合手。因为你从站桩体会了空空静静和一气勃发,比如说唐维禄站混元桩会时常抖一抖,这不是故意抖,而是内劲发作了,身体在鼓荡,但是站桩主要还是返先天空空静静,那么站完桩用合页手或者说开合手体会这个一气,就比较直接。这是老辈人留下的话头,后来人若不是自己练出来,或者有明白人给你当场做出来,则根本无从体会。

从懒扎衣双手一推完成开始,先把两手收到胸前,离着胸口一寸多,十个手指要如水泡张力般撑起,手心相对,大拇指相对。这时候有个关键,一定要松肩膀,只有十个手指头有点紧张,其他地方都是放松的,如果做成力拔千斤那样就拙了。内家拳有三忌,一是不能努气,二是不能努力,三是不能挺胸收腹。努气就是故意憋气运气,努力就是肌肉做功紧张,挺胸收腹就是像跳舞那样昂首挺胸,这些都违背人的生理自然,逆血脉而行之,早晚成病。所以从内家拳的角度,硬气功、练肌肉都是不科学的。气息要自然行之,功夫到了转气为息。练拳用拳都不是筋肉做功,而是精神做主。身体分成上下两节,把上半身放在下半身上,轻松自在呼吸顺畅才对。因为开合手十个指头会撑起,连带到附近的肌肉群组织工作,但那些都是被动的,整体还是要放松,尤其是肩膀不能跟着一起强硬运动,只要肌肉一做功,血脉就会被分成一段段的,日子久了循环就要出问题,影响到身体的各个方面。

书上讲两手之间像有个气球在膨胀,但是不能在后天思想中刻意制造出一个气球来,而是要在先天神意里过电影一样(具体参见前面的总

论）。做这个开合手，身心一体要跟从，也就是不能去主动控制这个气球，而是要让气球来影响我们的身心，是被动的，不是主动的。比如有人用匕首在你肚子前一比划，任何人都会下意识地收肚子，敏感的人还会往后退，这都是在先天神意里的自觉反应，不是走后天思维控制肌肉做功的。这个身体的自觉反应，就是我说的跟从。一个大气球在你身心内部慢慢膨胀，你的身心自觉反应跟随跟从，也就是内家拳以静制动的意思。如果真的做到了，一气鼓荡也就来了。功夫深了之后，气球不再是气球，你就是气球，气球就是你，则身心内外具一开合而已。

从胸前双手心对着往左右平着分开，一直到开不动为止。注意，平着不是胳膊平，而是两只手走一条直线分开，那么基本上到了肩膀位置就开不动了，但也不要使劲非得停在那里，差不多就行。所谓拳无拳意无意，内家拳形式都是外在，是渡河之舟，核心的是内劲。不是手上开合带动身心开合，而是精神上的开合带动身体乃至双手的开合，而开合手不过是一气之开合的表象而已，不要本末倒置。这两手往外同时开也有御敌防守之意，左右包括前面就都照顾到了，左右可以肘击，或者转掌，往前就是虎扑，灵活而用。拳法套路都是大原则，让你学套路是要把这个大原则学了去，然后活学活用，如果把套路学会了但原则不懂，就没有灵活运用，一动手肯定就是挨打了。这些年武术玩套路就吃这个亏，其实是没人懂这个大道理。开手做到位然后开始转身，要徐徐而动，十分自信从容，一边转一边按照原来的路线把双手再合到原来的位置，直至转到正面，则合手恰好完成。

这个螺丝轴，就是圜研相合。练太极拳的要懂得身心中有个虚无的中轴，也就是你的中线，大约密宗说中脉，其实也是练这个虚无，虚无之中能生万物，所谓无中生有。孙公在这里告诉大家，中轴中线永不能丢，就好像形意拳从无极到含一气，别看简单只是转45°，但真让你做，几乎没人能做到"一气着"，就是因为这个中轴没确立起来。咱们

家里都有门，大门也都有门轴，道理一样，但门轴是有形的，而身体的中轴是虚无的，你要是刻意造作一个就比较难，其实人只要行走坐卧得中正，这个轴就自然出现。再举个例子，比如有人在背后叫你，瞬间你转过身去，并没有依里歪斜的，身姿中正的人转身还挺漂亮，就是说别动心，一动心就拙了。知道常常无心而作，那个作出来的才是真东西。

还有一个重点，是十指一定要自然分开，从照片上看着好像孙公的手指头是并着的，那是摄影角度的问题，非要把指头并在一起那也是努力，自然分开就好。刚开始转的时候眼睛是正常水平看，等双手合到地方，眼睛要看着双手中间，好像有个东西在那里，这是为了定住神气。从开手到合手，整个过程身体鼓荡得非常厉害，所谓一气之鼓荡。开始转的时候重心转换到左脚，转完了重心转移到右脚，是为始终单重，也叫活步，重心要不断在双脚之间转换，这个到了打手阶段就明白具体用处了。说出来其实也很简单，双脚要是离了地，太极拳就没法玩了，为什么讲"天地人三才"？不是白讲的，天地与人都是一体不可分割，各有各的用处，具体如何用，留待以后解说。

孙式太极拳，从起式到终式，双腿都是弯曲着的，幅度在150°～160°，也就是稍微下去一点就行。拳击、搏击也都是这么个高度。如果觉着站得低能出功夫就想错了，因为内劲与肌肉无关。平时练得低，一动手全无反应就挨打。从一开始到最后，腿部始终是弯曲着的，身体也基本都是在这个高度运行。孙式太极拳脚底下走的是八卦步，也就是滑步，所谓的"趟泥步"。不懂怎么走，看看滑旱冰就懂了。孙式太极拳是三拳合一，从有形有相的招式上可以实现形意、八卦和太极拳的随时互换，如果没有那就不是孙式拳；从内在无形无相上是统一在一气上，无非是内劲做主，借助外形做功。所以孙式拳练通的人，无论练哪一拳都一样出功夫，乃至功夫高深的行走坐卧也都是拳，就是进入到形而上意生身的境界。

武式太极拳这里只有合手，式与式衔接都是用合手转换。但是没有开手，以为下面的动作就是开。所谓武式是把开合融在每个动作里面，而孙式则是单独提点出来做开合，作为提纲挈领的主要动作。

孙式太极拳与杨式太极拳合论
暨武当一脉太极解密（6）
——单鞭

单鞭分两种，一种是杨式的单侧单鞭，另一种是孙式的双侧单鞭。太极拳的招式都来源于传统武术较典型的架势，是一种借用。所谓"用后天之形不用后天之力"，只是作为承载内劲运发的平台。所以各派太极拳招式名称大体相同，但拳架子却有所区分，是开创人融合了自己的修为心得，同时也明示了意要大于形这个准则。相比于杨式，孙公禄堂在单鞭学中揭示了两个不为人知的秘密，一是丹田功用如何做的？二是易骨、洗髓如何做的？其实大白话说得很清楚，只是后人造作不在孙公那个频率上，就是白白说出也入不得脑而已。

杨式单鞭：由前式（按），设敌人从身后来击，我即将重心移在左脚，右脚尖翘起，向左侧转动坐实。左右手平肩提起，手心向下，一致随腰，左右往复动荡，以称转动之势。两手荡至左方时，乃将右手五指合拢，下垂作吊字式。此时左掌暂驻腰间，与吊手相抱，手心朝上右足就原位，向左后转动翻身向后，左足提起，偏左踏出，屈膝坐实，右腿伸直，同时转腰，左手向里，由面前经过，往左伸出一掌，手心朝外。松腰胯，向敌自胸部逼去。沉肩，垂肘，坐腕。眼神随之往前往。俱要同一时动作，则敌人未有不应手而倒。

单鞭

孙式单鞭学：（继合手学）先将两手腕往外扭，再从心口横平着，如持长杆，往左右徐徐分开到极处，两手心朝外，两手掌直立，两手指与眼相平。两眼看右手食指梢。左足当两手分开之时，亦同时往左边迈去，斜横着落地。左足横直着，左膝与左足跟成一直线。两腿里屈要圆满，不可有死弯子。身子仍要直，两肩要松开，两腿里根亦要松开缩劲。两肩两腿里根均松开，腹即能松开，腹松开气即能收敛入骨，神舒体静。腹内之气不可骤然往下压力，要以意运气，徐徐下注于丹田。道德经云："绵绵若存。"亦是此意也。

杨式和孙式的单鞭放在一起比较，很清楚地就能看出二者的不同。杨式单鞭是一手掌一手勾；而孙式是左右立掌。如何打？主要就是这个"鞭"字，说甩击也行，说抛击也行，就像拿鞭子抽人一样，鞭子头上还绑了个铁球。杨式的一掌是抽对方脸，正反都行。后手的勾最巧妙也最凶狠，那是兜对方下巴的，兜上则下巴必碎，还可以戳对方眼。孙式是两边一起抽，都是奔脸去，打鼻子还是眼睛随便，用正手还是反手也随便。但一定要松肩，肩膀不松开就拙了。鞭子之所以厉害，就是因为它整体都是软的，只有后头握住的那一节是硬的，而力量加速度都汇集到鞭子梢，这一下子打上就不得了。用的时候根本不用想，一闪念就打上了。单鞭最能体现太极拳技击的无形无相，一般都是对方还没看清就挨上了。

上面我说的是用法，而不是练法。练是练，用是用。不管是杨式还

是孙式，练法都是一句话：命意源头在腰隙。一切都是丹田做功驱动九节，所谓三催是也。同时要懂得收敛，也就是孙公在前面说的，两肩两腿里根要缩住，这个缩住就是顺中用逆的法诀。但是到了单鞭这里反而要放开缩劲，是为了让后天气血收敛入骨。前面是先天神意催发周身鼓荡，这里是一派松静纯任自然，所谓腹内松净气腾然，而我们练拳只是静心而观，身心自会区处，不用管它。若是后天造作之心一起，气血就容易走偏。所以孙公说"空空静静最难求，身形应当似水流"，就是告诉大家，心不要动。

　　内家拳所谓拳道相合或者说以拳入道，从理论上讲就是顺中用逆与逆中行顺的结合，或者说先后天要相交，这个在《八卦拳学》里有详细的说明。但一般人就是照猫画虎，也很难做到缩住两肩里根和两腿里根，那是因为骨节未开，就是勉强去做也是造作，会把关节局部的肌肉作死了，反而凝滞了气血容易得病。因此如果是为了强身健体，打太极拳可不用按照缩劲来做，而只是松开肩胯听任气血下行就可以了。此时所谓气血下行，其实是心肾相交，心气往下走，肾气往上走，二气相交于丹田，从而才有水火既济。水火相作把后天之精气化后走入骨节，这个才是全部的收敛入骨，也就是易骨的功夫。孙公禄堂在这里只是简短说明，因为说多了怕后人瞎想，只要照做就行了。

　　说练太极拳有年头的人身上藏肉，普通身材的人倒有一百七八十斤重，其实不是肉重，是易骨后骨密度增加，就是孙公说的这个听任气血下行收敛入骨的练法了。关键是心要静，关节要松开，至于能练到什么程度全看个人造化。那么这个缩劲的功夫就不是一般人可以理解并且能够练到的了。这个缩劲的练法完全是逆运后天气血与先天神意融合而入丹田，不只是简单的听任气血下行而收敛入骨，前者的最大功用还是在强身健体上，而后者才是拳道相合返先天之性命修炼。

　　孙公提到的第二个秘密，就是所谓丹田用气，既不能贯气也不能运气更不能压气，其实连意守都要不得，只是听任其下行而已，一点点用心，似用非用，便是妙处所在。所谓"无心恰恰用"。绵绵若存，千万不要以意念使气下行，无论怎么用意都是错的。因为后天气血自有归路，非要用意念去指引，是一定会走到歪路上去的。这几十年所谓的气功，都是在丹田上、运气上做文章，我们见过太多的脑溢血、早死早衰，都是反面的例证。所谓气沉丹田，其实不是刻意去做，只要你心一静肩膀一松，自然就汇入丹田，又何须刻意呢？

拳法招式讲的都是大原则，比如杨式这个单鞭，人从后边攻过来，如果你按照书中讲的转重心、转腰、转臂、合手、再转腰、再打击，估计都死好几次了。其实第一次转腰转臂是个化解的动作，对方从后头来了，你一回身，两条胳膊劈头盖脸往下一划拉，好橡劈拳那样连化带封，就化解了对方的攻势，如果控制住了对手，只要顺势用勾手一击就可以了。而拳法编排里要连贯成为一个体系，就要把动作都做圆满，所以练法是练法，用法是用法。孙式的单鞭是从合手开始，两手正好在胸前，如捋杆，好像有一个长杆在手里，往两边顺着一捋，那就是从里圈往外圈都有了，先是肘后是手，都能用。

吴式的单鞭与杨式类似，但吴式是马步，而且强调左右手随机使用，劲在两个膀子之中来回游走随机而动。吴式自己叫通背劲。所谓通背劲，就是把肩膀练活了，肩关节打开之后，如果只用一头好像胳膊能长出去一节，其实是里头的关节、筋骨都打开了，而且柔韧之至才能做到。别小看这多出来的一节，因为一般人意识上没有，就很有可能被打上。形意拳十二形的蛇形就是如此，看着打不上其实就打上了。蛇形那是一个大身子，从脚后跟一直通到上面的拳头，不光是胯骨关节和肩关节打开的事，尤其是脊椎骨也能像弹簧那样，就能出其不意了。我常说练拳要多参考过去前辈们的拳照，无论是杨公澄甫还是孙公禄堂，拳架子一看就都是精精神神。还有就是内在有一股张力，虽然是不用后天之力，但绝对看不出虚软之处，而是给人以劲力充沛的感受。还有就是四平八稳，舒展大气。打太极拳不能把自己打小了，而是要把神意充分地

放射出去，最后把自己能全部放空，化了身心就能完全进入空空静静的状态，这也是个练法的秘密。等到完全入静就不能再放了，而是要时刻体会专气致柔。所谓专气就是转化后天呼吸为息，所谓致柔就是如婴儿般柔软，做到了就是逆反回真到了纯阳的境界。到这一步才谈得到以拳入道、拳道相合。

孙式太极拳与杨式太极拳合论
暨武当一脉太极解密（7）
——提手上式与白鹤亮翅

　　孙式太极拳的提手上式和白鹤亮翅二式须放在一起解说，它们是一气贯穿而不可分离。说到孙式太极拳的源流，如果从太极拳本身的拳架形态，自然是脱离不出武式的窠臼。如果把孙、武二家太极拳做一对比，就会发现孙式处处有武式的痕迹，但又似而非似。比如单鞭一式，武式虽然也是两手向两侧分开，但仍然是朝一头使劲；而在孙式，单鞭里加了通背和八卦的东西，练时是左右均衡着用劲，到用的时候则随意转换。学习孙式太极拳必须要有形意和八卦的底子。如果把孙式当成单纯的太极拳来学习，学拳架子容易，得拳中真意则难哉。

　　杨式提手上式　由前式，若敌人自右侧来击，我即将身由左向右侧回转，左足随向右侧转移，右足提起向前进步，脚跟点地，脚尖虚悬。全身坐在左腿上，胸含背拔，松腰眼前视，同时将两手互相往里提合，是为一合劲。右手在前，左手在后，两手心左右相向。两腕提至与敌人之肘腕相衔接时，须含蓄其势，以待敌人之变。或即是将右手心反向上，用左手掌合于我右腕上挤出亦可。身法步法，与挤亦

75

有相通处。

杨式的提手上势有引进落空之意，设好陷阱以待对方来势，接上手就是捋，对方回则趁势挤按。这个手势还有擒扑之意，最早来自于少林剪手，引捋之后对方失中，则侧身翻拿其肘腕，反关节对向一铰断其臂。

杨式白鹤亮翅　由前式，设敌人从我身左侧用双手来击，我速将右脚收回，即提起直前踏出，稍屈坐实。身随右脚同时转向左方正面。左脚移至右脚前，脚尖点地。左手心同时合于右手肘里，沉下至腹时，右手随沉随起，提护至右头角上展开。右手心向上侧，左手急往下，从左侧向下展开至左胯旁，手心向下。则彼之力即分散不整矣。

这一式有三击。一是转身沉化，二是左右分化，三是左脚踢击。对方从左边来打你是一直劲，所以要通过转身加上两手往下一沉化了对方的直劲，这个可以从八卦掌的单换掌去理解。要以身化而不是手臂，光靠手臂是化不动的，甚至还要加上整体的撞击之力，连撞带化，从切线点接上身体一个滚转，两臂合力下沉，就把对方的来势通过螺旋、也就是杨澄甫讲的"磨转心不转"、孙公讲的"圜研相合"化解了。此时要带着捋劲朝后走，对方必然后退，则两臂一分开其中门，左脚应势而出。

拳法招式都是大原则，练拳眼前似有人，就是要千万遍重复形成本能，就手就使出来无需思想，要是还思想就挨打了。太极拳的原则是不顶不抗、借人之力、顺人之势，永远都是顺着对方来的。比如对方来一直力，你也去一直力，这就叫顶抗，就不是太极拳。当然，太极拳也有各种捶，那必然是得了对方的势以后顺势一击，那才能叫做"出手见红"，因为对方已经失去了精神防护，无需多大劲就能打伤他。要掌握太极拳的这种技击特点，就是要在打手中时时体会。如今很多打手都变成顶牛了，那就失去了打手的本意。打手从本质而言是让学者懂劲，掌握太极拳的基本技术特点，只是太极拳法修炼的一个过程。当然，推手中也蕴意着攻击，得人之势即是打人之时，但是和实战技击的环境条件差别巨大，太极拳的技击还是要落实到野战之中，一动手让人找不着北，如临深渊、处处别扭、使不出劲的才是太极拳。

孙式提手上式　（由单鞭）先将全身重心移在左腿上，腰塌住劲，随后将左手，手心朝外着，如画上弧线，画至手背靠着头天庭处停下。右手与左手同时，亦如画下弧线，画至大指根靠着丹田气海处（即小腹）停住。右足亦与两手同时往左腿处合并，两腿似挨非挨，足尖落地，与左足尖相齐。两足距离半寸许。两腿弯曲似半月形，身子仍直着稳住，两肩两腿里根，于两手两足动时，俱要松开，腹亦松开，内中之气，不可用压力往下沉，要以神贯注。身子形式虽停，而意仍未停。再换式，总要一气贯穿，学者不可不知。

孙式白鹤亮翅第一节　再将左手从头部往下落，落至心口下边，肘靠着肋，大指根靠着腹，停住。右手腕往外扭，扭至手心朝外，从小腹处与左手同时，自左手外边往上起，起至头部，手背靠着天庭处。右足

与两手同时往前边迈步，足后跟着地，两足之间距离在自己酌定。右足落地时，身子直着不能移动重心为至善处。腰塌住劲，两肩两腿里根皆用意往回缩劲，然不可显缩，头顶不可显顶，心中虚静，空空洞洞，要无所征兆，不着意思，自然稳住，方为甚妙。

孙式白鹤亮翅第二节　再将右手大指根，离着右边脸面，似挨非挨着，从头处往下落，落时肘要直着往下坠。左手从心口下边于右手往下落时，同时靠着身子微微往上起，起至心口与右手相齐。两手大指相离寸许。右足与两手起落时，足尖徐徐着地，将重心移在右腿上，左足后跟与右足尖落地时，亦同时欠起，往前跟步，跟至右足跟后边，仍足尖着地。腰塌住劲，两手与身子一气着，徐徐往前推，推至两胳臂似曲非曲似直非直，两眼看着两手当中停住。

孙式太极拳的提手上式与白鹤亮翅是一整套动作，所以不能分开来讲。从单鞭开始，提手上式是两手各划90°的圆，左手在上，右手在下，手势有讲究，左手手背靠在额头，手心向外；右手手心大体向右侧，大拇指根节放在小腹部。然后左手直着下降，右手直着上升，左右手变换位置，唯左手变成立掌向外，大拇指根仍靠着小腹位置。紧接着右手往下落，左手往上升，两手同时在心口处相会，手心都冲外呈双撞掌的姿态，而后徐徐向外推出到极处。所谓极处，就是保持肘弯的前提下推不动了。

孙式太极拳讲究进步必跟、退步必随，是身法合一的意思。如果太极拳是空心皮球，那么周身上下必须是一个完整的球体，由神意和躯体组成同进同退，不能有丝毫的拖沓或出尖。而这种步法的好处之一，就是永远都藏着一个暗腿，这是形意拳的技术特点。不管怎么踢，踢上就是好腿，要无形无相。好腿不过膝，脚打踩意不落空，挨上就是。同时要讲究上、中、下三盘同动，上头手打，中间胯顶，下头脚踩，赶上哪用哪，这是八卦掌的技术特点。而太极拳则是引进落空，顺人之势，借人之力，处处留着陷阱等着对方。在太极拳引进落空的基础上加入形意和八卦的打法，此三拳合一恐怕想不厉害都不行。

除了进步必跟、退步必随之外，孙式太极拳两腿永远都是虚实转换，既不能有双重，也不能重心只放在一条腿上不动，而是随着拳势永远都在变化之中。太极拳的一个宗旨，就是对方永远找不到你的重心，而你随时可以控制对方的重心。人要是站着就难打，如果失去重心乃至跌倒就很容易，这是传统武术的一个大原则。有个秘密很少人能够领悟，无论是形意拳、太极拳还是八卦掌，其实都可以叫"行拳"，打法都是出在腰腿上，关键在腰腿的变化，而手臂只是传达这种变化的媒介。把拳练到手臂乃至拳头上，可谓大错而特错。所以前贤有云：命意源头在腰隙，时刻注意在腰间。这个腰，还要包括腿，因为没有腿，腰就没了支撑。腰马腰马，既得有腰还得有马，所以谈到具体的用法，腰腿是不能分开说的。孙公在前面讲"劲起于足"就是此意。

落实到具体的用法，提手上式加白鹤亮翅，类似形意拳杂式捶中的"乌龙倒取水"，两前臂在头、腹之间连续相对上下格打，分开对方来势，取其中路以双撞掌击之。"乌龙倒取水"的用法是非常巧妙的，只要是对方从正面来攻，双臂一错即可分开对手攻势。使用这招的关键是不能退步，反而要进步，往对方怀里去，所谓打人如亲嘴，于半渡而截击之，必然捆住其两臂为我所控，则其中路大开，我则顺势一击。白鹤亮翅的用意，是取白鹤展翅膀抖擞精神之意，所以在拳里要充分体现这种抖擞内在的精气神。其实也就是形意拳里所说的"束展之下一命亡"！

这两式的重点倒不单单只是打法，而是孙公对于顺中用逆、逆中行顺以及一气的再次阐明。对于孙式太极拳而言，拳即是功，功即是拳。而孙公在拳式说明中阐述的松开肩胯里根、缩住肩胯里根、一气着运劲，这些都是内功的至要关窍。从懒扎衣开始，要将肩胯里根缩住，一气着运劲用招。到了单鞭则松开肩胯里根，身心内外一片宁静，听任气血自降丹田。到了提手上式仍是如此，于空空静静中自见神奇。到了

白鹤亮翅，则要重新把肩胯里根缩住。孙公在这里告诉后学，这个缩住是神意上缩住，不是动作上的，切莫搞到后天故意上去。其实对于绝大多数人而言，这个缩住很难理解，那么告诉大家，只要含蓄着用劲就行了。这个缩住，非得在无极桩和混元桩里做到"专气致柔"，浑身的关节都自行打开，才能体会到什么叫做缩住。虽然是缩住，身心内外仍然是空空静静一片虚无，也就是孙公说的"身心自然虚灵矣"。接下来到双撞掌这一块，孙公讲要一气着往前推去。一气着，就是内劲激发着往前推，此时丹田鼓荡，周身膨胀，神光自二目之中闪现，这些都是内劲激发的特征。内劲没练出来的，就无从体会什么是一气着往前推去了。对于初学者来说，心不要动，推出去就行了，最起码心不动还在先天，心要动了就到后天，在后天刻意终无所成。

吴式的提手上势与白鹤亮翅，与杨式迥然不同，看上去与孙式倒十分相像。提手上式也是左右双手分别划半圆，左手在头，右手在腹。白鹤亮翅也是两手在胸前重叠，然后分别向上下展开。到这里，孙式是左右两手再回到胸前然后合掌进击，吴式则是一个向前的弯腰合掌，然后身体向左再回右一个顾盼，左右手分别左右划圆，身体转正时合于头顶，而后同时向下立肘。吴式太极拳比较突出肘击，进身厮打时肘击出其不意且效果奇佳，往往能一招致胜。武式太极拳的提手上式与孙式相差不多，后面是白鹅亮翅，右手从小腹上来到头顶，左手从头顶下来到胸前就推出去了，而且是向着西南角。四家一对比，吴、武、孙的提手上式都差不多，白鹤亮翅或者白鹅亮翅前半部分也大体相同，就是最后这一击有些不一样。孙式是出双撞掌，武式是出单掌，吴式则是身体做一个大回环然后用肘进击。其实肘上头也含着掌，临机而用。

孙式太极拳与杨式太极拳合论
暨武当一脉太极解密（8）
——搂膝拗步与手挥琵琶

搂膝拗步与手挥琵琶须放在一起解说。杨式与孙式都是搂膝拗步之后接手挥琵琶，但孙式的搂膝拗步只有一个，手挥琵琶也只有一个，也分左右式；杨式分左右搂膝拗步，先是左搂膝拗步，接一个手挥琵琶，然后再是左、右、左搂膝拗步，再接一个手挥琵琶，最后是一个左搂膝拗步。

在开始本篇叙述之前，先讲一下"开合"。几乎所有的太极拳都讲究开合，用孙公禄堂的话，太极拳乃是"一气之开合"。一气即太极，太极即一气，而一气，就是内劲。所以，太极拳就是直接表现内劲的拳。而所谓开合，就是在内劲催动下的开与合。"先天一气自虚无中来"，内劲是无形无相的，而且不落后天阴阳。孙公在《太极拳学》中屡次提到"一气着"这样、"一气着"那样，就是告诉大家，练拳不要脱离内劲，不要练到后天有形有相上去。后天的有形有相是为先天无形无相服务，切不可本末倒置。开合其实也只一句话：若开合是同时存在或者同时发生便是对的，如果是有先有后就落了后天，不能称其为"一气之开合"，而只是后天造作出来的一开一合了。孙公有云，有无不立同时有无并立，便是此意。寻常人很难理解，那是因为你在后天阴阳之中，无论任何动作都有先后，先后就是阴阳。若在先天一气还未落阴阳，所以的开合起落伸缩都是并立或者不立的。落实到具体应用上，一般人动手都是一防守一攻击，对于内家拳高手而言，攻防则是同步，接或者不接，瞬间就已经完成攻防。这，便是有无不立（有无并立）。

杨式左搂膝拗步　由前式，设敌从我左侧中下二部，用手或足来击，我将身往下一沉，实力暂寄于右腿，左足即提起向前踏出一步屈膝坐实，右足亦随之伸直。左手同时转上至右胸前向左外往下，将敌人之手或足搂开，右手同时仰手心垂下，直往后右侧轮转旋上至耳旁。张掌，手心朝前，沉肩坠肘，坐腕松腰前进，眼神亦随之前往，向敌人之胸部按去。身手各部须合成一劲，意亦扬长前往，便为得力。

首先要说明的，是杨澄甫先生编撰的这部书，完全是按照拳套子来进行用法的说明，讲的都是大原则，并不能涵盖杨式太极拳所有的内涵本质。我们从郑曼青的两部太极拳著作中可以看到，涉及核心的练拳及用拳方法，都是一门内最核心的秘密，是不会轻易书之于笔端公诸于世的。作为原则是不变的，但用法是灵活多变的。练法是练法，用法是用法。涉及技击实战，应以单式来反复揣摩练习，这个与其他门派并无二致。

左搂膝拗步的用意，是对方从左侧面攻击我中下部时，我一个转身，带动左右手一化一打。左手勾挂化解对方攻势，露出对方的胸、腹部，右手顺势攻击对方。然重点并不在左右手，而在于身体的滚转。搂膝拗步的用法主要是身体整体的滚转和前出撞击，左右手只起附带作用，如果仅仅凭借左右手是无法达成战术目的。毕竟对方以全身来攻，我方只以两条手臂消化，根本是无能为力。中华武术从来都是整体运用，同时强调精神制胜的法则，所以各门派都有内三合与外三合的说

法。左手的搂化一定要肘不离肋，借助身体的纵向滚转化解并控制对方前冲的身体。这一搂也是带着捋带的劲，对方必然重心后移应对，则我方顺势以身体的整体向前冲撞进击，右手打其胸、腹部，则是杀手招数。

虽然讲的只是大原则，杨澄甫先生还是透露了一些秘密，一个是身体向下一沉，一个是眼神随之前往，一个是身体各部合成一劲。

这个身体往下一沉，就是要充分用上腰、胯的劲。我们可以举个例子，比如两个人面对面撕扯，此时重心都是愈发上浮的，如果其中一个人懂得提前把重心下沉，则对方就很难撕扯得动，这就是不自然用上了腰胯的劲。在拳法规矩里要求塌腰坐胯，就是为了达到这一目的。太极拳在各式的连接转化之中，都要求身体松沉，如果虚化了身体四肢，就只剩下腰胯功能了。拳谚有云："命意源头在腰隙，时刻注意在腰间。"生活里也有这样的例子，二三十斤重的狗要是这样挣扎起来，一百多斤体重的人都拽不动它，仔细观察就会发现，狗全凭腰臀部位做功，而人都是两条膀子使劲。延展到老虎、豹子之类的猛兽就更是如此。所以，传统武术来源于先民对自然界猛兽捕食的模仿，一脉相承几千年下来，这个本始终没有丢弃。如今西方搏击之类盛行，他们是以一侧身体为轴抡击另一侧身体，与咱们强调身体自然本能应用是大相径庭的。那么懂得了这个道理，在拳法习练之中就要处处注意塌腰坐胯，身体松沉，用腰胯指挥全身各处，便逐渐可以得其"真意"了。

眼神随之前往，从粗浅表意上是心与形一致。无论哪个拳派，都要求眼神要跟上拳头，眼睛是心灵的窗户，眼为心之苗，通过眼神与动作的一致，就能达成心神与形体动作的一致，同时也有助于练功中的入静。到这后面，更加深刻的道理就不是所有人都知道的了。无论是形意、太极还是八卦，形体动作总是拳意的附属品，可以叫它是渡河之舟，拳无拳意无意，无意之中是真意，等修炼到了拳意可以指挥一切，身体则完全听从心意的指引，心到则身到，就彻底摆脱了肉体对精神的

羁绊，到这里才能谈拳法的登堂入室。更深入一步，拳法应用就只是神气的闪现，太极拳练到高深境界，和形意八卦一样，唯只"神气"二字而已。神气闪现，对手就已经出去，从外部表现上就是眼神一送，人已经发出老远。眼神到哪儿，劲力就到哪儿，就能把对手送到哪儿。所以过去老辈人的事迹，说杨少侯打人喜欢瞪眼、发声，一瞪眼一发声人就飞出去，就是功夫进入了很高的境界。

身体各部合成一劲，这句话就非常深了。一般人只知道整，这还是有形有相上的，合成一劲的劲其实是内劲，若用孙公禄堂的话就是"一气"，而且是"先天一气"，它不落后天阴阳。与上面说的精神相结合，合成一劲就是那个真意，也就是化了有形归于无形，在神气上最终落脚。我举的杨少侯的例子，一瞪眼人就出去，这不是故意瞪眼，而是内劲激发人的生理特征，不懂的人以为瞪眼都能打人。世人都在探索这个劲那个劲，其实先天上并无劲力的区别，只有一个源头就是内劲，内劲无形无相，显示在后天有形有相上。比如我打你胸、腹，意念放在身体表面就是震荡的劲，放在身体中间就是所谓抖绝劲，放在身体后方三尺就是穿透劲，如此而已。所以要明白什么叫劲，不能拘束于后天有形有相，那个是无穷无尽的，而要拜明师找回先天的那个"本"，有了那个才有了一切。

搂膝拗步

我们说杨式也好，说孙式也好，太极拳的根只有一个，就是先天一气。把握这个根本，架子只是外在形式，所谓渡河之舟。脱离这个根本，就算是再精彩的拳架，也都是无源之水、无本之木。

孙式搂膝拗步（从合手学）先将左手五指往右边落，再从心口右边往下斜着搂一弧线，搂至左胯处，拇指、二指撑开如半月形，拇指离胯一二寸许。左足于左手搂时，同时往左边斜着迈去，足后跟着地。右手于左手五指往右边落时，手心仍朝里着，与开手式相同，同时往右边开去，开至大指与右肩相平，再即速将食指梢从右口角寸许往左边推去，推至胳臂似直非直，似屈非屈，食指梢与口相平。右足与右手同时往前迈步，迈至左足踝骨前落下，足尖着地。左足俟右足迈时，足尖徐徐着地，两眼仍看前手食指梢。腹内俟左手搂时，急速松开。以上皆是用神气灌注，不可用拙力。身子仍直着，重心移在左腿上。式微停，而内中之意仍不断。腹内松开时，如同手提纱灯，从顶直着往下按，按至形式圆满，内里虚空着。圆满喻周身无亏，虚空喻腹内松开之意。虽然比喻，总在学者，神而明之。

记得我在向李师贵江求教孙式三拳之异同时，李师明确告诉我，孙式三拳最高级的是太极拳。当时似有不解，这些年练下来，确实越来越爱这套太极拳，因为所包含的东西太丰富了，特别是于返先天用一气，简单而直接，事简而功大。从我个人对孙式太极拳的理解，孙公这套太极拳是返璞归真之学，即"还太极拳本来面目"，如果对我开篇说的"有无不立（有无并立）"有所体会，则必定会赞赏我的说法。孙式太极拳于内家拳学领域，一如禅宗之于佛法十万八千法门，可谓直奔主题，直指人心。

孙式的搂膝拗步，左手是搂化，右手则是自上而下的扑击，这里就有个鹰捉的拳意在里边。左手的搂化动作很小，不是简单用手去接对方，而是用肘部上下的整个臂膀横着去搂化，这里边就有了横拳的味道。同时主要的仍是身体纵向加横向的滚转，这个身法就加入了八卦掌的转身，所谓横走竖撞。步法仍是活步，孙式所谓活步开合太极拳，活步的关键在于一个"活"字，架势大的拳步子也大，转换起来就不太灵变。所以后面一些衍生的拳派就越练架子越小，一方面是功夫收敛入骨，另一方面是一结合实用必须得这样进行转化。那么孙式的进步必跟、退步必随可谓灵活非常。还有一点是在实战中随时可以变成形意拳里的寸步，具有极强的攻击意识。

孙公这本《太极拳学》，可能很多人都看到拳照架势上去了，其实最宝贵的是其中蕴含的性命之学，也即是道家顺中用逆与逆中行顺的用法。胯骨根和肩膀根松开之后均匀抽住，这个就是顺中用逆；把抽劲都松开，腹内亦松开，此是逆中行顺。这些都是道家不传之秘，孙公很直白地就公诸于世，只要后学者跟着练，一定会窥其堂奥。从这一点不难看出，孙公禄堂确乎是一代宗师，丝毫没有藏私的心。在做搂膝拗步的时候，一开始动作要抽住劲，一直到左手开始往下搂时就要松开抽劲，小腹也就自然松开，同时再做下面的工作。整个动作到位要有个微微的停顿，再接下面的手挥琵琶，但里头的拳意不能停。就好像你正在看电视剧，外面有人喊你，虽然你应了一声，但脑子还在电视剧的情节里头。但咱们这个拳意比较清静，不是后天这些乌七八糟的思想。

搂膝拗步这个往下按的动作不要着急，徐徐下按，按至周身圆满无亏，基本上大腿成150°左右，自行锁住时，周身上下处处都是类似的钝角，给你一种浑然一体的感受，就是圆满无亏了。练拳要跟着功夫走，而不是我们自己去造作或支配功夫。比如这个圆满无亏，身体自会调整，无须找这找那的，此时身心内外空空静静，一派宁静安详，做到这种程度就对了。关键是松开抽劲，那么全身亦松快自然，姿势到位了能瞬间入定，所谓神而明之。无论搂膝拗步还是手挥琵琶，孙公都表明是左式，意思是可以连续左右打下去，这点要明白无误。从攻防意识上讲，也是侧方向有人来攻击，则我一个转身连化带打，要突出身法滚转的作用。比如用鹰捉的手法，瞬间转身就把对方按在地上，就带了摔法。如果用八卦掌的技术，一个转身到对方外侧就是单换掌。太极拳的手法就是左手引化捋带，右手直接攻击其胸、腹部。

杨式 手挥琵琶 由前式，设敌人用右手来击我胸部，我即含胸，屈右膝坐实，左脚稍稍往后提，脚跟着地，收蓄其气势。右手同时往后收合，缘彼腕下绕过，随用右手拢合其腕内部，往右侧下採捺之。左手亦同时往左前上收合，以我之掌腕，黏贴彼之肘部作抱琵琶状。此时能立定重心，左挒右採，蓄我之势，以观其变，谓之手挥琵琶也。

手挥琵琶这一式充分显示太极拳的引进落空、借力打力。对方不管哪只手来攻击，只要向一旁引化，将其力引至自己的侧后方，时机拿捏得好，基本都是瞬间立仆。太极拳就是对方来得越猛、越直接越好，因为最后都还之彼身。但是太极拳这个本事关键在接手，你接不上或者接的时机不对也都是枉然。推手就是锻炼这个。还有就是太极拳用力不用力的争论。这种争论是对太极拳不了解，作为一种拳术本身是打人用的，无力怎可打人？太极拳只是不用后天之拙力而已，用的是先天内劲，引领着后天肌肉筋骨之力。太极拳不硬顶硬抗，要求是不丢不顶，一定得接上对方的劲才好动作。接不上怎么办呢？比如对方一顿快拳，你怎么接呢？所以不能以为推手就是太极拳的全部，推手只是太极拳懂劲的一个训练过程。推手比较高明的，在两人近身厮摩中比较占便宜，因为感触灵敏，快人一步，只要对方一动，瞬间就改了对方的重心。真正的野战，动起手来都是一样的，你不能跟对方说咱们不打架了，推推手吧。所以人家打架什么样，太极拳打架也什么样，只是太极拳是瞬间爆发，内劲发作，不管是拳是掌，是化是打，都如同海啸山崩一样刹那露了真形，这个和形意拳是没区别的。形意拳打人，你见了这人本来面目，已经被人打了，所谓人打不知。

对方右手正面来攻，则我先含胸退让。有些功夫高的师傅一含胸就能把对方的劲吃掉，这个全在日常积累。右手从下至上拿其手腕往侧后牵引，则其重心必失。而左手顺势控制其肘关节，可顺势横向推之，亦可左右手在引化过程中交错用力断其关节。所谓採，就是手心向下拿住侧后方走，是顺劲；所谓挒，在生活中有生拉硬拽的意思，但咱们得顺着人家的劲。这一式关键是要转胯，手上动作服务于腰胯，胯一转对方才能被引化到侧后方，不然就冲你正面过来了。手挥琵琶在生活里经常用得到，郑曼青说学太极拳首先得学会处处退让，这个话是有道理的。生活里一般人都是硬顶硬抗的，咱们得先退让才能借上对方的势。只要遇见冲过来的，只要一侧身就送出去，是防身御侮很好的手段。

手挥琵琶

孙式　手挥琵琶　先将两手五指俱伸直，手虎口朝上着，右足即速朝后撤步，足尖着地，撤步的远近，不移动重心为至善处。随即将右手往回拉，拉至心口前停住。左手在于右手往回拉时同时往前伸去至极处。左足亦同时后撤，撤至右足前边，足后跟与右足相离半寸许，足尖着地，停住。右足后跟，亦于左足往回撤时着地。唯是身子往回撤时，神气稳住，不偏不倚，腹内松静，周身轻灵，如同悬空之意。内外要一气着往后撤，不可散乱，练者宜深思之。

孙式的手挥琵琶，用意大致与杨式相同。五指要分开，是形意拳四梢的练法。后面能看到孙式太极拳里都是立掌，也是这个意思。杨式的手型如美人手，不能有丝毫较劲处，是全体一气不落后天的意思。孙式三拳合一，易骨、易筋的功夫都放在了里头。杨式打手挥琵琶给人的感觉是含蓄轻柔，孙式则给人感觉雄浑大气。这一式随时可变成崩拳，转身立变单换掌。至为重要的是后面这段话，这时身体仍放开抽劲，腹部亦放开，周身要轻灵自然。悬空之意就是失重，是说后退不能沉重呆滞，要好像虚空飞行一般。一气着，也即在先天的那个境界里，心不

要动,脑子不要动,自然而然地往后退。先天胜后天,轻灵胜沉重。如果不考虑后天有形有相上的肢体动作,孙公这个才是太极拳最核心的根本,也即是返先天用本能,才是太极拳应有之意。换句话讲,不是说你打太极拳就是真太极,太极的根骨在返先天,而那些掤、捋、挤、按、採、挒、肘、靠等都是先天本能在后天的应用而已。吴式的搂膝拗步和怀抱琵琶和杨式大体相同。武式与孙式也大体相同,只是武式类似杨式要连续做几个搂膝拗步。搂膝拗步的搂膝,可以参考散打中的接腿摔,对方正蹬、正踢之类走中路的腿法,都可以侧身进步去接,散打里头是正搂,但一定要躲开对方的进攻路线,身体要转动化解。接住了身体往后拉扯,使对方失去重心,我方的另一腿别到对方支撑腿后头下绊摔出去。不过这种"亲密接触"的打法在传统武术里是行不通的,因为只要给了近距离接触的机会,肯定就会吃到出手见红的重捶。因此搂膝拗步更多的是反搂同时进身扑击对方,相对还是比较客气的打法。

孙式太极拳与杨式太极拳合论
暨武当一脉太极解密（9）
——进步搬拦捶

杨式的进步搬拦捶与孙式的进步搬拦捶差异较大。杨式的搬拦捶是右手搬化、左手拦截、右捶打击。孙式的搬拦捶是先有两个如来回捯绳的动作，然后左手搬化，右手捶击。应该说搬拦捶是太极拳中较为精彩的一式，里面包含的攻防技术特别丰富。杨式和吴式大体相同。武式只是孙式搬拦捶后面的连搬带捶。

所谓搬，就是把对方来拳的直劲往一侧用横劲斜处砍砸化，必须是两手对着对方一手才得势。如果牵动了对方重心，就可以顺势施展捋劲往一侧引带。所谓拦，就是我没搬到，对方必然是手臂缩劲往回走，则我左手提前等着拦拿对方的肘部，右手控制对方手部，趁势施展剪手或引或断。所谓捶，就是没拦住对方，则进身连撞带扑，顺势一拳击打其空隙。这三招一气呵成，等于是给对方下了个连环套式的三面埋伏，对方必然中其一。

所谓进步就是我方身法连续进击争取主动，这里有个重装破坏对方重心的意思。但也并不仅仅只是进步，还可以打退步搬拦捶，像形意拳的退步崩拳那样给对手下套。也可以打斜进步搬拦捶，一搬不中即抢到对方身侧打捶。几乎所有拳式都可以按照进、退、斜来设计，运用之妙存乎一心而已。

杨式　进步搬拦捶　由前式。设敌人由右手来击，我即将左足微向左侧分开，腰随往左拗转。左手即往后翻至左耳旁，手心向下。右手俯腕，随转至左肋间。握拳，翻腕向右转腰，右拳随之旋转至右肋下，此谓之搬。同时提起右脚侧右踏实，松腰胯沉下，左手即从左额角旁侧掌平向前击，谓之拦。左足同时提起踏出一步，坐实，左右伸直，右手拳即随腰腿一致向前打出。然此拳之妙用，全在化人击来之右拳。先以我之右手腕，黏彼之右手腕，从左肋上搬至右肋下，其时，恐敌人抽臂换步，即将左手直前随步追去，寓有开劲。拦其右手时，即速将我右拳，向敌胸前击去，则敌不遑避，必为我所中。此拳中之妙用，所以全在搬拦之合法也。

此式之妙，全在一搬一拦。所谓一搬，即是牵动四两拨千斤之意，接对方右手前攻之势，用自己腕部粘住对手的右腕部，通过身体的纵向与横向的拧转，一定要配合上体重，瞬间把对手的直攻之势，向右下方转化，此即孙公禄堂讲的"圜研相合"。敌方必有失去重心之虞，则本能地会向后转移重心，那么我方出左手控制其肘部，从左至右横向一拦，这个与五行拳相生相克的横拳用法类似。因其本身抽身退步很被动，再被我横向一阻击就破坏了身体的稳定性，也就是"失中"了，杨公所谓"不遑避"，遑然失措了，我之右拳正好随身法赶到，就势一击则稳操胜券。

搬拦捶是太极拳系统中很著名的一个招式，杨公云其妙处都在搬与拦，这是应对大众习练体操强身自卫的需要，真正的根骨在于周身整劲的纵向滚转与横向移动，才是能够达成搬与拦的关键。如今仅仅是靠两条手臂，去搬拦对方力道万钧的一拳，那是十分可笑而浅薄的。多年来有所谓太极拳用力不用力的争论，其实太极拳和形意、八卦一样，用的是周身整劲，核心在腰胯带动，而不是两个膀子上的局部之力。所谓身法身法，无身哪有法？必须要运用整个身体、全部身心来参与战斗，才能以我之整体对抗彼之局部，才能在瞬间对抗上占据优势。就算如此，其实在真正的技击实战中，瞬间能够化解对方的攻势也不是很容易的事。太极拳讲究接手，接得上才用得出，接不上一切都是零，无论是何种太极拳都应在实战中检验，就明白自己所练对与不对。

孙式　进步搬拦捶学　先将左手往左肋搂，左足于左手搂时，同时往前迈步，右手同时手心向上，从左手下面伸至极处。随后右手往右肋搂，右足亦同时往前迈步。式子不要停。再将左手往前出去，又往下扣，如同扣人的手相似扣去。左足仍于左手扣时，同时往前迈步，右手握上拳，从右肋于左手往下扣时即速往左手腕上边直着打出去，拳与心口平，左手背朝上着，于右手往前出时，同时往心口里来，左手里腕靠着心口。右足于右手出去时，亦同时跟步，离左足后跟一二寸许停住。两眼看右手食指中节，身体形式如图是也。右拳往前打时，两肩不可往下硬垂劲，两肩两胯里根及小腹仍是松开，精神贯注。身式要中正，意气要平和而不可乖谬。

孙式太极拳的进步搬拦捶前面有个类似双手捯绳子的动作，是其他门派中所没有的。这两个动作的意思是对方单手来击时，我用双手拿扣对方前臂，一手拿腕一手拿肘，向侧后方引化，同时以一足踹其支撑腿。当对方抽身后退时，则进身用左手搬拦其肘臂，阻止其快速后撤，则我之右手拳顺势一击可操胜券。这里的步子就是交剪步，也就是类似于形意拳"狸猫上树"的步子。双手捯绳的动作则来自于八卦单换掌的互换。整体上也可以看做是形意拳"狸猫上树"的变化，只是加上了太

极拳的借势引化。孙式在这里和杨式最大的区别，在于杨式是单独的一搬，靠身体纵向滚转来横化对手直攻之势；武式太极拳的搬拦捶大抵相似。孙公在这里去掉了这一搬，改成下头踹上头拿再加上引化，两个手再加一只脚对付对方一只手臂，是极占便宜的打法，好像三个打一个，搬法亦在其中矣。形意拳讲究"宁思一寸进，不思一寸退"，这里双手虽然在引化对方直攻，但身体却是迎着上去的，对方则退无可退，进无可进，完全入吾彀中。那么最后的一捶也只是顺理成章的事了。

形意拳所谓拳法合道，道者反之动也。形意拳的打法用法，很多方面和人后天的常识都是相悖的。比如一般对方直线攻击时，我方防守都是要后退，然后再反击，但是形意拳却是迎拳而上，所谓到中流击水，浪遏飞舟，击敌于半渡。这就涉及一个巨大的技术问题，如何瞬间化解对方的进攻势头，而我又能进入到对手的中门。其实技击上开门是最难的，擂台搏击双方绕来绕去就是进不了对方的身，开门对于他们也是巨大的难题。如果你只是在对方攻击范围之外，是永远也不可能开门的。泰森都是瞬间启动打对方一个冷不防，钻进对方的胸腹部猝然一击。刘易斯则是用不断的直刺拳打乱对手的部署，而刘易斯的直拳又快又冷又重，连续十几拳打击之下还能保持原有防守范围的微乎其微。泰森就吃了这个亏，被刘易斯抓住了机会击倒。但是在形意拳，则不存在找机会的问题，因为形意拳的技战术理论是打顾一体，防守的同时是进攻，进攻的同时也是防守。形意拳认为开门的最好方式，或者说对手最薄弱的时候，是他进攻到一半的时候，既不能收回，也不能变式，这个时间是最容易击破对手的时候。所以形意拳看上去从不后退，勇往直前，其实是在击敌于半渡，瞬间就打开了对手的大门。在防化了对手攻击的同时，我已经进入到对手腹地，防守的同时攻击也到了。这就是形意拳打法的最大秘密！

这一式孙公仍然提醒，打右拳时肩胯根部仍然松开，小腹仍然松开，一派松静自然。之前的动作，肩根胯根仍要均匀抽住劲。肩部不要往下硬垂劲，是对着所谓沉肩说的。内家拳法依靠的是人的生理本能，人的生理本能上肩部就是放松，并没有个沉肩的本能来调动。可以沉肩，肩膀就失去了灵动。在松空静的状态中，身体该是怎么样就是怎么样，但凡刻意调整出来的状态，等到真动手时瞬间就丢了，根本是用不上的。这就是民国时香港两位武术大师擂台比武，一出手都是王八拳的原因。只能说他们的拳都练在了后天刻意上，没有在本能自然上去触发本体功能，与人的生理自然背离太远，一动手平时练的就都忘的一干二净，而王八拳确乎是普通人的生理本能，所以出来的也必然会是如此。不过值得肯定的一点，是那位太极拳师傅的体力相当好，也验证了杨露禅所说太极拳能够快速强壮身心的话。

孙式太极拳与杨式太极拳合论
暨武当一脉太极解密（10）
—— 如封似闭、十字手与抱虎推山

孙式太极拳在这里和杨式有很大不同。杨式的如封似闭从架构上是孙式的如封似闭加上抱虎推山，而杨式的抱虎归山是单独一个招式，在如封似闭接十字手之后，一个类似搂膝拗步的动作加揽雀尾的挒挤按。

杨式　如封似闭　由前式。设敌人以左手握我右拳，我即仰左手穿过右肘下，以手心缘肘护臂，向敌左手腕格去。如敌欲换手按来，我即将右拳伸开，向怀内撤析，至两手心朝里斜交，如成一斜交十字封条形，使敌手不得进，犹如盗来即闭户，此谓之如封之意也，同时含胸坐胯。随即分开，变为两手心向敌肘腕按住，使不得走化，又不得分开，

此谓之似闭，似闭其门不得开也。随即用长劲，找按式按去。眼前看，腰进攻，左腿屈膝坐实，右腿随胯伸直，合成一劲向敌击去，此为合法。

杨澄甫先生已经把"如封似闭"的意理说得很清楚了，封闭皆如关门，一个在外使敌不得进，一个在内使敌不得脱。从上一式进步搬拦捶开始，如果对方用左手拿我右拳腕，我即将左手臂贴着右手臂下直奔对方左

腕。这一招其实就是金丝缠腕的变化，左手格击右手翻腕拿住对方左手，顺势外翻就便擒拿。此处两手对一手稳操胜券。如对方收左手后两手齐进攻来，则我顺势将左右手臂往回边撤边防，到身前两臂交叉，此处是斜十字手，就护住了中线和两肋，对方双手则被我挡于门户之外，即"如封"。原文中的"撤柝"，撤字好理解，柝字原意为梆子，也做分开的意思，因为左右手原来是交叉着拿对方的腕子，先分开然后往回收，一边收一边再变成交叉，如同十字封条，手心都是斜着向里。切记，此处不是手臂劲，而是腰胯劲。既然是御敌于门户之外，整体上是掤劲，形成周身球意，腰胯要挺住，所谓含胸坐胯。这里的含胸，是往后泄其劲力的意思，不是练法中的含胸。整体要沿着球面切线引化，顺势就可以变成捋，不然仅仅是两条手臂的劲，对方一冲架子就塌了。

接下来对方势尽必然要换劲，也就是往回撤劲，则我翻掌或按或拿，控制其肘腕不使走脱。太极拳在此类引化之中最重听劲，听得懂才用得出。这里头有个秘密，就是所谓"气口"，气口是换劲的节骨眼。明白人都是变化在对手的气口上，也就是当对方要换劲，我已经提前预知，则马上变招，就能始终拥有主动。再深一步，因为始终在气口上调动对方，就破坏了对方正常的呼吸节律，慢慢气息就跟不上了，这就是功夫浅的和功夫深的推手气喘吁吁的道理所在。换言之，如果存心要害人，只要始终控制住对手的劲路与气口，严重的能让对方一口气倒不上来而致昏倒。对方想撤劲往回走，我则顺势翻掌控制其归路，对方必然本能后退脱身，则我又在此气口上顺势往前进击，对方无不应手而倒。这里说用按，其实就是随便一个双推掌也行，关键是对方连续失去中位，到这里已经处于被动之势，其重心尽在我掌握之中了。如果用按的话，还要有一个往上提的劲，其实都是在调动对方重心的本能反应，一旦我方掌握主动，对方是无法摆脱被控制的局面的，一旦失去身位，则我周身形成合力，以双掌猝然一击，所谓出手见红，此处是杀手。

再回到"气口"这个题目。绝大多数人都是在后天造作，练拳都

是在一呼一吸里头，也就有了所谓的气口。而且越是用心用力的呼吸就越是急。在实战搏击中，鲜有能够连续三次勇猛进攻的，一鼓作气，二鼓而衰，三鼓则竭。人的生理在后天就是如此。打人第一拳威风十足，如果没打上接着第二拳就得打一半折扣，如果再打第三拳能有百分之二三十就不错了。所以真正的内家拳不在后天而在先天，转化后天呼吸为先天之息，那么无论推手还是实战，是没有所谓气口之说的，有气口的都在后天造作之中，还没有悟到根本大道。返先天用本能则不存在三鼓而竭的问题，因为在先天层面里都是生理本能的自然应用，用孙存周的话"打一晚上都不累"。普通人打架顶多2分钟就累得站不起来，专业搏击选手每局也只能是3分钟，而且能撑到3个回合而不力衰的基本没有。因此，生理的局限在后天是无法克服的，中华武术的先辈们认识到先后天分野的不同，于是用先天而弃后天，创造出了内家拳术。

杨式 十字手 由前式。设有敌人，由右侧自上打下，我急将右臂自右向上大展分开，身亦同时右转，左脚与右脚合，两手由上分开，复从下相合，结成一十字形。全身坐在左脚，右脚随即提起，向左收回半步，两脚直踏，如起式。此一开一合劲也。即我用开劲分敌之手时，正恐敌先乘虚由我胸部袭击，故我即结两手成一合劲。其时手心朝里，将敌之臂部掤住。如敌变双手按来，我即用双手将敌手由内往左右分开，手心朝上，或向下均可。唯结成十字手时，同时腰膝稍松，往下一沉，则敌所向之力，即自散失不整矣。

杨式的十字手在武式里是没有的，但在孙式里边则是有的，就是开合手，其实无非是一开一合两个力量，只是架势上有所不同。这里十字手合劲的用法，在上面如封似闭的"如封"中基本类似，一定要形成

97

全身的球意，犹如水泡张力，而且还要游走不定，让对方抓不住你，你却能抓得住对方。所谓人不知我、我独知人。用掤劲遮化对手的来劲，也就是通过球面切线上的走化来引化对手的力量，而不是一对一直接的顶抗，那就不是太极拳了。杨式的十字手包含三个技击战术，首先是敌人从侧面自上而下攻击，我为救急速将身体拧转，带动一侧手臂抡转回环化解对方攻势。这个有点像八卦掌的横走竖撞，也是单换掌的技战术意义。特别要提醒的，只要是内家拳的身法，必然是纵向滚转加横向引化，也就是孙公禄堂所言的"圜研相合"，一定是好像一个大圆柱子高速旋转横着切过去。懂了这个而且练上身，无论什么样的进攻都可迎刃而解。

十字手的第二个技战术就是已经说过的掤化对手的正面攻击，第三个技战术是分化对手的双手按劲。十字手第一个是分，可以从八卦掌的单换掌起式去理解；第二个是合，可以从如封似闭中去体会；第三个是分，可以从白鹤亮翅中去体会。归根结底无非是开劲与合劲。到这里要重点强调，太极拳所谓"一气之开合"的开合指的是人体先天本能的反应，也就是内劲的一种自然表现形式；这里的开合是指具体的用法，开是开，合是合，是一对阴阳对立统一的关系。之前我说过，所谓"一气之开合"，这个开合是一块来的，它属于先天本能不分阴阳；而招式中的开合，包括孙式太极拳的"开合手"，只是后天的招法，有先有后分阴阳。太极者，一气也。一气即太极，太极即一气。太极拳的根在返先天用本能，这个是本。招式招法中的开与合属于后天，是末，故不可本末倒置。

此段最后杨澄甫先生交代一个小窍门，就是十字手成形后身体要稍微往下一沉，则对手的进击之势会涣散瓦解。这是什么道理呢？比如两人摔跤扭在一起，这个时候敌我双方的劲力都作用在一起，形成了一个暂时的整体，一般都是顶抗，谁也动不了了，这个时候只要有一方打破了这个平衡就能赢得主动。这里是对方攻击我的胸腹，我用十字手掤化，瞬间形成了一个敌我力量均衡的态势，这时我方重心往下一沉，带着自己的整个劲意球体一滚转，对方登时会失去重心，则功架必散，我则可趁势击之。杨式里面的海底针也是这个道理。对方扭住我的手臂不撒手，我稍向后引领，对方必然顶抗，则我瞬间下沉就破坏了对方重心，机会就来了。

杨式　抱虎归山　由前式。设敌人向我右侧后身迫近击来，未惶辨别其用手或用脚时，急转腰分开两手，踏出右步，屈膝坐实，左腿伸直，右手随腰向右方敌人腰间搂去，复抱回，左手亦随之往前按，故右手先用覆腕搂去，旋用仰掌收回，如作抱虎式。倘敌人手脚甚快，未能为我抱住，仅为我搂开或按出，则彼复换左手击来，我即用捋式捋回，故下揽雀尾三式附捋挤按同上。

刚才的十字手是为了对付侧面进攻的敌人，这回是从侧后方攻来，不清楚对方的来路，如果换做形意拳就是五行拳转身的用法，比如崩拳是狸猫倒上树，转身滚转上头打底下踹，顺势劈拳擒扑。八卦掌的意思和形意拳差不多，步法基本相同，都是身体瞬间拧转打出去。杨式太极拳这里是转身用右臂大抡大转一胡噜，切记不能平着抡，那样头部就露出来了，应是从上往下斜着抡一个圆。对方本来是要偷袭，没想到你突然回身从上往下连抡带砸，实则是又化又打。因为对方是平着来，而你是从高处去。就好像草原上的狼在地面上称王称霸，但遇上金雕从天上进攻就只能束手就擒。形意拳里的鹰熊斗志就是表达这个意思，一个是从低往高抵抗，一个是从高向低攻击。当然也要加上身体的纵向滚转和周身球意化解对方的来力。如果这一下得手，我之右手臂就来到了对方腰侧，则顺势搂抱往回带，我之左手乘势迎击其脸面部，左右手合式如怀中有物，故戏称为"抱虎归山"。

如封似闭

孙式　如封似闭学　承进步搬拦捶。先将右手往回抽，左手与右手往回抽时，从右胳臂下边挨着，同时往前伸去，两手一抽一伸，至两手相齐为止。两手腕均向外扭劲，扭至两手心朝外，右足于右手抽时，亦同时往后撤步，撤至两足相离远近，量自己身子高矮而定。足落地时，总不移动周身的重心为至善处。随后两手与左足撤时，同时往回抽，两大指相距寸许，抽至心口，轻轻靠住。左足撤回时足尖着地，足后跟距离右足寸许，两腿里曲要圆满，似半月形，如图是也。但是身子往回撤时，要一气着，身子如同立在船上，面向西着，船往东行，要一气撤回。身子要平稳，不可忽起忽落，高矮要一律。

孙式的如封似闭，与杨式的如封似闭从拳理上大同小异，手上姿势也相差不多，唯独杨式从搬拦捶开始就是弓步，一直到如封似闭结束，两脚位置都没有变化，只是身体重心前后转换。孙式则是活步往后撤。到下面的抱虎推山是活步往前去。孙公禄堂有外号叫"赛活猴"，意指其灵巧敏捷堪比猿猴，其实孙式三拳都在"灵"字上做文章，也就是所谓的敏感，瞬间本体反应。手法上孙式是左手格击与右手交叉后，即向回来，从双手交叉到往回来的过程，即是封；到心口变成两掌手心冲外定住，即是闭。手法上与杨式略有不同。关键是在身法上，往回撤步整体要平稳滑行，如同孙公讲的，好像你站在一条正在快速行驶的船上，船往东走，你面向西，所谓"两岸猿声啼不住、轻舟已过万重山"。也说一气着往回撤，其实就是不动心，心里头不能故意造作，本能着往回撤。好比两人各坐在一条凳子的两端，一端的人突然站起来，那边的人瞬间本能反应会跳开，等站定了才回过神来，自己是怎么跳过来的？这个本能驱动就是孙公讲的"一气着"。另外往回撤不要蹦，而是要贴地滑行，如果是蹦蹦跳跳，身法灵动就没有了。

孙式　抱虎推山　再将两手心朝外着，一齐往前推去与心口齐平，两胳臂似曲非曲似直非直，两眼看两手当中，停住。左足与两手往前推时，同时极力往前迈步，右足亦随后紧跟步，离左足一二寸许，身子高矮与前式仍是一律，勿散乱。腰要塌住劲，又要松开劲，周身内外之气与劲，仍如前松沉，两手两腿及身形式样，如图是也。外形虽微停，而内中之意不可止，是在学者意会之。

抱虎推山

上面说过，孙式的如封似闭加抱虎推山是杨式的如封似闭，杨式是抱虎归山，是另外一个单独招式。武式也叫抱虎推山，但与杨式姿势大体相同，这里应当是孙公所做的一个改变，取消了抱虎归山，而是把如封似闭分解为两个招式。此处拳意及时如封似闭后对方欲抽劲回身，则我顺势猝然一击。孙公拳术提倡简易，到此处一击已经足够，所以更之为推山，实则是穿胸透腹的一击，可以参考形意拳虎扑或者八卦拳的双撞掌。重点在于左足极力往前迈步，与形意拳身法相同。《形意拳学》中处处可见"极力往前迈步"一句，其实就是一个"撞"字，好像一百公里时速的大卡车瞬间撞向一辆中吉普，不把它撞碎也得撞出几百米远。孙公特意指出，勿散乱，就是要整体进击。腰塌住劲，又要松开劲，塌住劲就是虚领顶劲与塌腰坐胯一对，激活尾椎，丹田鼓荡。松开劲就是周身内外不能有一丝一毫的较劲，只在精神上激变做功，不然在后天筋肉功夫上是无法统一这对矛盾的。身子要松沉，一如杨式十字手所说的身子往下一沉，那个还是局部动作，这里是整体松沉，把上半身放在下半身上,好像写毛笔字最后写那一点,精气神全在这一点里头,就完满了。二人推手最忌讳身与气上浮,重心就会被人控制,所以时刻松沉才能立于不败之地。

式成,此处稍作停顿,但内中拳意仍在缠绵。好像恋爱的人暂时分离,虽然身不能相见,但情意丝毫不减屡屡不绝。到这里孙式转开合手,然后是搂膝拗步;杨式转十字手,然后是抱虎归山;武式则直接转抱虎推山。此处的开合手与之前的大体相同,之前是右脚跟为轴往左转,此处是左脚跟为轴往右转。之前的是先开手然后再转,边转边合;此处是边开边转,身体转过来再合。

太极拳其实有各种练法,有标准架,有练功架,有技击架,还有养生架,不管什么架,核心都是"太极"这两个字。太极即一气,一气即太极,太极就是内劲。招式都是借用,拳架都是渡河之舟,通过拳架和招式把内劲体现出来,或用于技击,或用于养生,或用于修道,甚至练明白的人可以自创拳架,只要能够体现太极这个本意,以及借人之力顺人之势、引进落空不丢不顶的技术特点,就是合格的太极拳。太极拳可慢练,也可快练;可柔练,也可以刚练。刚柔快慢,应用之妙,存乎一心,无非一气使然。

我之所以把杨孙武吴四家放在一起对比,就是想让大家知道,武当一脉传承下来的架势套路基本都差不多,只是后来个人领悟不同有所变化。从如封似闭到抱虎推(归)山,吴式的变化就比较大了。如封似闭四家都差不多。杨式和武式的抱虎推山都是向侧后进身,有个类似搂膝拗步的动作。杨式然后接揽雀尾。武式则在抱虎推山后边安排了一个手挥琵琶,再接懒扎衣。而吴式的抱虎归山则是个撤步伏身再立起的动作,更有"归山"的意味。武式和孙式无十字手。吴式的十字手则是立掌,暗含着格斗擒拿。下面安排了两个斜向的搂膝拗步,定名为"左顾右盼"。整体看杨、武、吴相差不多,如封似闭后面不管叫不叫抱虎,都是类似搂膝拗步的推山或者归山。唯独孙式把这个省了，大约孙公觉得如封似闭后的双撞掌更能体现"推山"的意味，尤其能体现形意拳丹田内动、一气催动和"三催"的练法。对于身后有人偷袭的反击，吴式干脆就是伏身躲避，用掤捋来对付，应该是从实践中觉得类似搂膝拗步的用法不太现实吧。

孙式太极拳与杨式太极拳合论暨武当一脉太极解密（11）
——肘下看捶

杨式太极拳从上一式的抱虎归山捋挤按，直接就是肘底看捶。孙式则还要开合手、搂膝拗步、手挥琵琶、懒扎衣、开合手、单鞭，然后才是肘下看捶。不过孙式和杨式在肘底看捶之后都接的是倒撵猴。

杨式　肘底看捶　由前式。如敌人自后方来击，我即转身，其动作如上单鞭转身式，可参用。迨身将翻转正面时，左脚直向正面踏实，右脚即偏向右前，踏出半步，坐实时，则左脚提起，脚尖翘起，两手平肩，同时转身向左转，此即用左手腕外平接敌人右手腕，向左推开，至其失却中定时，即将左手指下垂，缘其腕间，向内缠绕一小圈，右手同时向左，与其左手相接，自上黏合，则彼之左右手都处背境，而失其所向。我即将左腕，抑其右腕，右手急握拳，转至左肘底，虎口朝上，以蓄其势，向机而发，未有不应声而倒，此之谓肘底看捶也。

杨式肘底看捶的动作，是转身左右手轮转着顺次一胡噜，然后变肘底捶。关键就在这转身两手一胡噜，在化了对手攻击的同时控制住

对方的双手。杨式太极拳中有很多对付后方攻击的手段，比如抱虎归山、单鞭、十字手等，但基本技术动作都大同小异，就是一定要把整个身体当作一个圆柱体，而且是不断旋转着的，身柱为主，手臂为辅，通过身柱的滚转化解对方的攻击。在孙式太极拳里，孙公把它称作"圜研相合"，其实形意拳和八卦掌也是这个道理。世人皆以为形意拳是直打硬进，其实接上手就是顾打一体，而顾法皆是圜研相合。八卦掌就更不用说了，所谓横走竖撞，整个身体始终在对手攻击范围的切线上运动。如果会八卦掌，对太极拳中此类招式就好理解，类似于八卦掌的回身。横走竖撞就把回身的技术特点说清楚了，就是说你光通过滚转来化还不够，还要加上一撞，一定要对敌人产生瞬间的冲击，所谓化打一体、顾打一体，才能真正做到转危为安或后发制人。从肘底看捶这一式就很清楚。为什么像单鞭？因为单鞭也是转身攻击后方来敌，这个身体的滚转是一样的。敌人从你后边来了，你不了解具体情况，瞬间还要反应，就是连滚转带冲撞，而且路线上要走切线，尽量从对方的攻击侧方面滚转过去，这个就要靠平时战术意识和素养的积累。其实形意拳崩拳的"狸猫倒上树"也是这个意思。当对付后身来敌时，崩拳回身就是一个滚转然后上打下蹋。为什么孙禄堂能把形意、八卦、太极三拳合一，解说到这儿读者就应该有清楚的认知了，核心的技战术都是一样的。当然，这是从后天有形有相上说统一。先天无形无相上的统一，是内劲，也就是一气！

　　肘底看捶类似单鞭回身，身体转过来的同时，左手、右手顺次从斜上往斜下走弧线化打，同时配合转身就化解了对方的攻击，然后就势用左手控制住对方的右腕。这里杨澄甫先生的意思是左手往右边横推牵动对方的重心，然后左手粘住对方手腕往下、往左做一个圆化，同时右手粘上对方右腕，配合着左手往斜上方圆化，左右手合起来的劲把对方往左侧搬倒。就技术而言没问题，但是在实践中能否做到则存疑。在双方快速冲击的打斗中不可能实现，只有可能在慢速的互相撕扯中才有机会。但一定要通过身体整个的滚转，也就是身体的体重加上瞬间滚转的加速度形成的冲量，才能带动对方。不然光是靠左手对付人家的整个身体冲量，是不可能牵动对方中心的。之所以立肘，也是发挥全身整劲的意思。手伸得太长就比较吃力。这个立肘和拳击的立肘护身意思一样。左手到位的同时右手就到了，顺势控制住对方左手。左手往右下方走，右手是往左下方走，如果控制住了对方的双手，借对方自我重心调整之势把对方的根掀翻。如果对方挣扎后撤，或者我们没有完全控制住对方，此时就贴上去用左手压制对方两手，我的右拳则隐藏于暗处趁势一击。在右手捶打击之前，左手五指揸开还有个戳对方脸的用法。上面戳脸、戳眼，下头顺势一捶打击对方胸、腹部位，这就是杨式肘底看捶的用法。在拳法中是引而不发，但练拳时脑子里要尽其用意。

我一直说练法是练法、打法是打法。如果觉得怎么练就怎么用，那现实中一定会挨打的。真正的实战都是瞬间分胜负，也就零点几秒钟的事，按照拳谱里头一步步的安排，是不可能实现的。拳谱只是讲原则，距离真正的实战还差着十万八千里。比如要落实在具体实战中，有人从背后偷袭，自己本能一个瞬间滚转，连着两条手臂过去，甭管是压制还是引化，都是平时积累得多了形成的惯性意识，就不用考虑什么左手往右右手往左了，一沾上立马就得反应。转身过来控制住了或者化了对方的攻击，也别管左手还是右手，直奔对方上三路，戳眼还是戳鼻子都顺势而为，闹对方个手忙脚乱，然后才有肘下捶的机会。

肘下看捶

孙式　肘下看捶学　将左手仍用掌，往前极力用意伸去，腹内亦用神气贯注，身子不可有一毫俯仰之形。随后将右手握上拳，胳臂如同藤子棍屈回，靠着肋。拳从脐处往前左肘伸去，右足与右手伸时，同时往前便迈步，至左足里边当中落下，足尖落地，两足相离半寸许。两手同时往前边伸住，两肩与胯里根亦用意往回缩住，伸缩总要一气。似停而未停之时，即将右足往回撤，足尖着地，左足随后亦往回撤，撤至右足前边落下。两手仍伸住，不可移动。两足往后撤时，身子之形式，各处之劲，虚灵之情，两足相离之远近，均与第十二章手挥琵琶式相同。

孙式的肘下看捶是从单鞭开始的，而孙式的单鞭是左右手双鞭。双鞭是同时分击左右，亦有两肩通背之意，这个通背之意在八卦掌中经常被用于左右换式。从战术用意上，孙式的肘底看捶与杨式的区别并不大，但是手法相对简单。要理解孙公拳意，一定要从简易、不易、变易上去体会。返璞归真的东西才简单，但越是简单越接近大道本体，也才会生出无穷变化。从里从双单鞭开始，左手直掌伸开，五指分立，身子往左边去，右手变拳，随身势过去暗藏在左肘下。要重点强调一点，杨式的手型与孙式手型区别较大。杨式主要是借力打力，全身上下都不能带丝毫的拙力拙意，故手掌基本都是顺掌。而孙式是三拳合一，经常之立掌、五指岔开，是取形意拳四梢之意。这一点非明眼人不能指出，是需要特意关注的。孙公把形意拳内炼的东西放到太极拳里，就把易骨、易筋、洗髓融入了太极拳的先天大道之中。

从拳法用意上而言，肘下看捶也是身体滚转、左手控制，右手一拳突击而出，但是孙式的肘底看捶是两下，前进一下还有后退一下，也就是肘底下捶往前走一步，还得退回来一步。如果对方攻势猛烈，一时间我力不能图时，就往回退一步泄其力，仍是左手控制其双手，连引带化，则右手暗藏之一捶机会更多。我曾经有个朋友，学了几招八极拳，却很快就用上了。某次在加油站和人发生口角，冲上去一拳把人打躺下，而他自己也因为前冲之力过大，脚下无根而摔倒。这是寻常人打架经常会出现的现象。当对方进攻势头猛烈时，最大的隐忧就在其脚下，所谓强弩之末不能穿鲁缟也，太极拳的捋法就是为此而设。但用捋法也不一定非得像揽雀尾那样规规矩矩，只要接上对方的劲怎么都成。在这

里的肘底看捶就是后退一步化其势，其势必尽，此时就是换劲的气口，他欲回而未回，我则右手暗藏之一捶猝然激发，其必轰然倒地矣。

　　从当代搏击技术而言，太极拳的应用，一如我解说杨式肘底看捶一样，不能拘泥于招式套路。孙式的简明就在此处。孙式门里无论形意太极还是八卦，都强调一下，这一下在擂台上很少看到，因为擂台搏击都是有来有往的竞技，但是在性命相搏的野战中则是一招制敌。就是流氓街头打架，也都是瞅冷子寻机会一下就把对方打躺下。战场上也是如此，两边的队伍一个对冲，多少人就躺下了，其实也都是一下。形意拳来自于战场搏杀，练的用的都是这一下！明白了这一下，就懂得实战的原则，练拳用拳也就不会无的放矢了。比如孙式的肘下看捶，对方从左边来了，你瞬间滚转连撞带打，右手拳一定是黑招。所谓肘下捶，就是不能让对手看见，要来阴的。因为你是被动反击，如果对方来势猛烈，那你前边那一下就是虚的，瞬间引着对手后撤一步。好像方便击倒马库斯的一拳，就是马库斯猛烈进攻，方便后撤一步，马库斯盯着方便的右手拳，却忽视了方便的左手，方便左手前摆拳一拳就把马库斯击倒。在这里是左手一直吸引对方注意，对方欺身进来正好碰在我的右手上。所以，兵者诡道也！杀人技又何尝不是如此！

　　吴式的肘底看捶与杨式大同小异，更突出单鞭两臂往后圆化的作用，同时强调立肘的外掤和肘击。武式在单鞭后有一个提手上式和高探马，然后接肘底捶，且只有往前这一下。我之所以把杨式和孙式放在一起比较叙述，除了尽量从武当太极本源上寻找真相外，还有一点就是杨公只谈用法却不说练法，而孙公是只说练法却没说用法。太极拳都是源于一家，招式名称、动作、用法其实大同小异，唯独练法上向来都是各家秘传，孙公的伟大之处就在这里。从一开始的左手要用意极力往前伸去，腹内亦要神意贯注，就是内三合要做到位，精神陡然立起，此处便是一大关键处。后面前进时肩膀根和胯骨根要用意往回缩住，而且总要一气，缩住就是顺中用逆，一气则是内劲催发，浑身鼓荡。这个不是过

来人就无从理解了。但对于普罗大众，只要照着孙公的文字老实做去，虽不中亦不远矣。毕竟孙公出书本意之一是为了民众的强身健体，而不是培养杀手。往回撤时如前面手挥琵琶的回撤，松开肩膀胯骨里跟，腹内要十分虚灵，如一扁飞舟倏然而退，不留丝毫痕迹。此处皆是本能作用，故虽是一退却迅捷无比，所谓先天胜后天也。

孙式太极拳与杨式太极拳合论暨武当一脉太极解密（12）
——倒撵猴

杨式的倒撵猴与孙式的倒撵猴区别比较大，基本上可以说是完全不同的两种拳式。杨式的倒撵猴是退步反击的用法；而孙式的倒撵猴则是一个完整的球意轮转，意在牵动对方前冲之势，有顺手牵羊的意思。吴式和武式、孙式类同。

杨式　倒撵猴　由前式（肘底看捶），设有敌人用右手，紧握我左手腕或小臂间，倘又以左手托住我肘底拳，则我先受其制，不得施展时，即仰翻左掌，用沉劲松腰胯，向左后缩回，左脚亦退后一步，屈膝坐实，右脚变虚，则敌之握力顿失，右手同时向后分开，至其失却握力时，急向前按去。此式虽然倒退一步，仍可撵去敌劲，故谓之倒撵猴，其要尤在松肩沉气也。左右倒撵猴同一意。其身法步法及姿势皆相似，练法退三步、五步、七步均可，但以右手在前为止。

在生活中能够遇到很多这样的场景，自己被对方控制住手臂不能动弹，一般人下意识地会往回收臂与对方形成顶抗，但力不如人的结果就是自己挺累还是摆脱不了。杨式这里就是一翻掌一退步一沉腰，以腰胯之力碾压对方肩臂的局部之力，这样就把对方的优势化解掉了。此处左手要向着对方大拇指的方向转腕，然后就势控制住对方右臂往回搂带，同时右手上去扑脸。左右意思一样。

搂劲就是用腰胯往后带，而翻掌是来源于反擒拿的解脱。对方握住你的手或者前臂，向着他大拇指的方向一翻就松开了，也是整体对局部的意思。同时要把手臂缩回来以拉长对方力矩，还要加上身形退步沉腰下气，就不仅仅只是手臂上的动作，而是全身都要一体反应。左腿往后退一步，但是右足没动，所以看似后退，其实幅度很有限，但是在对方心里的认知你就是在撤退，就会形成一个心里落差，此时你的右手上去，正好迎在对方的脸上。人脸上的眼睛、鼻子、人中都是敏感部位，是吃不住打痛的，所以这一招往往都能出奇制胜解除对方的战斗力。

倒撵猴

孙式　倒撵猴左式学　由肘下看捶，先将左手往胸前处来，大指至胸前二三寸许，将手心往下扣，右手于左手往胸前来时，手心朝上着，同时往右边斜着往下落，右足亦于两手扣落时，同时将足尖欠起，足后跟着地，如螺丝之意，往里扭转，扭至足尖或正直，或微微往里扣着点，再将左手从心口斜着，往左边搂一弧线，大指二指撑开，如半月形，搂至大拇指离左胯一二寸许。左足与左手搂时，同时亦斜着往左边迈步，足后跟落地，再将右手手心向上着，往上抬起，起至与右肩相平，手心再向里裹着，五指俱张开，食指梢从右口角往前推去，两手之曲直，皆与搂膝拗步相同。右足亦与右手往前推时，同时往前跟步，跟至左足中间，相离四五寸许落下，足尖着地。两足之形式如图是也。此式自两手两足动作始末，要一气串成，内中并未间断，如同圆球滚一周圈，无有停滞之意。内中之气，自胸至丹田，与坐功坐至静极时，腹内如空洞相似。周身之神气，全注于丹田沉住，故内家拳与丹学，实相表里，内中之气诚有确实，并非空谈，实地练习，功久自知。

孙式的倒撵猴与吴式都是顺手牵羊的意思。为什么叫"倒撵猴"？如果是正着撵就是往对方冲过去，这里是返身牵引捋带，所以是为"倒"。姿势动作与搂膝拗步相同，只是动作方向不同。意思是对方以迅猛之势冲过来，我不与对方正面顶抗，而是顺着对方的来意突然转身，左手捋带右手拍打，将对方扔向身后。因为是往左转，所以是左式学。太极拳在孙式武学系统里，被形象地称为"空心皮球"，倒撵猴则是非常典型的代表。即孙公所说"如同圆球滚一周圈"。身子转过来的同时，左手化右手打，就怎么合适怎么来。整个形态如同一个滴溜溜乱转的玻璃珠。我在先天主动，对方在后天被动，就可以顺水推舟、顺手牵羊，顺着对方的来势随意为之。球意球力非常重要，练内家拳一定要树立周身球意，无论形意、太极还是八卦，没有硬打硬撞的。就是形意拳，也是如"实心铁球"，化打一体连顾带打，所谓"硬打硬进无遮拦"，是指精神上大无畏的气势，不是说直线进击防守，那就简单了。

杨式的倒撵猴是退着打，孙式则是转着打。动作上就是周身一个立体的滚转，身体完全转到身后，角度上则随意，也不一定非要180°正后方。左右手的搂打是随着身体滚转一起作用，也就是连化带打的意思。此时关键在于轻灵，而轻灵的要诀就在于"空空洞洞"，心中不能犯丝毫的血气，若有了思想包袱就笨拙了。转身的时候以脚跟为轴，孙式太极拳的这个特点对于防护膝盖是非常有效的。同时，孙式太极拳把形意拳和八卦拳的练法用法融入其中，里边就有了易骨、易筋的成分。孙公这里强调五指张开，拇指、食指撑住劲，都是形意拳四梢对易筋的要求。在杨式太极拳中是没有这个成分的，除了腰胯，周身都不能较劲，尤其是手上不能浮现青筋，要松松柔柔才行。

本式最核心的是最后几句，孙公关于拳法与丹道相表里的叙述。薛颠曾经说过，重如千斤还是轻如鸿毛，不过都是运用之妙存乎一心。孙公重点强调此中要空空洞洞，如丹道打坐到极静笃时心无挂碍，则身法轻灵自在，同时更深刻的，是《道德经》中那句"致虚极而守静笃"，则静极而动，阴极而阳，先天元气自会发动，到此种地步才能体会到孙公所言所讲，所谓与丹道相表里！故练太极拳骨子里唯一"静"耳，不可狂心作乱，也不可费心琢磨，只要空空静静，照着规矩练去，日久拳法自然入道矣。而所谓"周身神气全注于丹田沉住"，不是说气沉丹田，在太极拳学开篇，孙公已经强调不可强自贯气入丹田，其实只要肩膀一松、心一空静，内气自然会下注丹田，无需人为造作。而此处讲的是"神气"，并不是所谓的"内气"，神气也就是精神，也即精神贯注，上虚下实，周身完整。

倒撵猴右式学　先将左足尖欠起，足后跟亦如螺丝之意，往里扭转，足之形式，与左式转右足后跟之形相同。再将右手往右边，斜着搂一弧线，大指二指撑开，如半月形，搂至大指离右胯一二寸许，再将左手心向上着，往上抬起，起至与左肩相平，手心再向里着，五指张开，食指梢亦从左口角往前推去，两手之形式，两足之距离，周身之动作，内外之气劲，均与左式相同。左右循环之式，数之多寡，各听其便，不拘一定。

这张正面图看着就比较清楚了，要仔细体会孙公的形态和神态，全身各个部位的角度、细节。特别是两足的位置距离，大腿膝盖的弯度，身体的中正，两手十指张开，虚灵顶劲，下颏微收，塌腰坐胯，松肩顺气。练过形意八卦的人都知道，这里边还包含着形意的手法和八卦的身法，形意拳所谓一气之伸缩，八卦拳所谓一气之左右旋，而太极则一气之开合，三拳合一，其中大妙，则非孙公而谁？

从杨、吴、武、孙四家拳法对比看，一个有趣的现象是吴式和武式、孙式在技术特色上有很多相通的地方，反而吴式与杨式并不是特别的相像。无论陈长兴还是陈清平都是一个源头——来自于蒋发的武当太极拳，杨露禅教给吴鉴泉的大抵是原原本本从陈长兴那里来的武当架子，比较小巧、紧凑、技击性强。武式与孙式亦然。杨澄甫传出来的则是改造过的健身为主的大架子。

孙式太极拳与杨式太极拳合论暨武当一脉太极解密（13）

——三通背

从倒撵猴开始，杨式是接斜飞式，然后是提手上式、白鹤亮翅、搂膝拗步，再接海底针，而后是扇通背。吴式与杨式大体类同。孙式则是手挥琵琶、白鹅亮翅、开合手、搂膝拗步、手挥琵琶，然后是三通背。其中斜飞式和海底针是孙式里边没有的。杨式的扇通背只有单向，而孙式则是双向。杨式扇通背之后接撇身捶、进步搬拦捶，而后是揽雀尾；孙式三通背则是连续三组动作，第一个是正向下腰大背，第二个前后双向的扇通背，第三个是大捋加双钻，然后接懒扎衣按法。武式与孙式动作大体类同，但名称不同。比如第一个三通背，武式分成按式和青龙出水，然后的反转大背接三通背、退步大捋、双钻以及懒扎衣等，都叫作三通背。

杨式　斜飞式　由倒撵猴。如敌人自右侧向我上步打来，或用力压我右臂腕，我即乘势往下沉合蓄劲，随即将右手向右上角分展，用开劲斜击，同时踏出右步，屈膝坐实，似成一斜飞式，其用意亦须称其势也。

杨式接手的技击特征，就是下沉泄

劲，只要我一接对方，腰胯就要引领周身下沉，把对方的来力引导到自己的两条腿上。为什么我们主张单重而不是双重呢？就是一虚一实。这一引必然引到虚着的一条腿上，就让对方的来力落了空，身体就是失中，反击的机会就来了。如果是双重，那就没办法做到。但是光下沉还不够，还必须加上身体的左右滚转，也就是孙公讲的"圜研相合"。接了对方的力，让他失了根落了空，同时再往左右一捋带，就会从我的侧方跌扑出去。如果对方见机的早及时撤劲，则我如影随形用挤按制之。斜飞式是非常典型的用法。对方从右侧来，我接住对方的劲一个下沉，同时往右侧一个滚转，对手无不是应手立跌。练太极拳要做到四维上下八面支撑，不能只有一个劲一个方向。比如斜飞式要像扯旗一样手脚都挣住劲，或者做到六面争力或者八面支撑，就是要把内部的球意做足了，那么在360°的圆球内部，各个点的方向都是均匀受力，对方就没有任何空子可钻。斜飞式有点像形意拳的"金鸡报晓"，一定要用全身整体浑圆之力冲着对方去。

杨式　海底针　由搂膝拗步。设敌人用右手牵住我右腕，我即屈右肘坐右脚，转腰提回，手心向左，脚亦随之收回。脚尖点地。如敌仍未撤手，更欲乘势击我，我即将右腕顺势松动，折腰往下一沉，眼神前看，指尖下垂，其式如探海底之针。此时虽欲採欲战，皆往复成一直力，不意为我一锉，则其根力自断，便可乘虚进去也。

海底针是解脱对方控制上很妙的一招，其式还是严格依照了我上面说的两个原则，一是下沉，二是滚转。对方拿住我手腕，一般人肯定是手臂往回拽，对方也自然顶抗往回使力，都是两条手臂上的劲，互相一较劲就成蛮牛了。太极拳是顺人之势，借人之力，首先是坐胯，也就是身体重心下沉，同时屈肘拧腰。这个屈肘很有讲究，因为对方控制你的手腕，你一屈肘就占了距离上的便宜。其实这是个简单的物理学规律，就是动力臂和阻力臂的对比。屈肘之后对方的手臂伸出来要长于我方，相比较于我方就更吃力。不光屈肘，还往屈肘向下沉，对方的手臂就更吃不住劲，同时身体往一侧拧转，就用上了捋带的劲。左手此时再扶住对方右臂肘关节往右侧一搬，与身体拧转的力量配合，则对方无不立跌。

太极拳让对方失中有很多方法，挫根就是其中之一。海底针后面这往下一沉，就是典型的挫根。挫根是对折的力。比如对方直着来，我接住劲往对方脚跟下一挫，对方双脚就会失去根基。杨澄甫先生曾经说过："捋也不是捋到自己身上来，掤也不是掤对方身上去。"我们自己永远都是周身球意，在圆球的边缘上做功夫，搭手引化全凭神意用功，永远不会进入到我的球意内部。而对手与我相接，不管是被打成什么样，都是他自己失去的重心和中心，我们只是给对方创造失败的条件而已。

杨式　扇通背　由海底针。设敌人又用右手来击，我急将右手由前往上提起，至右额角旁，随将手心向外翻，以托敌右手之劲，左手同时提至胸前，用手掌冲开，直劲向敌胁部冲去。沉肩坠肘，坐腕，松腰，左脚同时向前踏出，屈膝坐实，脚尖朝前，眼神随左手向前看。右腿随腰胯伸劲向前送去，其劲正由背发。两臂展开，欲扇通其背，则所向无敌矣。

扇通背，也有叫闪通背的，武当还有叫赛通背的，关键是在"通背"二字。这一式的关键是斜身，脊背发力，则两背如能相通，右背一部分似串到左背，则左背会多延伸出一

段，故有"通背"之说。而所谓"扇"，是指后背两片琵琶骨、如同两把扇子一样灵活运动，故命名为"扇通背"。这一式很好理解，对方从右边一拳打来，我则用身体的纵向滚转带动右臂右手托化对方来力，借对方来势捋带引化向后方扔出。如果对方察觉往回收力，则我右手继续控制其右手，同时左手就势一掌击向对方胸肋。扇通背是左右逢源的招数，能化则化，化不动则就势打击之。左右臂连接在脊柱上，身体纵向滚转是以脊柱为轴，右臂转过来，左臂好似与右臂一体，同时也转过去，左右臂膀如一，此为扇通背。

　　扇通背一式解密了武术对身体结构优化使用的秘密，就是两背开张横撑之力。普通人是不会用两背的，只是两条手臂的劲。比如说形意拳是十字上做功夫，十字有两个说法，一是腰椎与胯骨的交错，二是两背与脊柱的交错。懂了腰胯就有了全身驱动，有了两背就会增加好几倍力量。孙存周曾经说发力的秘密全在两背与脊柱的交错点上，就是在说这个十字的道理。其实形意拳里头的四象之一——熊膀，说的也是这个，后人不解其意，以为熊膀就是说身体直立，那就失之于简单。熊的背肌非常发达，一旦发怒争斗站立起来的时候，两背肌肉高高耸起，或者用两掌拍击，或者用两掌抓挠，都是两背发力。所以但凡两臂发力，一定要把双背撑开，后背脊柱和肋骨的组合好像打开雨伞一样，这样腰胯发

三通背

出的力量顺着脊柱上行，再通过左右扇背横向打开，才能顺次转移到两臂上，因此瞬间就能爆发出更巨大的力量，此为熊膀！

　　孙式　第三十三章　三通背第一节　由手挥琵琶。先将右手往后画一弧线，至头顶不可停住，再从头顶，与前要一气着往下按，按至两腿当中，离地七寸上下停住。左手与右手往后画时，同时往回抽，在左胯上左肋下边，手心朝里靠住。再将左足于右手往下按时，同时

往后撤，撤至足后跟与右足后跟，似挨未挨之意，足后跟欠起，足尖着地，两腿微微弯曲着，两胯里根用意缩住劲，腰亦仍用意塌住，两眼看右手食指根节，腹内亦仍收敛神气于骨髓，身子虽有曲折之式，而腹内总要含有虚空松开之意，无相挨之情形。

　　孙式的三通背是连续三组动作，这是第一个。右手往后起、左手往回来，是化解对方双手或者手脚的联合进攻。对方左手一拳、右腿一脚，我右手往后格化，左手往回收搂住对方的脚，身体一个纵向滚转就把对方摔倒。左右手都可以应用。此用法是搂膝拗步的活用。右手往下来一直压倒接近地面，一是大背挎，如果对方从后头搂住我，则我左右手控制住对方两臂，刹那身体前翻，把对方从头顶背过来。背挎一定要用臀部紧贴住对手才能一击奏效。二是拍击对方的脚面，对方用脚踢我，我可以用两掌或者两拳连续拍打对方脚面。

　　文中孙公特意强调，胯骨根要缩住，但腹部要松开，不能紧张，这个就是炼精化气的秘密了。之前已经说过多次。世人对如何做到炼精化气都很迷茫，我在一些文章和此前的介绍中也说过，这里再说一遍：首先是做到心肾相交，则水火既济，所谓立炉鼎。然后顺中用逆，也就是用先天意将肩膀根和胯骨根缩住，就是将全身散乱之神气收回丹田，做不到的就把手臂、腿的劲含住即可。记住，这个丹田不是脐下一寸三分，而是整个腹部。这个过程不需要用意，如果用意就入了后天刻意，会引起心火上炎，出现走火入魔。腹内一定要松开，是为了炉鼎中水火自行用功，肾水上心火下，则将先天神气与后天精气转化为精炁走入骨髓，是为炼精化炁。

三通背

　　三通背第二节　再将右胳臂往上抬起，起至手背靠着头正额，身子亦同时直竖起，又将左手虎口朝上着，同时于肋下往前伸直，手虎口仍朝上着，与心口相平。左足与两手同时，极力往前迈去，两足相离之远近，随人之高矮，总要两腿弯曲着，不移动重心，为至善处。两眼顺着左手食指梢看去，将神气沉住，且将内外开合，须要分明，虚实动静，务要清楚，不可有一毫之混淆，内中之神气，散乱不整耳。

三通背一式

第三节　三通背学一式图解　先将两足与身子并腰，如螺丝转（即研劲）从前边往右转，转至面向后边。两手亦与身转时，同时右手从头处往右后边又往前往下斜着落去，如画弧线至极处，手与肩相平直，手虎口朝上着。又左手手心朝里着，亦同时从左边，亦如画弧线至头处，从头处往前下落去，画至极处，手虎口亦朝上着，亦与左肩相平直。两手心斜对着，两眼看两手当中。两足仍未离地基，两足之形式与本章二节图，左作右，两相互换之式同。两手之劲同时往前伸，两肩亦虚空着往回缩，腰中之劲微有往下塌之意，是取虚空之意思也。周身内外之劲，神气收敛，仍如前。周身之形式如图是也。

体会孙公创拳本意，是把弯腰、右手下探作为第一个通背，起身架打为第二个通背，转身架打为第三个通背，是为三通背。孙式的左右通背设计除了引化捋带的作用，还有形意拳直打硬进的意思，除了手上动作还藏着暗脚。杨式的扇通背是把引化隐藏在了拳意里，孙式则直接做了出来。第二个通背一接对方来劲，则一转身把对方扔出去。而第二个通背还可以踩踏对方的前脚面，所谓"脚打踩意不落空"。第三个通背转身时，后脚可以往后撩踹，然后接着踩踏。除了架打，这两式整体上还有个过头摔。如果对方重心比较高，扑得比较猛，则我重心下移，身体微蹲，以两手拿住其上衣襟和腰带，顺其势往后过头摔去，这招叫扔口袋，前一式的摔法叫背口袋，孙公将踢打摔拿都结合进了太极拳。

动作上第二个通背与杨式的差别不大，关键在转身上，孙公讲是如螺丝转，也即研劲，瞬间转到后头。孙式太极拳明确提出"圜研相合"的理论，圜即有形之虚圈，研即无形之实圈。所谓圜，就是周身球意，手足身法到处都是360°立体圆球，但这个圈的表面都是虚的，接手即运化，时时处于流转变动之中；所谓研，即身体中轴线，虽然看不见摸不着，但身形无不是绕此旋转。孙公讲此是太极拳虚实之理，其式内空而不空，不空而空，拳在虚实转化。左右扇通背的架打要充分体现胯劲，也即全身整力，并非只是手上一架一打那么简单，要如坦克车发动冲击到对方身上，有瞬间击其丈外的精神气魄。为什么说重心不可移动为至善？全在腰胯丹田内炸之力原地发劲，充分体现形意拳惊炸的技术特征。过去说齐公博是活电瓶，身上不能沾，沾上就让你出去，周身有抖擞之力，好像带电，其实就是这个惊炸之能，要从扇通背中细细体会。肩胯根处要缩住劲，但腹内松静，所谓腹内松净气腾然，前面已经讲过，不再赘述。

三通背二式

第三节　三通背学二式图解　再将左足先往后微垫步，两胯里根并两肩极力往回缩住，再将右足极力往后撤，撤至左足后边，斜着落下，如半八字形式，两足之远近，仍随人之高矮勿拘。两手再从前边如揪虎尾之意，徐徐落在两胯里根，左足与两手往回揪落时亦往回撤，撤至足后跟在右足当中二三寸落下，足尖着地。身子与两手往回揪时亦徐徐往上起，头要往上顶，身子虽然起直，两腿总要有点弯曲之形，腹内之气仍要缩回丹田，腰仍要往下塌住劲，一切只伸缩顶塌揪等等之劲，皆是用意，不要用拙力。

此式就是"大捋"就是顺着对方往前来的劲，拿住对方的臂腕往自己身前或侧后捋带。为何叫大捋？普通的捋带身子可不向后运动，只要往侧后方转腰捋带即可，而大捋是自己要运动起来，虽然是借了对方往前来的劲，自己要给对方再加把劲，带着对方往侧后方走，运动幅度很大。一般而言是对方来得太猛，无法用一般的捋法化解，就用大捋的手法来走化。这个走化，与倒撵猴有异曲同工之妙。大捋充分显示太极拳借人之力顺人之势。所谓"人刚我柔谓之走"，任他巨力来打我，牵动四两拨千斤。

　　除了大捋之外，还有几个技击的用法，一是折腕。比如对方用双手按我胸口，我则用胸口接住对方双手，同时用我的双掌按住其手背不使走脱，而后身体与双掌合力从对方手腕处向下猛挫，可当场伤其腕骨。这一招在生活中常能用到，因为经常会遇到有人用双手或单手揪另一人胸口的场景。二是撕皮。文中孙公提到双手要如捋虎尾一般，还是上面的场景，如果不用折腕，可以用我之双手像搓树皮一样，握住对方的肘关节下部皮肉猛力往下连撕带扯，会让对方感觉十分痛苦。姿势上如同一式，肩膀根和胯骨根都要缩住，小腹内要松开，虚领顶劲、塌腰坐胯，大龙带住全身的劲，有一种猛兽要张嘴咬人的精神头。此皆是用意，不要刻意造作。

三通背三式

　　第三节　三通背学三式图解　再将两手同时靠着身子往上起至心口上边，再往上又往前伸去，到极处勿停。左足亦与两手伸时往前迈步，足尖往外斜着落下，亦如半八字形，两足相离之远近，身子仍不动，极力往前迈步，不能移动重心为妙。再将两手往下落，扔到两胯里根处，右足与两手往下落时同时往前迈去，至左足前边，足直着落下，足尖着地。两足距离之远近，仍要身子不起不落不俯不仰不能移动重心之情形。再将两手仍靠着身子往上起，至心口上边往前推去，两手推法与第三章懒扎衣五节式相同。右足与两手推时，同时往前边迈去落地，左足之跟步。两手之推法，两足之距离，亦同懒扎衣五节式相同。一二三节之式，练时不可有凹凸处，不可有续断处，总要节节相贯，一气串成最为重要。

三通背的第三式，是双拳上钻加懒扎衣按法。接三通背第二式，通过大𣖀，对方失去重心欲往回撤，我则顺势进步，双拳合击钻打其下颌或面部。这个和形意拳八式"金鸡独立"中的捋钻类似，只是八式的动作紧凑，这里则相对舒展，但用时都是一样的无形无相。其实就是没有大𣖀，此式也可硬打硬进，只要对方从中线进攻，我用双钻自斜下而上格化其攻势，同时击打对方下颌或面部。双钻也可以理解为鹞形的活用，也就是双手钻拳。此式化打一体，打顾结合，接上就打，没有任何时间差，而且硬打硬进，要通过身体向前的冲击力打击对手。格化强调起为钻，身体要螺旋上升，不能直上直下硬碰硬。要用好两个前臂的外部，既护住自己的中线，同时也隔开了对方的直线进攻。加上身体纵向的拧。步法上就是半步，孙公在文中讲左足前进但不能牵动重心为妙，其实也还是扇通背的打法，就是丹田内炸发力。

双钻之后两手向下回到两胯根，这是个向下捋带的动作，其实和按法一开始的捋化一样。按法是先把对方往下方捋化，对方必然重心后移挣脱，则我粘上对方向前方迈步，此时两手却不是直线向前用劲，而是往上提对方的重心，再把对方往前下方按去。所以按法是三个劲意在里边，先捋，此时可以头打，再提，最后按。比如海底针的用法，是用垂直下沉来折断对方直线进攻的力，这里是用垂直上升来使对手失去重心。最后的一按可发可打，劈拳或者虎扑、撞掌等皆可。运用之妙存乎一心，都在临场发挥。

最后孙公讲，三通背的一、二、三式要流畅连贯，不能有凹凸断续，要一气呵成。就是说内在的劲意要连绵不断，不能把三式看成是完全独立的，而是前后连接紧密互为因果。三通背是孙式太极拳里少有的连续进攻的招式，练时眼前似有敌，要把战斗实战意识贯彻到练拳的过程中。说到招式，每招每式都有深刻的内涵，但练法和用法之间是有巨大差异的。我们学拳要把招法用法都学全了，但是到临场应战是没时间让你去思考用哪招的，全在平时成千上万遍重复积累形成习惯意识，对景了自动就出来，这是太极拳被动应敌、后发制人的诀窍。

孙式太极拳与杨式太极拳合论暨武当一脉太极解密（14）
——云手

孙式太极拳三通背末式接懒扎衣按式，而后是开合手，接单鞭，而后便是云手。杨式太极拳扇通背后接撇身捶、进步搬拦捶、进步揽雀尾、单鞭，而后才是云手。孙式太极拳中没有撇身捶这个招式，从三通背的转身是通过左右三通背转换来进行的。也就是说，杨式太极拳是扇通背通过撇身捶转身，而孙式是通过左右三通背转身。杨式撇身捶转身后接搬拦捶，而后进步揽雀尾。孙式则是转身后接大捋，双钻，然后懒扎衣。最后都是接云手。从拳法衍变来看，孙、武、吴、杨式的大体脉络都相差不多，不同的只是局部的招式和拳架的转换。

杨式　撇身捶　由扇通背，设敌人自身后脊背，或肋间用手打来，我即将左足向右偏移转坐实，右足变虚，腰遂转向正面，右手同时握拳，暂于左肋腋间一驻。左手心朝上合护左额角，即时右拳由上圆转撇去，交敌之手由右肋间用沉劲叠住，同时左手由左侧，急向敌人面部击去，则敌必眼花失措矣。

撇身捶的用法，在于知道后方敌人来袭，一定要先把重心从右腿移到左腿，这样稍避对方锋芒，同时左右手护住头，保护好自己。因为重心的转化，对方的袭击就差了一个身位，原来的距离感出现了变化，这时我急转身用右拳反背连打带胡噜，压制住对方的进攻手，同时用左立掌击打对方面部。对方这时如果撤步存身，则我顺势上步，左手正好截击对方前臂肘部，右手顺势使出搬拦捶。这一式的关键是转换重心让对手打空，而后我的右手撇身捶、左掌打击面部、右手搬拦捶连续进攻，不让对手有任何喘息之机。用现代拳击的说法就是组合进攻。其实最后的搬拦捶可以化成左右崩拳连续出击，粘上对手就勇往直前，扑到对方怀里去进攻，所谓"打人如亲嘴"，不把对手打躺下绝不停手。搬拦捶后接右前方的揽雀尾，而后一个单鞭转身，即接云手。这里还有个重点，就是右手上圆这一撇，也就是搬动对方前出手臂，必须要用上肘劲，肘不能离肋，要通过身形整体的研动才能局部取得优势。很简单，如果只是用一条胳膊且过于前出，是无论如何搬不动对方手臂的。陈式拳中有"掩手肱捶"一势，这个掩手源于人们在生活中推小磨，必须是肘部贴着身体，用全身的劲才便利。吴式太极拳非常强调肘劲，凡遇对方来力，需要用手肘掩化的一定先立肘，且是肘不离肋，掩化之后可以直接肘击。总之，无论搬、掩、撇，凡是用到肘部的，必须做到肘不离肋、全身整体研化。

太极拳主要是打化一体，化为打服务。在残酷的野战之中，任何以化为主的技术手段都毫无意义，必须是打，而且始终是打。当我们把化融于打之中时就多了一份变化。在瞬如闪电的厮杀冲击中，只有1秒左右的接触时间，必须在先天本能中形成打化结合的本能，刹那完成打与化的联合实施。比如这一式的撇身捶结合搬拦捶，身体重心转移躲避、护头转身、右肘掩化、左掌击头，后面的右拳追击，都是在一刹那就完成。讲起来是五个动作，但用起来只是一个，根本不存在自我转换调整的可能性。千钧一发，你调整就给了对方机会，所以一转一化之后左右手打化结合连续进身攻击，粘上对手进他跟前，所谓"打人如亲嘴"，不把对方打倒绝不停手。

杨式　云手　由单鞭，设敌人自前右侧用右手击我胸部或肋部，我即将右手落下，手心向里，即以我之腕上侧，与敌之腕下侧相接，由左而上，往右旋转，复翻下向左行，划一大圆圈，如云行空绵绵不绝。左手同随落下，手心向下，随往下向上翻出，与右手用意同。身亦随右手拗转，眼神亦随手腕看去，旋转照应。右足从右侧往左移动半步坐实，左足亦即向左踏出一步，成一骑马式，此时两手上下行至胸脐相对，则

右脚又变虚，向左移入半步，则续行第二式。唯变化虚实交互旋转时，万不可有凹凸断续之意。此式之妙用，全在转腰胯，然后可以牵动敌之根力，应手翻出，学者其细悟之。

云手是太极拳最典型的拳式，如果用孙公禄堂的话来总结，就是"圜研相合"。圜者，有形之虚圈；研者，无形之实圈也。比如云手这里，周身旋转形成的360°球体，便是圜；内中有一虚立的中轴，便是研。这是从后天有形有相上说。杨澄甫教育郑曼青体会这一点时，用磨转心不转来作比喻，是相当准确的。磨除了当中的心是空的不转，其他部位都在旋转，便是圜研相合了。

其实杨式、孙式的云手大同小异，只是孙氏的云手加了八卦拳转掌的内容。云手的使用，如果只是用手臂去接对方，那是肯定要吃大亏的。杨澄甫在这里重点强调，全在转腰胯，牵动对方之根力，则可应手翻出。而腰胯之力便是裆劲，指挥着全身的整力，是以整个身体的纵向旋转，好像一个高速旋转着的圆柱体，沿着圆柱体的切线方向连滚带化，这边是前面我说的以整体对局部，以旋转对长直，而手臂在这里只是接对方的一个工具，发力做功的事整个身体的旋转，也即是圜研相合的作用。

对圜研相合的理解，好比一个飞速转动的齿轮，你扔一个硬币在里头，瞬间就会被齿轮打飞出去。云手的对敌也不是慢慢腾腾的，而是瞬间高速启动，后发先至，挨上对手就已经把对方直劲圆化，使之沿着切线方向失去重心，也即翻出了。这里杨澄甫先生提到了根力，根力其实就是重心。因为传统武术讲究架子不倒，架子倒了，失去重心，命就没了。有很多人把根力误以为是内劲，内劲是虚无一气，是一种先天精神的激变，和根劲是两个概念。总结起来，云手的运用一个是快，由对方的攻击而本能反应，后发先至。另一个是纵向的圆柱形滚动，用周身整力去瞬间化解对方直力进攻，其实和八卦掌的横走竖撞有异曲同工之妙。所以孙公禄堂在孙式太极拳的云手里就加上了八卦转掌的技术。

只要是内家拳，就一定要形成全身球意球力，一出手就是整体的360°球体，对着敌人的一点，自然是接即化，化即打，打化一体。以杨式云手为例，并不只是用自己的手臂去化对方的直力，而是全身这个大球体滚转着去切对方的来力。对方是局部直线之力，而你是全部球体，自然一接就沿着切线防线化了对方的劲，而且顺着对方的劲稍微一送，对方也就失去了重心，所谓牵动对方的根力。这里右手化，左手就可以捋也可以上去打，打就是对方脑后或者软肋。云手的设计还不止于此。云手就是古代圈手的衍化，这个动作要小，不能做得太大，一定要用连续不断转化的三角步相配合，始终在对方身体的一侧控制其态势。关键是神意上要先人一步，对方刚想变化，我已经知悉其意，则在其来路上等着对方。这样微妙的劲力变化，确实需要在推手中仔细体会掌握。无论是神意还是身体动作都快人一步，才能使用云手这样的招式控制对手，否则就只能接、打、发，也就是断手了。

云手

孙式　云手　由单鞭，先将左手从左边，胳臂靠着身子，往右边划一下弧线，至右胳臂里根处，似停而未停。左足于左手化弧线时，同时微往右边迈去落地，足尖仍往左边斜着点。再将右手从右边，胳臂靠着身子，往左边划一下弧线，至左胳臂里根处，似停而未停。左手再从右胳臂里根处，于右手往下落时，同时往左边划一上弧线，从眼前边，划至左手原起处，似停而未停。右足于右手划时，同时足尖仍往左边，微斜着点迈去，两足相离二三寸许落下。两足之形式，足尖仍向左边斜着点。再右手往右边划时仍如前，左足再往左边迈去之形式亦如前。唯左足落地之远近，随人之高矮，仍以不能移动重心为至要。两手两足循环之式仍如前，两手之形式如两个套环圈相似，循环不已。数之多寡自便。但云手时，腰要极力塌住，身子微有向下坐之形式。左手往右，随着往右，

云手

右手往左,随着往左,要与两胳臂一气随着摇动。外形虽然摇动,而腹内之松空,及神气注于丹田,与动作之虚灵,以仍然如前。

　　首先要交代几个要点。一是身体中正,重心不可有丝毫移动,也就是说,在做云手身体往左迈步时,所迈步子大小不能牵动重心,这个与孙式形意拳要求相同。为啥呢?如果你刻意迈大步,形成习惯之后,动手时还得先把重心挪到后腿再出去,这一会儿功夫就挨打了。而孙公这里设计的不牵动重心出去的半步,当实战应用时瞬间就到了对方跟前。打人其实就半步,迈大步必然笨拙。二是手臂要贴着身子,这也是形意拳肘不离肋手不离心及八卦拳贴身转磨的要求。设想如果手臂过于伸展,很容易被对方擒拿,同时因为距离身体过远,则无法充分体现周身整体的滚转之力。主要是形成整体的球意球力,360°的整个球体运转对着敌人的局部而去。三是腹内松空。所谓四肢用劲方式要逆转缩回,将精神贯注于丹田,则周身自能虚灵,完全是先天神意上的作用,而不是后天神经思维上做功。当还没有返先天悟到本质,手足动作含蓄一些也就行了。其实这个就是内家拳的内三合,切记不可造作刻意,也不能设想有股内气贯注丹田,只是先天精神上的事,如果想就错了。四是双手立掌,手指都要撑住劲,四梢在这里的要求与形意拳相同。五是塌腰坐胯,与形意拳要求相同,其实也就是杨澄甫说要用腰胯之力的意思,但怎么用他没讲。这里孙公说得很明白,腰塌住,身体坐住,才能使得出来。内家拳都是坐着打的,犹如骑马打仗。六是随着左右手轮转划圈,身体要追随着双手一起摆动,是为了体现周身一体的意思。这里的一气,说的是内劲激发,周身鼓荡。

　　至于说用法,除了与杨式相通的部分,都是用周身滚转化打对方直力进攻外,孙式里边有形意和八卦的技术,比如可以将云手瞬间转化为

单换掌，也可以将双手轮转转化为虎扑或者劈拳，那么单换掌也可以理解为转着圈打劈拳，而劈拳也可以理解为直着打单换掌。总之变化之妙存乎一心，都在随机应变。与敌相接只是一瞬，刹那接上就打上，连化带打就分出了胜负。而云手之妙就在于始终在敌人的侧后方，由于双手连续做连环圈手，同时配合身法走三角步或者曲线的滚转，不管对方怎么来我都是从外侧接他，一接就是圆球切线一点走化，则瞬间利用走化就到了对方的侧后，则优势尽在我。这就是走大边打人的妙处。

孙式太极拳与杨式太极拳合论暨武当一脉太极解密（15）

——高探马

从云手过后，杨式与孙式都是进入到高探马。所谓高探马，类似过去人一手拉马缰绳、另一手胡噜马鬃毛的动作，在杨式主要是切脖打脸，孙式在切脖的基础上又加了穿掌和崩打。杨式的云手过后有个单鞭做过渡，孙式则是从云手直接运行到高探马。武式的高探马与杨式略同，只是平掌改为立掌。吴式则动作较大，除了切脖打脸，还有肘腕部的擒拿动作。

杨式　高探马　由单鞭式。设敌用左手，自我左腕下绕过，往右挑拨，我随将左手腕略松劲，手心朝上，将敌腕叠住，往怀内采回，左脚同时提回，脚尖着地，松腰含胸，右膝稍屈坐实，同时急将右手由后而上圆转向前，往敌人面部，用掌探去。眼前看，脊背略耸有探拔前进之意。

高探马左右都可以运用。对方拿左腕则右去，拿右腕则左去，总之是对方欲擒拿我方手腕，则我反擒拿扣住其腕，后带其重心。此处有一重点，切记不是用手臂去带对方，而是身体稍微后撤半步下沉，用自己的体重和后撤的动能结合，把对方重心带过来。如果仅仅用手臂带对方是非常吃力的，容易被对方识破并顺势攻击。用我之全身攻击对方之局部，是内家拳的一个宗旨。当你把对方的体重带过来时，右手前去正好打到对方的面部，至于怎么打就随意了。可以切脖，可以扫眼，可以刺鼻，应手而发。

高探马在日常生活中经常能够用到。比如两个人开玩笑，经常会有擒拿对方手腕意图控制对方的动作，警察抓歹徒更是经常用。但是我们看到最多的是两人撕撸在一起，谁也制服不了谁。还能看到三四个警察控制不住一个歹徒的情况。这是不懂借势引化的道理，变成了互相顶抗。如果发生了顶抗，一个人的顶抗之力要数倍于另一个人的撕扯之力，所以出现三四个人控制不住一个人的情况也就不难理解了。所谓太极拳是空中，形意拳是实中，太极拳一定要顺着对方用力的方向、借住对方的劲才好用。比如上面说的情况，如果对方出手来拿你，要趁对方劲力未老，也就是还在实施中时反坐后撤下沉右手迎面出击才好用，一瞬间也就零点几秒的事，稍微一慢就会变成双方顶抗，这招就不好用了。所以太极拳落实在打斗中能够克敌制胜，最关键的是你的反应速度要快过对方，不然打出来就不是太极拳了。

如果出现了顶抗怎么办呢？这就是平常要多推手的道理所在。普通人遇上这种情况肯定是要顶抗的，生理上就是这么设置的，所以要通过推手把这个意识转变了，也就是把脑子换了。太极拳只是顺着对方而已，从不顶着对方。如果你的高探马使老了，感觉对方往回收劲，则顺势往前贴去，还是左手控制其左臂，用右手追打其面部，便可一举成功了。但推手也只是懂劲，距离实战还很遥远，必须在每天各种打斗实践中积累经验，不然都是白说的。如今的太极拳就只剩下推手和讲手，其他的就不要谈了。这里多说一句，郑曼青因为治好了杨澄甫夫人的疾病，得到杨家的真传，虽然不是全部，但其中拳理部分是真实不虚的。有志于杨家拳的，不妨多看郑曼青的两本书。

孙式　高探马学（一）　　仍再接云手式。两手从左边往右边时，左手到心口处，胳臂靠着身子，右手亦仍到原起处。左足随着两手往右边云时，同时往回来，落地离右足一二寸许，与右足成一丁字形。右手再从上边往下落，仍如画下弧线，到右胯处不停，即速往上抬起，手与心口平直，胳臂似屈非屈，似直非直。左手仍在心口前边，两手心俱朝里着。右足于右手往上抬时，同时斜着往前边迈去落去，足尖着地，足后跟离左足一二寸许，两足仍成为丁字形。身子高矮与以前仍一律着，两腿亦仍微屈着点。身式似停而未停。

（高探马学二）　　即速将左手往里扭，扭至手心朝上。右手与左手同时，亦往外扭，扭至手心朝下，两手如同抱一大圆球相似。两手心上下相离三四寸许。两足尖于两手扭时，亦均向左边扭，扭至两足正直，或足尖微向左边斜着点亦可，不必拘泥，右足尖仍着地。

（高探马学三）　　再即速将两手腕往外拧，拧至两手之形式与合手式相同，唯身体之形式如前。一切只神气与劲，亦仍如前式微停，而意仍未停。凡格式，外面虽有停之形式，而内中之意仍未停，以后均仿此。

孙式的高探马是连续三个动作组成，一是类似手挥琵琶的剪手式；二是两手上下相对如抱球；三是两手相对立掌合手。第一个动作也有把左右手平过来打的，唐山孙式拳这么练的多。杨式的高探马左右手是分次序递出，也就是左手先扣身法后沉右手出去，而孙式的左右手是一块儿出去，用法上体现了孙公独特的思维。因为孙式的云手结合了八卦掌的转掌和劈拳的劈打，云手过后结合一个手挥琵琶，意思是擒拿或者控制对方一侧胳臂肘。一般云手只有牵化没有打击，孙式这里又化又打，然后再来一个擒拿，手法就非常丰富了。高探马第二式是引而不发之意，两手上下相合，蓄势待发，用法上与一般高探马相同，可用左手在下控制对方手腕，右手顺水推舟切脖或戳眼。第三式转为合手，是为下一式蹬脚做准备。而合手本身的技击用法是两侧肘击。

在本章孙公重点提出了一个练法的重要原则，就是身停意不停。因为毕竟一套拳法是由不同招式组成，招式与招式之间需要衔接总有停顿，但里边的神意与劲气仍在发展，不能有丝毫停顿。近几十年人们对太极拳的练法有个误区，就是觉得太极拳一定要打得如行云流水连绵不绝，其实这里讲的是神意要连绵不要停顿，而不是身体动作连绵不断。如果身体动作连绵不断，就丧失了拳法各招式的节奏，变得千篇一律了。如今很多太极操，以及太极拳的表演，都是把太极拳练得像舞蹈一样，美则美矣，但已经不是拳法了。拳谱里讲"神意有折叠有起转"，也只是说神意而已，说的不是身体动作。丑功夫俊把式，练得太美的拳是没法打人的。当然，在神意起承转合带动之下，身体肯定也会有外在的表现，比如内在的蠕动与式间的微动，这些都是末而不是本，本质有一个，就是神意运转，连绵不断。

学习太极拳，首先要树立一个处处退让的心思，就是凡事都不要与人正面争斗，落实到拳法里头，也就是不丢不顶。不要小看这做人的一点道理，因为心能转物，从日常生活中就把这争强好胜的心思改了，到拳法里才能始终如一。其实无论哪家拳法，练到最高境界都是太极拳。太极者，一气也，金丹也，入虚而还虚也。说白了就是人本能里头支撑生命进程的那个东西。这个东西是无形无相的，如果作用到打斗指挥着身体四肢，就是内劲。在佛法里就是空无本质。在道家就是所谓的道体本质，也有叫金丹的。修道也叫丹道，后世人以为是个有形有相的东西，其实是虚无缥缈的。你返了先天虚无的本质，体认了金丹自身功用不虚，也就是所谓的得丹、还丹了。丹，就是虚无。

孙式太极拳与杨式太极拳合论暨武当一脉太极解密（16）
——左右分脚与转身蹬脚

左右分脚与转身蹬脚，杨式与孙式大同小异，或者说武当一脉传承下来的基本相似，最原始的武当太极拳就是这样设计拳架的，只是后来的传承人按照自己的所学和理解在细节上有些变化，但总体的架构都是一脉相承。太极拳有腿法，迥异于"起腿不过膝"的形意和八卦，甚至有些以贴身短打为主的外家拳法，也不主张用高腿，比如八极拳。因为张三丰创太极拳时，借用了武术里长拳短打最典型的几十个招式，本身就是汲取各家之长，用"太极"也就是"一气"统领全身，架势招法都是次要的。吴式和武式这里大体相同，有蹬有发，全在临机而用。

孙公讲"太极即一气，一气即太极"，"一"是说太极拳就是直接练内劲的拳。又说"有无不立，有无并立"，就是要返先天抛弃阴阳对立，在先天本能里头适用本能。这就好比我曾经说过，开合是一起来的，是一码事，而不是有先有后。很多朋友不理解，开合怎么可能是一块儿发生的，必然是有先有后。这就是先后天分野不同了。在后天阴阳里头，开合自然有先有后。但我们这里说有无并立有无不立，是在先天层面，没有阴阳，只是本能而已。

不管是起脚、分脚、蹬脚还是踢脚，其实大体的意思都是差不多的。太极拳并未排斥腿法的运用，也就是说，太极拳在技击方面是应手而用的，并不在乎什么专一的特技。传统武术在技击上迥异于如今的擂台搏击，而是基于生死搏命。在类似于战场厮杀的场景中，基本都是一招致胜而决生死。所以传统武术的招式一定是最符合人体自然生理规律的设计，也就是蹬和踹。比如搏击中有正蹬、侧踹和鞭腿，擂台竞技中可以用，但在生死决斗中大都使不出来。而太极拳里的起脚，则符合人类动物本能激发时的运动规律。平时勤加磨练，贵在用时想都不想就能使出来，而且打上一下就是非伤即残的后果。形意、八卦、太极，最高级的是太极拳。因为太极拳无形无相，随手而发，举天下手段皆可为我所用，因此太极拳确乎可以称为高级。

杨式　右分脚　由前式（高探马）。设敌人用左手接我探出之右腕，我用右手腕压住敌人之左肘，垂肘沉肩，即将敌左臂向左侧捋回，同时左手黏住敌之左腕，手心向下暗施採劲，左脚同时向前左侧迈出去半步，坐实，腰向左斜倚，随将右脚提起，脚尖与脚背平直向敌人左肋踢去。同时两手掌侧立，向左右平肩分开，以称分脚之势。眼亦随右手看去，含胸拔背，定力自足，则敌势不能自支矣。

从高探马开始，我方出右手出去切对方脖颈，对方则用左手阻拦防守，如果对方用的是顶抗对向之力，则我顺势用捋，右手控制其肘部，左手控制其腕部，向左下方连捋带採，同时身体向左前半步助势。这一捋破坏了对方的重心，露出了对方的左肋部，则我顺势起右脚踢之。这里踢对方的左肋，显然是对方已经失中，身体踉跄欲倒的状态，则我踢之可矣。如果对方只是稍微斜身，此时起脚蹬之也是势所必然。

太极拳八门手法，掤、捋、挤、按、採、挒、肘、靠，加上五门身法，进、退、顾、盼、定，只要身法一动就是这个。所以郑曼青说学太极拳要有个处处让人的心思，从不与人正面对抗，就是为了配合太极拳这个处处引化的技术特点。只要对方一动，总是我方顺着对方的来力或者去力，你进我退，你退我进，粘住了对方。就在对方力气使老、新力未生的空隙，就是我倏然一击的时候。所以练推手就是为了找这个空隙，而不让对方找到我的空隙。太极拳的道理全在于此了。

　　杨式　左分脚　与上右式统同一用法，唯左右稍自移易便是。

　　杨式　转身蹬脚　由左分脚式。设敌人自身后用右手打来，我即将身向左后正方转动，含胸拔背，松腰，尤须虚领顶劲，左腿悬提，随腰

转动，脚尖垂下。右脚立定时，左脚即向敌腹部用脚跟蹬去。脚趾朝上。两手随腰转动时，由外向内合。随左脚蹬出时，掌即向左右侧立，平肩分开。眼神随左指尖望去，立定根力，则敌必应腿自仰矣。

　　转身蹬脚是个极霸道的招式，有点像形意拳的硬打硬进无遮拦，不讲道理的打法。背后有人偷袭，情况不明时，迅疾转身就是一个蹬脚，这一下是连防守带攻击都有了。

因为你一转，就化解了对方的部分攻击。身体转动与起腿是同步进行的，就起到了防守的作用，把对方的攻击用大腿拦在外面。同时两手开合也有护住头面同时化解对方上三路攻击的意思。转过身来就是一脚，其实也不一定限定腹部，不管是哪，蹬上即是。为什么是向左转，而不是向右转呢？因为大体要感知对方从哪个方向来，如果从右后侧来就向左转，从左后侧来就向右转。

大家看我的讲解有体会，就是以实打为主，没有那些玄奥神妙的技术，真正的武术打人就是这样的，太极拳也是如此。如今很难看到用太极技法打人了，要么是不会打，要么就去学搏击。练的是太极，打出来的都是西洋玩意儿，这是不懂打法与练法的分野。练拳眼前若有人，打时眼前若无人。传统武术的训练就是不断重复，形成记忆，变成本能，在动手的时候是没法预设场景的，都是要对景。也就是对方不管怎么来，对上了我的记忆，招式都是顺手而发。打出来绝对不会像练拳时那么标准，那么潇洒，大多都很难看，但却迅捷有效，一眨眼的功夫就使完了。那么决定两人胜负的关键是什么呢？并不是招式，而是功力。所谓一勇二力三功夫。勇占七分，功夫只占不到三分。勇之不存，毛将焉附？同时没有功力，光是招数漂亮，也都只是舞蹈而已。所以玩推手可能登峰造极，但就是不能实战，一动手就挨打，大抵都是由此而来。

右起脚

孙式 十九章 右起脚学 由高探马学。再将两手如单鞭式分开，右足于两手分开时同时踢起，起至与右手相交。两手望着右手看去，要微向下塌，腹内松开，气亦要往下沉，式不停。即速将右足落回原地，满足着地。两手于右足落时，同时往一处合，形式与第五章合手式相同。左足后跟亦即速抬起，足尖着地，眼亦扭向左边看，式微停。

太极拳到了孙公禄堂这里，可以讲是返璞归真了，回归了其简易、不易的本色。孙式的右起脚只是一踢而已，至于怎么踢则是顺势而动，越简单越好。两手与右脚同动，有点迎风扯旗的意思，左右手如单鞭向两侧击打，加上右起脚等于同时击打三个方面。虽然架势看着相似，但里面的东西两派就迥异了。杨式是先引化，然后踢打，这等于是先防守后反击。孙式是有无并立的先天层面，防守和反击放在一起的，不管对方怎么来，都是连打带化，瞬间完成。练的时候可以缓慢柔软，打的时候就好像过电一样，嚓一下就完事了。

左起脚

第四十章　左起脚学　即速将两手如右式分开，左足踢起，亦与右足踢起相同，手足相交亦相同。又即速将左足落回原地，足尖仍着地。两手亦往一处合，形式如右式。又将右足并身子往左转，两眼往左边正面看去，式微停。

左右起脚意思相同。这里重点讲一下太极拳的实战技术要领。落实到实战中，电光火石的一瞬间，唯有本能胜后天。也就是说，包括太极拳在内的传统武术，最高的技击原则或者境界，就是在先天层面把本能调出来，在零点几秒内完成决然一击。在形意拳是打顾一体，太极拳是有无并立，八卦拳是转打一体。如何理解这个先天层面的本能呢？比如唐维禄教李仲轩打崩拳，说打崩拳好似抽筋。也可以从触电上去理解。一瞬间身体自动有个条件反射，神经指挥着肌肉、骨骼、筋膜一个收缩，无论速度还是力量都是后天故意无法比拟的。我们讲，让身体自己去反应，而不是用大脑来指挥，一走脑子就拙了。所以说太极拳是后发制人，对方不管怎么来，我接与不接都是条件反射，倏然一击。这里就没有推手什么事了。两军阵前，战场厮杀，双方搏命，最高级的都是一下结束战斗，要不你躺下，要不我躺下。抱在一起滚在地上互相咬耳朵的不是内家拳的宗旨，那么打太笨了。所以太极拳的实战和其他武术也没什么区别，关键就在是不是返先天用本能。至于说引进落空借力打力，是需要条件的。而生命相搏的一击，不需要条件。

第四十一章　转身踢脚学　再将左脚踢起，两手分开，手足相交。两眼看出，腹内之神气，皆与第四十章式相同。

起脚和转身，就涉及到身体稳定的问题，不得要领的人转身蹬脚时会站不稳。杨澄甫先生给出的解决方案是塌腰坐胯，含胸拔背，特别要虚领顶劲。孙公禄堂的要求是小腹松开，气往下沉。杨先生说的其实是中正，虚领顶劲与塌腰坐胯是一对劲，相互对拔，好像门轴一样立地中正。孙公则完全在先天境界，不专门考虑稳定问题。为什么？因为一动心，想稳定都难。比如走马路牙子，这人要是心无旁骛可能走得很远，如果心里一念叨能走多远，走几步就下来了。所以孙公禄堂的拳是在先天层面上，小腹松开，自然气往下沉，不可刻意贯气，上虚下实犹如坐板凳，自然也就稳当了。从这里也可以看出来，后天的种种刻意不是孙式拳学体系考虑的问题。这个转身蹬脚的技击要义就不多说了，之所以要做到手足相交，里面有练法中撑筋拔骨的意思，也有用法中手指头戳眼的用意。上下同时进攻，对方会顾下顾不了上。手指头戳眼的用法，等于形意拳十二形中的鼍形，专以插眼为能。内家拳的技击原则，就是以最快的速度，最大的力量、最强的硬度，打击对方最柔软的部位。

附录　孙存周和孙振岱先生关于孙式太极拳的诗作

总诀：蓄神养气，体用中和。
行拳：开合垂缩，裹翻起落，顶塌滚拔，圜研相合。
交手：神圆意藏，身柔气刚，借人摧根，横顺八方。
心法：有无并立，有无不立，虚中应物，抱圆守一。

练功进阶各层功象：绳捆索绑，偏柔偏刚。二五阴阳，圆球弹簧。同尘和光，剑气内藏。

身如桅杆脚如船，
伸缩如鞭势如澜。
神藏一气运如球，
吞吐沾盖冷崩弹。

临敌如游鱼戏水，
出手似弹灰抛锤。
彼若抢来我先去，
忽成铁楔入脊髓。

封肘管肩引虚处，
偷步进身欺彼中。
钓住彼意气落踵，
送彼将就在一松。

孙式太极拳与杨式太极拳合论
暨武当一脉太极解密（17）
——践步打捶（进步栽捶）

　　杨式的进步栽捶和孙式的践步打捶，从拳法形态上类似，但内容上有了很大不同。杨式是进步，也可以理解为追步。孙式是践步，也就是形意拳三大步之一。追步是上前一步，践步是先垫一步，然后再上一大步。杨式是栽捶，是在对手失去重心侧倒后，自上而下击打其肋部。孙式是打捶，前面的连续搂化加上践步追击之后，见机而打之。二者的共同点就是都用搂化结合进步来瓦解对方攻势，并破坏对手重心。所谓搂化，就是以横破直、以曲破直。光是用手臂的劲显然不足以化解对方攻势，就一定要通过身法的整体转换来承受并转化对方来力。所以练拳须整，要周身上下浑然一体，无论怎么动，整体结构不能乱，也就是架子不能倒，始终通过我之整体对抗敌人的局部，同时要把整体与运动结合起来，则必能立于不败之地。

　　对于传统武术的套路，如今的人多持反对意见。套路里边一个最基本的元素就是身法转换。比如老虎怼上羚羊，如果都是正面相对，老虎也拿羚羊的两个尖锐长角没办法。老虎一般都会兜圈子寻找机会。仔细观察动物界大型猫科动物的捕食，几乎都是从侧面发动袭击，这是最有效、最省事、效率最高的办法。太极拳处处走圆，不仅只是手臂走圆，其实是整个身法在走圆，体现以横破直和以曲破直，其实就是对自然界这一根本攻防技术的体现。所以练太极拳不要把圆练到手臂上，而是要化在身法中。套路的另一个功能是载体，过去几千年来人类的知识都是载于书本之上，书本就是知识的载体，而套路其实是武术体系的载体。套路中的招式都是原则，既不是练法也不是用法，好像你大学毕业到了工作岗位上，没师父带你、教你，一样不会干事，学和用是两码事。如果没有套路，传统武术会失去很多东西。

杨式　进步栽捶　由前式（左搂膝拗步）。设敌又用左脚踢来，我即用右手顺敌势向左搂去，则敌必往左仆，我即将左足同时向前一步追去，屈膝坐实，右手随即握拳，向敌腰间或脚胫捶去皆可。是为栽捶。其时右腿伸直，腰胯沉下呈平曲形式，胸含，眼前看，尤须守我中土为要。

孙式　践步打捶　（由转身踢脚）即将左足极力往前落地，两足相距之远近，随人之高矮，落地足尖往外斜着。左手于左足落时，同时再往下边坐胯处搂回停住。再将右足往左足前边迈去，落地之时，足尖亦往外斜着点，两足之距离，亦随人之高矮勿拘。右手于右足迈时，同时从后边往右耳处不停，再从右脸前边一气着往下搂去，至右胯处停住。左足再往前迈去落地，足尖直着，两足之距离随人高矮。左手于左足起时，同时从左胯处往上起，起至脸前，再往下搂至左胯处，如前停住。再右手握上拳，于左手搂时，同时从右胯处往后边如划圆弧线，从耳边再往前往下，从两腿之中间打下去，至左膝下边停住。两眼看右手。右手往下打时，身子随着

践步打捶

往下弯曲，腰要极力塌住，腹内亦极力松开。以上搂手、落足、迈足，均要一气着。学者宜细悟之。

杨式进步栽捶的动作，是从左搂膝拗步之后，左手与左足同时往斜前方去，其实是身体纵向由左而右的一个滚转，然后右手自上而下往下捶打。孙式践步打捶是从转身蹬脚之后，左手左足向前搂化，右手右足再向前搂化，然后左手左足类似杨式进步栽捶的一个搂化，紧接着右手自上而下捶打。实际上，孙式是连续三个搂化，而杨式是用两个搂膝拗步代替了搂化，如何采用都在自己的认知取舍，也都是应景而设，都有道理。那么从一开始的揽雀尾、懒扎衣到后面，我们就能知道，武当一脉的拳路基本都是差不多的，就是孙式融合了形意拳与八卦掌，但核心的架构也不脱离武当正宗。

杨式的进步栽捶，是对方起腿来踢我，我则用同向之手臂搂化之。比如对方在对面用左腿踢我，我则用右臂搂化；对方用右腿踢我，我则用左臂搂化。都是从外侧顺着对方力量走势的引化，见机得势则可瞬间使其失去重心。我反复说套路只是原则，不能怎么练就怎么用，那样用的是傻子。套路招式都是原则，在于活学活用。如果是在擂台上，对方只要起腿，不管是正蹬还是鞭腿，不能站在那里等着对方的腿踢到自己身上再行引化，专业搏击运动员的一腿有几百公斤力量，根本是接不住的。如果是形意拳的打法，则对方腿一起来我就进到对方的胸腹之内，所谓打人如亲嘴。绝对不能后退躲避，一退就失去了先机，会引起对方的连续攻击，就被动了。太极拳则讲究顺势引化，技术上的要求就更高了，必须瞬间走到对方的外侧，从外向内搂化其腿。或者在对方腿攻击不到的距离上接住对方的小腿，从外向内搂化。在散打搏击技术中，这招属于摔法，是经常用的。只要接住对方的腿，身体一个旋转，脚底下还可以来个绊子，对方如果撤腿不及时无不立仆。其实在真正的实战中，做不到如练拳时的从容搂化，练是练打是打，打起来是很难看的，管用就行。

如果从外侧或者远端接住了对方的小腿，从外而内用整个身体的旋转力量搂化后，对方失去了重心就要控制，必然往后退调整身形，这时我则追击，用右拳击打对方，至于说打哪里，也不一定非得打腰部或者小腿脚面，打头其实效果更好，挨上哪儿就打哪儿。到了孙式的跻步打捶，则是左右手连续搂化，其实杨式也可以连续搂化，但一般而言对方不会连续出腿，搂化一次已经足够完成反击了。孙式这里不一定是针对攻击方出腿，是针对所有的攻击手段，包括对方连续出拳，我则用左右手连续搂化。这里的跻步就是形意拳的打法。一般而言，对方攻击，防守方都会下意识地后退，而形意拳则是反其道而行之，不退而进，对方越进攻我越前进，半渡而击之，一方面对方措不及防，另一方面对方的劲力使到半道，既无法收回也无法施展，这就是形意拳用法的妙处。对方只要一出拳，我就在半路截住搂化，同时进身，对方肯定会出另一臂救援，则我连续搂化，同时脚下连续进步，逼其后退失去重心。用孙式的跻步打捶，得有点胡搅蛮缠的意思就对了。脚底下走跻步，暗藏着绊子和摔法，或踩或踢，变化很大。当连续搂化与脚下进逼结合起来，就融入了中国跤的摔法，特别是要贴身进攻。对方一旦失去重心趔趄倒地，我则由上而下攻击其软弱处，是为打捶。

可以看出，孙式的捶是在两腿中间靠近前腿内侧，而杨式是在前腿外侧。因为跻步打捶的攻击特点，对方一定是倒在自己身前，而杨式的进步栽捶搂化之后属于追击，所以对方会倒在自己前方，这个和如今散打擂台上的很像。对方起腿，我接住转身一扔，对方倒地，我追上去连续几拳。而孙式是一套攻防技术，不管对方怎么进攻，只要动我就进身，用左右连续搂化和跻步逼身控制对方重心，一旦控制了对方重心，则随意攻击之。其实在生活里，两人撕扯的时候也很管用，一般人只有直劲，要么往前使劲推，要么往后使劲拽。当对方使力时，我只要身体纵向旋转，用同向手臂向里猛然一转，对方就会横向移动翻出，同时脚底下要绊他一下，基本上就倒地了。八极拳里也有类似招式，比如对方搂住我的脖子用膝盖撞我，我只要用两手扳住对方肘部下方，或者往左或者往右一推，无不立脱。或者对方揪住你脖领子，而且力量很大时，你用同向手臂往里、反向手控制住对方的手臂，用一个剪刀劲往里一翻，刹那间能把对方手臂扭断。这都是变化。

　　太极拳打起来有折叠、往复，其实在孙式里头就是一句话：欲前而后、欲后而前、欲上而下、欲下而上。太极拳打起来有味道、有节奏，其实全在这里。外表看起来如行云流水，起承、转合，里头是筋膜的运转做功。太极拳练法是练法，用法是用法。练法空净自然，心肾自然相交，也会易骨、易筋。用法瞬间发作，筋骨齐张，如虎豹豺狼。所以以为太极拳打起来也慢慢吞吞，那可是大错而特错啊。

孙式太极拳与杨式太极拳合论
暨武当一脉太极解密（18）
——翻身二起（翻身撇身捶）

太极拳有各种练法，也有各种用法，练时软如棉，用时硬如铁。此全赖易筋、易骨，和形意拳没什么区别。你把思路一变，太极拳也无非形意，可能比形意更简单直接。谈到对抗，其实内家拳是有办法的，关键是得练到全身腾膜，做到了就是自带金钟罩，而且说用就用，不需要运气。世人只见过软绵绵、慢吞吞推手般的太极拳，却没见过又粗又硬、面目狰狞、瞬间可以伤人害命的太极拳。关键是强大自己，筋、骨、膜、气、血、肉全面发展。你强大了，怎么打都有道理。

太极是什么？孙公说太极即一气。一气是什么？孙公说一气即内劲。所以太极就是内劲，太极拳就是直接练或者用内劲的拳。内劲怎么来？怎么用？你踩急刹车，什么也不想一脚就出去了，那么有人上来打你，你就不能像踩刹车那样一脚踢出去吗？为什么开车你使得出来，打架就使不出来了？谁束缚你了？其实没人束缚你，是自己束缚了自己而已。如果能打开这个束缚，那么有人来打你，浑身上下能不能挨着哪儿就用哪儿？像踩刹车那样出去？这就是一羽不能加，蚊蝇不能落。粘，就打上。甚至有点意思，就打上。周身是手，挨哪儿打哪儿，挨哪儿哪儿爆炸，这个才是太极拳。所以内家三拳，太极拳最高级，就在这里。我们不打任何人，只是因为有人要打我们，所以借着他的力，还给他而

已。此为借力打力。

杨式　翻身撇身捶　由前式（进步栽捶），设又有敌人自身后用拳击来。我即将身自右向后翻转，左脚坐实，右腿向前提起迈出半步，右拳同时提起，向后正面撇去，拳背向下沉，或将敌肘叠住，或暗用採劲皆可。左手同时随右拳，向敌面部用掌捯去，以助右拳撇势。身须随时进展为得势也。

理解传统武术这些招式，既不能用舞术来认识，也不能用现在的擂台搏击来认识，从打架的角度还稍微靠点谱。街头打架和擂台搏击最大不同是什么？搏击有规矩，大抵有预判。街头打架没规矩没法预判，全程充满不确定性，可以讲是个自始至终的"乱局"。那么武术的技击一定是找最顺手、最好用、成本最低的招式出手，撇身捶就属于这种。

如果后方来敌拳击我后脑，这种情况在擂台搏击是不可能出现的，因为属于偷袭。杨式第一个动作是护头，那么右手在下，左手在上，其实就是把脑袋包起来了。拳击的护头，两前臂是立起来的，我也见过福尔曼用类似撇身捶的动作护脸。但是对付后面过来偷袭的光是护头还

不够，一定要侧转身，就到了对方拳路的侧面。因此护头加转身一定要同时启动。身体转过来的瞬间，右拳随着身体边转边往后往下撇打，其实就是抡击，像甩鞭子。因为这种对付偷袭的情况来不及从容应对，这一抡有点不讲理的意思，连顾带打，一般打在对方的前臂上，如果对方冒进，能直接打到对方脸上。这时对方必然后退，则我顺势进身用左掌打击其面部。从护头、转身、撇打、

进击，要一气呵成，不给对方留任何喘息的机会，自己才能摆脱困境。下面接进步搬拦捶，就是继续进攻的意思。然后又接一个右蹬脚，就是手脚齐上了。

翻身二起

孙式　翻身二起学接践步打捶　先将左足往里扭，扭成半八字形，即速将右手于左足往里扭时，同时从前边往后边，如划上弧线，从头顶前边过去，身子亦一气随着往右边扭转。再右手从头顶前边往下落时，右足同时微往前迈步落地，足尖朝外斜着，亦如半八字形。左手于右手往下落时，亦同时从左胯处往上起，再从左脸处往心口前边搂去，仍搂至左胯处停住。左足于左手往上起时，同时极力往前迈步，迈至右足前边落下，左足尖朝外斜着，仍如半八字形式。两足之距离，亦随人之高矮。再将右手落到右胯处，不停，于左手往下搂时，同时自右胯处往上来，手腕往外扭着，如划一小圆圈之意，至右口角处，手心朝外不停。右足再从后边提起，往前踢去。右手在右足往前踢时，同时从口角处往前出去，望着右脚面拍去。手足相交之式，手足高矮与心口齐平。式不停，即将右足撤回，撤至左足后边来，足尖对着左足后跟，足尖着地。右手不回来，仍直伸着。左手于右足往后撤时，同时往前边去伸直，右手仍在前，左手仍在后，两手心俱朝里斜对着。腰微往下塌劲，微停。自扭足、翻身、搂手、踢足，至塌腰是一气呵成，不可间断。

　　孙式这个翻身二起，从杨式而言，是从翻身撇身捶到进步搬拦捶再到右蹬脚。孙式这里也是针对后方敌人偷袭，那么转身、右拳撇打、左拳搂打，大体与杨式相似。唯独杨式下面是右蹬脚，而孙式是二起脚。所谓翻身二起，普通意义上是一个内摆莲再接一个外摆莲，这里只用外摆莲，把内摆莲隐去，但意思仍是二起脚，如果需要先使内摆莲仍然可以用。对外摆莲的理解，可以从摆拳上去触类旁通。俗话说起腿半边空，内家拳轻易不起脚，起就是打突然袭击。这里转身右手撇打，左手搂打，配合进步进逼，对手在手忙脚乱之际自然是顾不到左右的，于是突施冷箭来一个外摆莲，打击对方太阳穴等部位，能起到奇兵制胜的作用。其实用外摆莲还是直接用蹬脚随便，练拳有规矩，打架没规矩，怎么顺手怎么用。如果把这一连串的动作结合到街头打斗中，从护头反击到用搬拦捶连截带打，然后起腿蹬踏，这一连串的打击，如果配合强大的对抗能力，会把对方打得喘不过气来。即可乱中取胜，亦可硬打硬进无遮拦。下边紧接着退步，基本属于打虎式的前奏，连捋带採带打，充分体现了太极拳引进落空的技术特色。

孙式太极拳与杨式太极拳合论
暨武当一脉太极解密（19）
——披身伏虎（左右打虎式）

打虎式是个非常凶悍的招式，杨式的打虎式，简单点说就是把人牵过来一拳打到他后脑或者太阳穴上，属于一拳要命的招。吴式和武式的打虎式与杨式基本类同。唯独吴式有个斜披身的前踢脚。武式则是大挒后接一个双掌前抢的披身式。打虎式前面，孙式和杨式都有一个大挒的动作，也就是顺着对方的来力，大幅度往后牵引着后退，使其失去重心。这种牵引并不是硬拉，而是对方向前进击，我则先敌启动顺着一挒，则对方脚跟不上手，重心被牵动，身体自然的反应必然是跟着我往前走，已经身不由己。如果对方手脚合上了，我欲牵动对方必然重心后移，那就得用挤或者直接发了。孙式的大挒和倒撵猴意思相同，只是大挒是迎着牵引，倒撵猴是翻过身来牵引，但里面的东西一样。

本章孙公揭秘了内家拳练法中重要的概念，就是"顺中用逆"。用孙公的原话，是身往上走，气往下行。但这个气，确乎不是所谓导气或引气，而是神气。也不是后天的所谓内气，而是先天的神意作用。在前面孙公说过气沉丹田的问题，不要刻意把气沉入丹田，特别是不能骤然往丹田压气，而是若有若无，绵绵若存，徐徐落入。其实就是这样的方法，我也是不支持大家去做的。因为孙公在《近今北方健者录》中明确表示，直往力中取，莫往气中求，因为此道风险太大。于孙公而言都风险巨大，何况普通的爱好者呢？所以我开出的药方就是直接返先天，在"空空静静别动心"这七个字里去体会。那么顺中用逆的执行，身往上走没问题，气往下行则神意稍微贯注即可，保证不会有任何偏差，而实际上也已经达到孙公说的效果了。

杨式　左右打虎式　由前式（右蹬脚）。设敌人由左前方用左手打来，我将右足落下，与左足并齐，左右手随向左侧转。左脚往后踏出，屈膝坐实，右足变为虚，略称斜骑马裆式，面向侧正方。两手同时荡拳随落随往左合。即用右拳将敌左腕扣住，往左侧下採，至与心部相对。左拳由左外翻上，转至左额角旁，手心向外，急速向敌人头部打去。此式以退为进，忽开忽合，意含凶猛，故谓左打虎式也。右打虎式。设敌人从右后侧用右手打来，我即将右足提起，向右侧迈去，屈膝坐实，略称右跨马式。腰随之往右侧前方拧转，左腿变虚。两拳同时往右圆转，成右打虎式。与左同一用法。

左右打虎式，其实是个非常好用的招式，但一定要结合实战的场景，把架子变小，速度变快。在上一章说过，太极拳打人全靠本能反应，对方应景地来了，就正好撞到我枪口上。我自身一反应，连顾带打瞬间就都出去了。打虎式其实就是一边格化一边摆拳的用法。不管对方从哪一侧来，肯定不是从正面来，那么我一转身，借助身体螺旋，也就是圜研相合之力，两条胳膊弧形往下一荡，其实这里也有披身的意思。我用整个身体的滚转加两条胳膊迎着对方一条胳膊，优势自然明显。挡化了之后，另一手起摆拳攻击对方太阳穴。因为身体是纵向滚动拧转的，就使手臂有了里裹之力，这里边就有捋带的意思。但是在打斗的一瞬间哪想得起这么多，大脑都是一片空白，全在平时反复演练形成记忆，接上就顾就打，可能很难看，但确实很管用。我反复说过，中国人坯子小，就要有方法。除了易骨、易筋的功夫锻炼，方法上就是以整体对局部，以先天对后天，以高速对慢速。打虎式的这个二对一就是典型。打斗之中切记不可硬扛硬对，永远要用自己的整体去攻击对方的局部。打人会用脑子，要聪明不能愚笨，默守陈规冥顽不化。这个打虎式打完了接一个蹬脚，就是手脚齐上。这边一个摆拳奔对方太阳穴去，这是要命的招式，所谓"打虎"。对方要是朝后躲开了，则顺势一脚奔心口。所以不要认为太极拳软，打起来不好用，那是用的人自己太软不会用而已。

披身伏虎

孙式　披身伏虎接翻身二起　先将左足极力后撤，至右足后边，落地仍是半八字形式，再随即将两手一气着往下、往回拉。拉时之情形，两手如同拉一有轮之重物，拉着非易亦非难之神气。身子又徐徐往上起，头亦有往上顶之形式。身子虽然往上起，但内中之气仍然下沉注于丹田。所以拳中要顺中有逆，逆中有顺也。身子往上起为顺，气往下沉则为逆矣。再右足于两手往回拉时，同时往回撤，撤至左足外一二寸落下，足后跟对着左足当中。两手拉回时不停，再一气着从左胯处往右边抡一圆圈至前边，落在小腹处，亦不停，即将两腕往外撑，又往下塌，两手梢往上仰起，两手之形式，如第五章合手图式。左足于两手往下抡时，同时将足往里扭，足尖着地。右足于两手往下塌时，同时略抬起，足尖朝斜着落下。仍如半八字形式。两腿弯曲如剪子股形式，左膝微靠着右腿里屈。身子与两手腕往下

塌时，腰也同时往下塌。甚至仍直着。式微停。两眼往前看去，周身内外之神气如前。

所谓披身，就是指双拳往后抡击的动作，有点像往身上披一件衣服的意思，实则是类似摔跤中的背拧。披身有正披有反披，吴式太极拳到这里是正披，身体往后一仰给对方一脚。武式和孙式这里都是反披，身体一个翻转，但武式的幅度不大，也就在90°左右，后面的打虎式与杨式大同小异。到了孙式这里改成翻转180°，从脸朝后一举翻转到脸朝前。同时手上的动作也不再是打虎式，而是从后往前双拳的一个并力的抡击转成合手式。

这里孙公创造了一个有别于其他门派的招式。武式原来是大捋接披身，也就是身体翻转90°，然后接打虎式。孙公这里大捋后直接一个背拧，要拿住对方的手腕，借着往前牵引的劲力，一个翻身就把对方摔倒在自己斜前方。这个动作和日本的柔道或者合气道技术特征很像。那么我在摔对方的时候不一定非要握住对方双腕，变化一下也是可以的，只要顺手逮着哪儿都行。关键是借势借力，一翻身就把对方扔出去。然后两个手呈合手式，有一个上下起伏，是仍然控制对手身体不让他起身逃脱的意思。下面紧接着蹬脚，就是如果摔法不成功对方往后逃脱，则趁其立足未稳，顺势一脚蹬其肋部、腹部、心口等。

为什么孙公要这样设计？大捋之后加一个顺势背拧，把摔法融入到这里，有了别具一格的创新。一般用捋法都是把对方放倒在侧方，这里顺势牵引控制对方的重心，加一个背拧的用法，显得十分高明。其他门派都是打虎，孙式这里是伏虎，有把老虎压制住的意思，好像武松骑在老虎身上，用拳头猛击老虎头部。披身就是把老虎摔倒在地，随后的剪子股加合手就是骑在老虎身上揍它的头部。归纳到具体应用，第一是摔，第二是制，第三是打。如果条件许可，也可以趁势骑到对方身上，用类似如今巴西柔术的固颈技术。合手式上下起伏，也可以理解成掐对方的脖子，对方上下挣扎的状态。传统武术里很少有地面技，太极拳里

也很少有摔法（不含陈式），孙公这里显然是独具一格的创新了。凡是经常跟人动手的都有体会，两人贴身缠斗时要是懂摔跤，是会占大便宜的。这里背摔、缠压、制服，是不是跟柔道加巴西柔术技法的巧妙结合？

下面杨式是一个右蹬脚接双峰贯耳，然后接左蹬脚、转身蹬脚，再接进步搬拦捶。孙式是左蹬脚直接转身蹬脚，接上步搬拦捶，忽略了双峰贯耳。原本武式就是这个顺序，没有双峰贯耳。吴式与杨式一脉相承，是有双峰贯耳的。为什么武式和孙式没有，大约是传承历史上个人的取舍问题。从我个人的看法，实战中双峰贯耳很难奏效。打虎式本身就是个单峰贯耳，或者打太阳穴，在实战中还说得过去。敞开中路，用双拳齐出打对方两个耳部，最起码在现代搏击或者街斗中不是很现实的用法。

因为之前已经做过解说，杨式从打虎式一直到后面的野马分鬃之间的招式不再重复。孙式的披身伏虎到野马分鬃之间的招式也不再重复，只把招式名称作一罗列，以示连续之意思。

杨式：右蹬脚—双峰贯耳—左蹬脚—转身蹬脚—进步搬拦捶—如封似闭—十字手—抱虎归山—斜单鞭。

孙式：左踢脚学—右蹬脚学—上步搬拦捶学—如封似闭学—抱虎归山学—右转开手学—右转合手学—搂膝拗步学—手挥琵琶学—懒扎衣学—开手学—合手学—斜单鞭学。

孙式太极拳与杨式太极拳合论暨武当一脉太极解密（20）
——野马分鬃学（野马分鬃右式左式）

野马分鬃，顾名思义，就是马在快速奔跑时，鬃毛会扬起往左右分开，很有那种飞腾的气势。也可以理解为养马人爱惜马匹，站在马头一侧用手往另一边捋马的鬃毛。总之就是往一侧分化的意思。在太极拳里，主要取这个"分"字。杨式、吴式、武式的架势基本差不多，都是一手下捋一手往斜上方分去，唯独孙式是类似左右云手的动作。但云手都是横着走，这里则是先退后进，变成前后向了。这里边加了八卦掌的转掌和形意拳的大撒啦步。孙式太极拳里，只要是两脚尖斜着冲外前进后退的，就都是形意拳的这种步子。这种步子在五行拳里的作用主要是开胯，同时藏着踩踏的用意。这种踩踏，是奔着对方膝盖以下的部位，或者说就是脚腕去的。打人如走路，上一步就趟上，连踢带踩。它的好处在于不用转身。比如李小龙的截拳道长于攻击对方前进腿的膝盖，但是他必须先侧身。形意拳这里则不用侧身，直接进去脚尖往外一扭，用脚内侧去踩踏。这种技术与搏击类抡击的打法就不同了，因为传统武术讲究全身整体进攻，除了下头还有上头。

杨式　野马分鬃右式　设敌人从右侧，用按式按来，我即将身向右转，左足亦向右移动，右足脚跟松开，脚尖虚点地。随用右手将敌

左右腕黏住，略往左侧一松，用左手捌其右手腕，同时急上右足，屈膝坐实，左足伸直，随用右小臂向敌腋下分去，则其根力为我所拔起，身即向后倾仰矣。此时左手亦须稍从后分开，用沉劲以称右手之势。野马分鬃左式，与右式同，方向稍自改易。

所谓野马分鬃，主要在于这个"分"字。左右对立着使劲，是为分。好像两个小孩打架，你要把两人同时拉开，就得一手攥住一个同时往两边使劲。在这里是对于从侧面攻击的敌人。比如从右侧方攻来，首先我用右手控制住对方的双手，然后换成左手用捌劲引化对方的右手腕。其实捌劲就好比是撕衣服，或者打架拽对方的衣领子往后一捌，这都是捌劲。我往左侧捌对方右腕，同时起右臂向其右臂腋窝格去。因为一手向下，一手向上，对方必然被我连根拔起，此时再就势向后一发将其扔出。

杨澄甫先生的解说没毛病，但是在实战中绝对用不上，因为过程太繁琐，动作也太慢。首先在格斗中模拟对方用双推掌打过来，其实是不可能出现的，倒是在街头打斗中可能出现对方双手推过来的场景。那么我先用右手粘，再用左手捌，最后用右臂分。你说我一粘就能让对方失去自我中心控制，后面的捌和分他就得听我的，这在慢悠悠的打手中，特别是师徒之间可能出现。试想如果换了一个穷追猛打的壮汉，你还能控制得住吗？因为当你面对绝对冲量和绝对力量的时候，根本就没有时间让你去从容引化。

在真正的格斗中，用整体的冲撞是最有效、最快速的手段。比如说对方从右侧快速打来，根本就不要用右手粘，而是拧转身体，同时直接用双手往侧方捯化，如果对方失去重心，我则可借势打其头部。如果对方能够收回重心往回撤，这时候才能从容施展野马分鬃，用右臂自下而上一个斜劈打上去。这个在薛颠的象形拳里是龙像中的卸甲。实战中你哪那么容易找到对方的腋窝呢？赶上哪儿是哪儿，一般都是从对方脸部去，哪怕是反手一个巴掌抽击对方眼睛都是很好的用法。如果对方撤得狼狈，把胸肋露出来了，这时候才有机会去分对方的中路。

太极拳很多的用法都是立足于自我防范，也就是防身自卫，和形意拳立足于战场厮杀不同。太极拳的很多用法在日常生活中人与人之间的撕扯很好用。这一式我曾用过。其实野马分鬃和斜飞式并无太大不同，只是架子大小区别而已。某次有推销的上门，态度十分蛮横，撵又撵不走，我就用这招野马分鬃从侧面把对方扔出去了。这也仅仅是两人撕扯，不是真正的实战格斗。那么相对比于杨式的野马分鬃，孙式的连续云手式的野马分鬃，则非常明显地采取了更加主动、更加结合实战的手法。

孙式　野马分鬃（接斜单鞭）　先将左足极力往后撤，落地足尖向外斜着。左手与左足往后撤时，同时往下落到小腹处。从小腹处再往上

野马分鬃

起，至心口右边，再往上起，至眼前头，再从眼前头往左边落下去，形成一圆圈形式。右手俟左手划到心口右边时，亦往下落至小腹处。从小腹至心口左边，从心口左边再往上起，至眼前边，从眼前边，再往下落去，亦如划一圆圈形式。再右足亦于右手从小腹处往上划时，同时往左足处来。足尖往里合着点落下，足尖着地。两足之距离，四五寸许。式不停，即速再从左足处，于右手往下落时，同时斜着往右

边迈去，落地时足尖往外斜着。又两手在前边。手心朝外着，如同两个圆圈相套之形式，如是也。再将左足往前极力斜着，如返弧线形式迈去。如是也。落地足尖仍往外斜着，左手仍与左足同时，如前划一圆圈。右足侯左足方落地时，亦往前直着极力迈去，落地足尖往里扣着点。右手于右足迈时，亦如前划一圆圈形式，两手仍如前两圆圈相套之形式。但划第二个圆圈时，右手划到心口右前边，左手划到心口左后边，即速往右手腕去。两手于右足往前迈时，同时往前如懒扎衣推去相同。左足亦于两手推时，同时亦往前跟步。落地两足之远近，及一切之劲，与懒扎衣相同。微停。

孙公这个野马分鬃，进也可分退也可分，守可分攻亦可分，进退、攻守兼备。形式上和云手很像，其实里面包含了八卦掌的转掌、单换掌的技术。脚底下走的反弧线步子，就是变化着的三角步。这种步子在如今意拳推手中非常常见，王芗斋管这种步子叫"摩擦步"，其实是形意拳固有的步法，走斜线找大边，避免直来直去。这一式可以简略地认为是走着摩擦步前后打云手或者是打劈拳或单换掌。这种步法适合与对手拉锯战时，忽左忽右，忽前忽后，寻找对方的空子。脚底下不停地游走，手上用野马分鬃的手法粘住对方的两手，或引或化，其实是用的圜研相合的技术，通过身体纵向的滚转，不停地消化对方的劲力，当身法和手法的变化合一，寻找到对方的空隙时，就可以突入而进，用后面那个懒扎衣的一推打击对方。

这个步子非常关键，没事溜达着可以多走走，对景时使出来，对方刚到左你已经到右，对方跟到右你又到了左。对方来的急你就见机而退，对方露了空子你就乘机进攻，但手眼身法步特别是身法、步法、手法不能有空隙被对方所乘，始终是用我自己的节奏带着对方走，三两下对方就会露出破绽。太极拳里的云手是横着走，其实道理也是这个。练时横着，用的时候随机而动。总之我都是从对方外侧接入，比如用我的手腕去接化对方的手腕。当然这是极其理想的状态。如果在实际的打斗中，对方一个或连续几个快拳过来，还能去找对方的手腕吗？必然是用我的一侧前臂接掯，同时身法往侧后走，如果接上对方的劲引到自己侧面，则可以乘机用单换掌击打对手。孙式的懒扎衣为什么是一手高一手低往前推？其实单换掌是这个手法，劈拳也是这个手法，只要是一手高一手低，后手在前手肘部护着的，就是孙公所传真意。

如今我们探讨传统武术的技击，或者当代的搏击等，其实打斗无非就是两个原则，一是对方来你扛得住，二是你还回去对方接不住，这样你就赢了。用唐山孙式拳门的话，手得重，不能软。好像某些打斗比赛，一方把另一方打倒在地，打在人家脸上十几拳，也就是把人鼻血打出来，对方还能坐起来，神志清醒地说自己输了或者没输。这不叫功夫，只是后天血气之勇。血气归根结底是肌肉做功，可能力量会非常大，但是打在人身上力量多是分散掉了，所以搏击类都是打脸打头，这样效果会更好些。如果换做形意拳上有本事者，或者说内家的高手，一拳就能把对方打进医院，最少养三个月才能出来。而且我们更喜欢打人胸腹，这里一拳就能致命。因为我们的力量来自先天身体的反应，是筋、骨、膜共同作用之力，能够瞬间深入到人的身体内部，以高频率的震颤打坏人的脏腑。这才是内家拳真正狠毒之处，也是我们不轻易出手的原因。

野马分鬃结束后，接着是开合手，接云手，然后是通背掌和玉女穿梭。杨式则是揽雀尾接单鞭，直接玉女穿梭。

孙式太极拳与杨式太极拳合论暨武当一脉太极解密（21）
——右通背掌学、玉女穿梭学（玉女穿梭）

所谓玉女穿梭，是说过去人织布，手法熟练的人，使得织布梭子在布线经纬间快速地穿插，忽隐忽现。落实在具体招式应用上，也要忽左忽右、忽前忽后，变化万端。手法上也分阴阳手，有明手有暗手，让人顾上顾不了下。因此玉女穿梭打的就是个变化。玉女穿梭其中包含着拿法、打法和脚法。拿法是金丝缠腕，打法就是一手挑一手撞，脚法是连趟带踩。从拳法结构上看。玉女穿梭是一个人打多个人的用法。比如一对四。真打就不一定按照拳法设计的程序来了。可以先奔着左边人去，却突然转向打右边的，然后回手把左边的打了。而这种打法一定得冲起来效果才好，像一辆坦克那样直冲过去，但身法上孕育着变化，关键是丹田里要藏着横劲，随时改变路线。相较于其他三家，孙式这里多了一个右通背掌。杨式、吴式、武式是单鞭后直接玉女穿梭。

杨式　玉女穿梭由单鞭式　设敌人从右后侧用右手自上打下，我即将身随左脚同时向右方翻转。右脚随即提回，落在左脚前，脚尖侧向右分开坐实。左手收回，合于右手腋下。随即护绕右大臂，穿过右肘，即用掤劲，向左前隅角上翻去，将敌之右手腕掤起。左脚同时前进，屈膝坐实，右脚伸直，右手即变为掌，急从左肘下穿出，冲向敌

之胸肋部击去，未有不跌。此式左右手相穿，忽隐忽现，捉摸不定，袭乘其虚，故曰玉女穿梭。以喻其势之巧捷也。

连续打玉女穿梭，分别打向四个隅角，也就是东南、西南、西北、东北。从拳法编制上说，有四正四隅之分。为什么打向斜角？因为对方从侧后打来，本身就是从四隅过来，那么我回身打击方向也必然是四隅。其实落实到实战则无所谓角度方向，怎么合适怎么来。这里有三个用法。一是拿。对方如果拿住我右腕，我则将左手从右臂下过去反扣其手腕，同时身体整体往前一送，对方仅靠手腕托不住我的冲力必然松手。二是打。对方从右侧后击来，就不能用左臂了，而是用离对方最近的手臂，也就是右臂连挑带掤带圆化，这样就护住了自己的身体侧面，同时还化解了对方的攻击。同时身体要滚转，因为光靠一条手臂的力量不足以化解对方整体的冲击，通过圜研相合，也就是身体纵向的滚转，则轻松化解对方的攻击。太极拳也是打顾一体，没有先护后打的事。右手挑化，身体滚转，对方的胸肋就露了出来，左手成掌，瞬间打到对方心口或者肋部。这个身体的滚转加上冲击，力量非常大，攻击效果非常明显。

在擂台搏击上，一般不会出现对方从后方攻击的情况，都是从前面来的，玉女穿梭在这里就是走大边，从侧面挑化滚转，然后进身打击对方肋部或者头部。玉女穿梭的妙处在于连续攻击，忽左忽右，忽上忽下，其实是打斗中以寡敌众的方法。第三个打法就是踢。在进击的过程中，对方必然注意你上边的攻击，忽视了下边的进攻。所谓打人如走路。用前进脚往其脚腕上一趟，效果立现。传统武术攻击与搏击最大的不同是传统武术强调整体进攻，上中下三盘一起过去，最少也是上下一块打。所以传统武术的打法是冲击，而搏击的打法是甩击，只能用身体的一个部位攻击。曾经看过一次MMA国际大赛，一个菲律宾练洪拳的选手上去，起手就是一个类似形意拳"狸猫上树"的打法，对手顾上顾不了下，肚子上就被踹了一脚，当场被KO了。所以不要认为传统武术的东西不高妙，其实是非常高妙。

在这里还要再说一下太极拳的练法。太极拳练的就是身体本能的反应，这种反应不是后天神经思维控制的反应，只要是后天神经思维控制的，一定是肌肉做功。实战的第一要素，是身体反应的时间，在这个基础上，才能谈力量和硬度。比如猫、猴子都比人体积小，但如果发了疯攻击你，就是做好了防守准备你也防不住，因为它们身体的攻击速度太快，你来不及反应。这也是十二形的道理。动物都是用本能的，不用思考准备。而人类是在后天故意上，只要是神经思维驱动，就是肌肉做功。而肌肉做功需要大量的血液来支持，所以速度慢，容易疲劳。因此内家拳要返先天，调动本能出来应战。在本能上人和动物的基本要素就一样了。第一就是反应时间快，基本在零点七秒以内。在这个时间里任何人都来不及反应，因为他在后天准备，就永远都接不住。这个零点七秒，就是人生理本能反应的时间，比如踩急刹车。把反应练出来，下一步是力量和硬度。而这种反应，实际上来自于先天本能在膜上的反应，也就是说，不管你踩刹车还是怎么样，只要是下意识的本能行动，都是膜带动身体的反应。

先天反应只有零点几秒，后天则需要好几秒。比如踩急刹车，想都没想脚就出去了，这是先天反应。过了一会脑子才有反应，感觉后

怕等，这是后天才反应过来。这几秒钟就是先后天的差别所在。所以你在先天反应上打后天反应，就是所谓的人打不知，倒了还不知道怎么回事。内家拳用于技击的基本道理就是这两点。其实打斗的事很简单，就是打得上和打不上的区别。真东西都简单，流氓打架就那么一下，拳王拿手的也就那一下，泰森就是勾拳，刘易斯就是直拳。关键就是反应，你反应快你就打上了，你反应慢对方就上来了。接触之后怎么打都是应手的事。不明白本，只是一味研究末，比如各种打法，真打起来都用不上。打法千千万，那都是有条件的，谁也不会站那不动让你打。你把根本的搞明白，其他就都是末技而已。

所以我们练太极拳，实际上就是练这个反应。老谱上讲"一羽不能加，蝇虫不能落"，就是说的身体这种本能反应。只要一粘就反应，甚至还没打上，对方刚有点意思我就反应了。借助身体这种先天本能的反应，通过拳照架式的活用，把先天的反应速度与力量、硬度结合起来打人，这个才是太极拳的本来面目。引进落空、借力打力这些也是太极拳技术中的重要内容，却不适合于高强度对抗的实战搏击，只适合日常人与人之间争斗中的撕扯，在这种时间长、力度小、强度差的对抗中，才有用武之地。再说说内家拳打击的力量和硬度。后天力量是肌肉之力，也可以练的很大，有的人一拳六七百公斤，但这种力量分散，自身消耗大。测试一拳可以打七八百公斤，但打到人身上的有效力量基本会去掉百分之六七十。另外就是肌肉的反射应变能力不高，肌肉越粗壮反应速度越慢。内家拳不用肌肉之力，而是在先天上用筋骨自然反应之力。筋骨之力有多大？婴儿不经意踹大人一脚，看似力量不大，却可以痛彻心扉。我有个朋友，不经意被6岁的女儿踹了一脚，肋骨折了。先天本能的反应，是筋肉抱骨之力。肌肉也不是不做功，只是跟着筋骨走的，属于被动跟随。四五百斤的老虎一窜能有四五米高，全赖筋骨之力。老虎、狮子身上除了用得上的地方，其他地方都没什么肌肉，肚皮上的肉都是耷拉着的。筋骨之力在先天反应的驱动下产生的雷霆一击，可以说是摧枯拉朽，一拳就足以把人打进医院。过去挨了打的人基本都得回去养几个月甚至一年半载，因为内脏受到强烈的震动受伤了，这就是内伤。千万不要以为练太极拳的动手就是软绵绵的，和推手一样的，但凡落实到打斗，要素就都是一样的，不存在独立的适合太极拳的所谓打斗。出手就是快、硬、狠、毒，而且先敌反应，先敌攻击，先敌打上，才是太极拳。

后续：
——揽雀尾
——单鞭
——云手

三通背一式

孙式　右通背掌学接单鞭　即将左手从左边，往上如划一上弧线，划至头处，手背紧靠正额处。身子往右转，左足于左手往上划时，同时如螺丝形往里扣，扣半八字形式，右足亦同时，如螺丝形往外扭，足尖往里扣着点，两足仍不离原地。右手于左手往上划时，极力虚空着往前伸劲。两眼顺着前右手食指看去，两肩里根并两胯里根，亦同时虚空着，往里收缩。收缩之理，喻地之四维皆高，当中有一无底深穴，四面之水皆收缩于穴中之意。是在学者体察之。

孙公在这里单独设计一个右通背掌，主要是考虑单鞭之后衔接玉女穿梭有些生硬，而孙式是双单鞭，顺势一扭身就是右通背掌，衔接非常流畅自然。单鞭的本意是放长击远，用两个手掌的正反面甩击对方的眼睛部位。如果对方拿住了我的手腕，这时候只要换成通背掌往前一冲，即可解除对方控制。因为对方仅靠腕力和指力是无法对抗我整体前冲之力的。

孙公在这一式中重点讲解了缩劲。一个是右手极力虚空着往前伸劲，同时肩根胯根也虚空着往回缩劲。一个往前、一个往后形成对偶，同时要虚空着，也就是不要真做出来，或者说不要做在后天肌肉上，而是神意上一个往前去一个往后来，这样就好像孙公讲的四维皆高，中间有一无底深穴，四面之水皆流入穴中之意。无论是形意拳、太极拳还是八卦掌，孙公处处都在讲这个缩劲，在这里孙公还特别拿出来单独进行讲解，说明其重要性。这个"缩"从"束展之下一命亡"这句话中去理解相对就容易了。一伸一缩好似弹簧，犹如龙身蛰伏，那么一放出来肯定是力道惊人，这就是缩的道理所在。

　　孙式　玉女穿梭学第一节　将右手抽回，抽至里手腕到心口处。左手于右手往回抽时，同时手腕往里拧着下落，落至右手梢上头，手心朝里着，两肘靠着肋。右足于两手抽落时，同时亦略往回来，落地足尖往外斜着，如半八字形式。两腿要略弯曲点，两眼顺着左手看去，不停。

　　第二节再将左手腕往外拧着，往上翻起，手背靠着正额处。左足于左手往上翻时，同时再往斜角极力迈去。右足于左足迈时，随后紧跟步，落地两足相距二三寸许。右手在心口处，于左手翻时，并左足迈时，要与身子一气，有往前推去之意。胳臂靠着身子，手略往前推去，不必太远。

相比较于其他门派的太极拳，为什么孙式太极拳架势这么紧凑？那是因为孙公吸纳了形意拳技击的技术特点，手不离心肘不离肋，全身一体冲击打人。架势太大，身体露出的空隙就多，而且运行速度也慢。一个小铁球和一个大木球打到人身上的效果是不言而喻的。那么孙式这里玉女穿梭的第一节，其实就是形意拳中的起钻。唐山孙式拳门只要一出手，后手必然在前手肘弯下护着，意谓起钻，其实就是抬枪。这一起，用纵向滚转里裹外翻，化解对方来力。握拳的就是形意拳，用掌的就是八卦掌。其实八卦掌的单换掌双换掌，一手在上一手在下，意思也是起钻，手法不同而已。形意喜欢用拳，八卦喜欢用掌，各取所需。但是这里边起钻的意思是一样的。所谓起也打落也打，一钻即打，一翻即打，用法简单高效。

右腿往回撤，左右脚有形意拳"剪子股"的意思。剪子股的用意是前脚踩踏，是做着踩踏的准备。用前脚弓去踹击对方的脚腕或者迎面骨。请大家记住，传统武术的招式永远都是原则，而不是即学即用，那是要挨打的。为什么这里的玉女穿梭都是有那么点意思，孙公在这里就是明确这个原则，有这个意思就行了，用的时候只是就手的事。若是平时不用这个意思，而是真打实凿的练，一到实战时场景不会完全是你练时的预设，那时候就会手足无措。练时只是意思上有，故尚云祥告诉李仲轩，平时没那么多时间练拳，可以在脑子里用神意过一过。这个"过一过"千金难买，就是孙公说的意思到。你要是用脑子琢磨就到后天了，一点用没有。一定要在先天里头"过"。那么怎么是"过"呢？就是"过电影"的过！

孙式太极拳里的玉女穿梭和形意拳的炮拳是不是很像？其实就是一个意思。先是起钻滚转，然后一手托架一手攻击。往上是起，往下

玉女穿梭

是落。起也打，落也打。打起落，如水之翻浪。后人附会出一个翻浪劲来，哪有什么翻浪劲？这里只是说往上起也要打，往下落也要打，没有不打的时候，只要一动就打，一粘就打，不把对方打趴下不算完。起起落落连续追打，好像水浪一样又能把人翻起来又能把人拍下去。所以形意拳练明白的人，如果别人和他比划不能粘他身，只要一粘就没完，你是一下，人家两三下、七八下，处处都埋伏着要打你。这个大原则不懂，形意拳就不会应用。

除了右手往前推这一下，其实还有左手暗含着往下砸。这就是落也打。而且头也在那等着，所谓头起而钻，头落而翻，头起顶其下颌，头落砸其眼鼻，哪儿都能打。形意拳讲究七星，身体各个部位凡是参与起落，都含着打的意思。关键的不是七星，而是身体的整体起落。传统武术不是用手臂、腿甩起来打人，而是整体向前与对方接触，粘上对方把冲量给他，用哪儿打都是就手的事。所以一定要把本末搞清楚。玉女穿梭这一下，如果加上八卦掌的横走竖撞，就是"狮形掌"。这里边步法是灵活使用的，安排的是往四个角去，其实你往哪里去都可以，敌人在哪里，你就往哪里去。八卦掌练的时候走圈，用的时候没有圈，怎么顺手怎么用，一下子到了对手身侧就打上了。或者对方有两三个人，一下子到了最左边，这人前头你一伸手，却突然拐弯打中间这个人，对方还没醒悟过来，再回手打左边这个。这就是玉女穿梭所谓忽隐忽现的打法，让对方摸不着头脑找不到你的套路，从精神上，你就控制了对方。

第三节　即速将左足极力往里扭扣，再将左手于左足往里扭扣时，同时往下落，落至里手腕到心口处。再右手于左手往下落时，同时手腕往里拧，又往上起，起至左手梢上边。手心朝里，两肘仍靠着身子，于左足扣时，一气着往右转。再将右手腕往外拧着，往上翻起，手背亦靠着头正额处。右足于右手往上翻时，同时往斜角极力迈去。左足于右足迈时，随后亦紧跟步，落地两足相距二三寸许。左手在心口处，于右手翻时，并右足迈时，同时亦与身子一气着，如同往前推去之意。胳臂仍靠着身子，手略往前去，不可太远。

刚才一式是往东北角去，这一式则是转身往西北角去，也就是打后边来敌。这里面有几个关键，一个是左脚的原地掰扣是八卦步法，瞬间就转换了身形，从背对到面对。同时左右手互换成右手在上左手在下的起钻，配合身体的纵向滚转化解对方攻势。也可以把这个转身理解为形意拳里的狸猫倒上树，也可以理解为八卦掌的掰扣转身。相比较于其他门派的转身换步，孙式的是不是更加快捷灵敏且杀气腾腾？

为什么孙式太极拳是所谓的"活步"？其实还是我前边讲的，高深的拳法都在用意，而非用形。如果你把形做出来，甚至做到头，就没有了灵活的转变，也就只能这么打了。当你完全是用意的时候，就可以千变万化。好像我想打你，但是我的拳头并没有伸出来，就有各种方法可以打你。但是我把拳头伸出来了，就只能用这一种。而这，也是内家拳的真意，形意拳的意了。可能有人要问，如果都是用意，时刻都在准备，真用起来会不会太慢？如果你在后天故意上准备，肯定是比先出手的人要慢，但你是在先天上反应，就没有后天什么事。所以论内家拳功夫，我们都是在先天，不在后天讨论具体用法，不返先天就不是内家拳了。孙式太极拳的这个活步，就在于随时可以变化，该用什么步就用什么步。

第四节　再将右足略往前迈去，即将右手于右足迈时，同时往下落至心口处，左手于右手往下落时，同时往里拧，又往上起，起至右手梢上边。手心朝里，两肘亦紧靠着肋。形式与本章第一节相同。再左足斜着往左边迈去，左手腕往外拧着，往上翻起。右足跟步，两足相离之远近，及一切之形式，并神气意，亦与本章第二节相同。

本节是从西北往西南去，其他均相同。

第五节　再将身子向右转，其形式两足、两手动作，并一切之劲，亦皆与本章第三节相同。但前三节，右足是往斜角去，此式右足是往正面迈去，以上练法虽分五节，其理前后，亦皆是一气串成。

此节是从西南角转身奔东正向，而不是奔东南角去。

第六十四章　手挥琵琶式学　先将左足极力往后撤，两足落地之远近，随乎人之高矮不拘。再将右手从头处，于左足撤时，同时斜着往前往下落去，胳臂伸直，与心口平。左手与右手同时，亦往前伸。左足往后撤时，右足亦随着往后撤。两手并两足落地远近及身法，均与第十九章手挥琵琶学相同，

第六十五章　懒扎衣学

第六十六章　开手学

第六十七章　合手学

第六十八章　单鞭学

第六十九章　云手学

孙式太极拳与杨式太极拳合论
暨武当一脉太极解密（22）
——云手下式、更鸡独立（单鞭下式、金鸡独立）

这两式是前后连接的一整套防守反攻动作，所以必须放在一起说。所谓下式，就是身体下沉躲避对方冲着我上三路来的凶猛攻击。此式杨式、吴式、武式大同小异，都是一个身体瞬间的下沉，但杨式和吴式是从单鞭下沉，而武式和孙式是从云手下沉。那么孙式的下式不仅仅只是下沉那么简单，这里面还包括了八卦掌的转掌、形意拳的虎抱头、三体式、鸡形穿掌。

杨式　单鞭下式　由单鞭。已出左手时，如敌人用右手将我左手往外推去，或用力握住，我将右腿稍向右分开，往后坐下，左手同时用圆

活劲收回胸前。或敌用左手来击，我急用左手将敌左腕扼住，往左侧下採亦可，而右腿与腰胯完全坐下，以牵彼之力，蓄我之气。

这段文字对单鞭下式的用法说得颇为牵强，在实战中毫无用处。如果加入当今擂台搏击的情景，其实就是个下潜的动作。这个下潜在拳击里常见，泰森就很擅长，不光下潜，还会左右闪避，躲过对方的打击，而后身体上升，用勾拳打击对方腹部。但是在自

由搏击擂台上就很难用了，因为你下潜，对方可以用膝盖打击，也可以踹你或者蹬你。因此，客观分析下式的用法，大约在过去那个年代有其存在的合理性，但在如今高强度对抗、手脚膝肘并用的技击中，是很难派上用场了，更不要说在电光火石间能拿住对方的手腕实战捋或者採了。然而和专业搏击选手对抗用不着，平常防身自卫还是可以的，因为普通人顾头不顾脚，只知道往前冲不知道防守。比如一个又高又大的人扑过来，你和他硬顶当然也可以，一个迎击崩拳就可以让他躺下。用下式使其失去重心，同时打击他的腹部也是可以的。

杨式　金鸡独立右式　由上式。如敌人往回拽其力，我即顺势将身向上钻起，右腿随之提起，用足尖向敌腹部踢去，右手随之前进，屈肘，指尖朝上，以闭敌人之左手。此时左脚变实，稳立。右手随进时，或牵制敌人左右手亦可。不必拘执。

金鸡独立左式设敌人用右拳打来，我右手沉下，速起左手托敌肘，提左腿，与右式同。

金鸡独立，从上面的下式，敌人凶猛的冲过来打我上三路，我迅速下潜躲避，造成对方失去重心，我则突然直身，踢踹对方的小腹，同时用左右手控制对方的进攻手。这是过去传统的打法。从杨澄甫先生解说的这本书看，过去传统武术技击手法不是很丰富，一下就是一下，组合攻击手段比较少。其实金鸡独立如果和现代搏击手段特别是泰拳结合起来，威力非常巨大。把踢腿作为膝击踢击，把两手改为拳击肘打，是不是典型的泰拳式攻击手段？而且是左右腿连续攻击，十分凶猛彪悍。当对方冲击过来时，我方不能后退，反而向前，起双臂往上迎住对方两臂，这时就可以起腿或者起膝打击对方胸腹部。当对方欲防守胸腹部时，我之双臂就可以变为拳或肘打击对方脸部。如果不是从正面接对方，而是瞬间转到对方侧面去攻击，那就更加高妙了。

孙式　云手下式学　云手不停式。将右手云到心口左边时，身子往左转正。左手于身子转时，同时往下落，如划弧线到小腹处不停，大指根靠着身子往上起。再右手于左手往上起时，同时略往前伸去点，左手再从右手上边将左手中指盖于右手食指上。再两手前后分开，左手往前推去，伸直与心口平，右手往后拉至右胯处，大指靠住。两手前后分时，身子直着，同时徐徐往下矮去，腰要塌住劲。左足亦于两手分时，同时往前迈步，足后跟着地。两足相离远近，亦随乎人之高矮。两腿均要弯曲，右腿作为全体之重心。两眼望着左手看去，腹内松开，手足肩胯，亦不要着力。

　　首先从云手左转半面向正，是八卦转掌的身法。而后左手上来中指盖住右手食指，这是形意拳太极式、也就是虎抱头的用法。而后全体拉开，就是从太极演化到三体式的用法。左右手连续向前的用法，就是鸡形金鸡独立、连续穿掌的用法。在这里孙公将原本简单的身法下沉增加了这么多实战的功能。如果对方从侧面进攻，我即用转掌连化带打，走到对方左手外侧。而后用鸡形穿掌上下穿打，上穿眼鼻下打胸肋，连续进身气势逼人。虽然只是写了两穿，其实可以反复上下穿打，越快越密越好，穿得对方手足无措。前面几式的练法都要肩、胯抽住劲，这里要完全松开，取完全先天反应之意思。因为是从鸡形演变过来的，这一式实则是变化了的金鸡独立，所以单腿承重。身子微向下沉，略有下式的

175

意思。很多人把这一式当成所谓"极限三体式",其实单重三体式就是三七,双重就是五五,再没有其他的。此处是十二形金鸡独立的变化。练这一式要极其缓慢,充分体现身体由内而外的舒展打开,内在神意一动不动,如一泓秋水不泛丝毫,则内外通透一气贯发,得孙公真意也!

更鸡独立

孙式　更鸡独立学第一节　将右手从右胯处,胳臂似曲非曲,似直非直,往前往上划一弧线。划至手梢与头齐,手梢朝上,大指离脸二寸许。身子于右手划时,同时往上起。右腿极力与右手同时往上抬起,足尖要往上仰着,足后跟往下蹬着。腰亦要往下塌劲,头项稳住。心中虚空用意往上顶劲,两肩亦要用意往下缩劲。胳臂肘与膝相离两三寸许。左手于右手往上划时,同时如划下弧线,往下落至左胯处,手梢朝下。两眼略用意往上看手梢,式微停。

更鸡独立

第二节　先将右足略往前往下落去,腿仍屈着,身子直着,随着右腿落时,要塌住劲往下挫去。右手于右足落时,同时从头处往下落,亦如往下划弧线,右手落至横平时不停。再左手从左胯处,如本章第一节,右手往上起划一弧线相同。亦划至手梢与头齐,手梢朝上,大指离脸二寸许。左腿于左手往上划时,同时极力往上抬起,亦如本章第一节右腿抬起相同。再右手落至横平时,于左手往上起时,同时往下落,至左胯处,手梢朝下。两眼微用意看左指梢。再头、手、足、肩、胯,并身子起落,均与本章第一节式相同。式微停,再换式。左右不拘数,勿论数之多寡,总要练至左式为止。

孙式这个更鸡独立和武式区别不大，但是具体练法里边则很有讲究。一是动作要慢，二是架势要低，充分体现上下抻拔，腰胯总控全身的延展之力，同时要体现脊椎的节节贯穿。过去老辈人练此式，膝盖几乎能贴到地面，可见功夫之深。这个步子如果坐实了，就是夜行步。孙公讲左右反复练去，不拘次数，练到全身骨节灵活辗转，就能施展夜行步穿堂过户了。

上一式云手下式要求小腹要松开，到更鸡独立则浑身都要抽住劲，不能有丝毫的松懈。但凡有局部松懈，这一式就做不出整来。做好这一式关键是头向上顶劲，胯骨向下坐劲，大龙要上下反向抻拔开。同时肩膀也要如前缩住劲，手往上指，脚往下蹬，整体上拔下踏，各个部位都蓄着劲，一旦接上对手就放出去。打法上基本也就是如前所言，头、手、肘、膝、足都可以用。

就是不练太极拳的人，只要一看孙式的更鸡独立和其他门派的金鸡独立，就能感觉出来，好像孙式的全身都是绷紧的，而其他门派则很松弛。这是因为孙式太极拳里面含着形意和八卦的东西，而且是以形意心法为主。除了太极拳整力、球力、球意之外，这里边还有形意拳的抻拔滚裹、周身拧转。所以看上去孙式好像处处都含着劲，缩着劲，随时要打出来。这就是孙式与众不同的特点。因此形意拳和八卦掌没有练到，直接练孙式太极拳就要走弯路了。

可能有人说了，这样的还是太极拳吗？不是软绵绵的才叫太极拳，只要是拳就得能打人，太极拳就是太极加拳。拳要打人，太极则是一气，也就是内劲。那么合起来，就是直接用内劲打人的拳。回顾太极拳近百年的发展历程，杨露禅号称"杨无敌"，如今可有"杨无敌"？其实，若论动手特别简单，就是一句话："手得硬"。什么叫手得硬，一拳就能要人命，这叫手硬。你看寻常人打架，你来我往打了几十拳在人家身上，连个包都没有，换了咱们，一下就让他躺下进医院，所以说不招不架就是一下。只要你手够硬，动手的事就特别简单，就是打到对

方胳膊上也能让他骨头断了。你要是手软，那就没法打了，打几下两人就得撕扯到一块去，和打架没区别。那些动手就是"王八拳"的大师，就是手太软。练搏击的为啥攻击力那么大，人家几年如一日就磨炼那两手，手非常硬。打斗中，手硬是霸道，反应是王道。我们练形意拳几十年如一日磨炼这一下，筋骨膜的不断锤炼，一拳能把人前面肚皮打贴到后面。你有这个本事，就可以出去比划比划了。

孙式的更鸡独立在技击上，主要还是体现上、中、下三盘齐动。云手下式加更鸡独立，在上盘头打体现形意拳十二形中的金鸡独立和食米。练过形意拳鸡形的人可能以为金鸡独立和食米只是戳眼，其实戳眼和头打合起来才是完整的一式。甚至可以说，头打才是金鸡食米最核心的技法。大公鸡抢食威风凛凛如大将军一往无前，这时候就是左右两手平掌连续戳打对方双眼或咽喉，可谓又快又狠。但这只是前招，后招更绝，埋伏的一手是等对方来控制我的双手，我则迅速近身，用额头击打对方眼鼻部位，这才是金鸡食米。因为鸡抢米吃时都是蜂拥而入，鸡头如雨点一般下落抢米吃，因此头打才是要诀。更鸡独立是一侧手足同向运动，说白了就是"一顺"，里边就暗含着狸猫上树的意思。手足既可防守亦可进攻，而且是手足同动，上下一块进攻，还包含着肘击和膝击。左右更鸡独立的意思就是连续进击。这一式非常像泰拳古法里的提膝立式，攻防具备，妙用无穷。

孙式太极拳与杨式太极拳合论暨武当一脉太极解密（23）
——十字摆莲（十字腿）

孙式从更鸡独立到十字摆莲，中间都是在重复之前的动作，计有倒撵猴、手挥琵琶、白鹅亮翅、开合手、搂膝拗步、手挥琵琶、三通背、开合手、单鞭、云手、高探马、十字摆莲。

杨式从金鸡独立到十字腿，中间也基本都是重复之前的动作，计有倒撵猴、斜飞式、提手上式、白鹤亮翅、搂膝拗步、海底针、扇通背、转身白蛇吐信、搬拦捶、揽雀尾、单鞭、云手、单鞭、高探马穿掌、十字腿。

吴式和武式就不说了，一脉同源。其实从各派太极拳（陈式除外）的整体次序安排看，基本上相差不多，都是一个脉络。对比武当太极拳相关次序安排，几乎也都是一样的。因此我的这部书题目明确是"武当一脉太极"，就是从同根同源上讲的。

杨式高探马穿掌与之前的高探马大体相同，唯独在右掌切出之后，迅速收回再出反背左掌，刺向敌人咽喉或眼睛。高探马本身就是左手将住对方手腕往后采或者捋，然后右掌顺着对方手臂上缘切向对方脖颈。如果这时敌方收回手拦阻我的右掌,则我顺势下压对方手臂,左掌反手刺向对方咽喉或眼睛。其实左右手可以连环使用,连续攻击对方头颈部,又刺又切。如果对方抓住我的两条手臂,双方撕扯在一起,或者对方抱住我要施展摔法,该如何应对呢?比如现在的搏击擂台、拳击擂台经常出现这样的场景,打不了几下两人就抱在一起了。过去在散打规矩下就是用摔法,但是当用不了摔法或者对方要摔你时怎么办呢?内家拳有个独特的优势,就是发人于丈外。搏击或拳击中如果不能摔,就只能把对方推出去,这个很消耗体力,而且也没有攻击性。在内家拳里遇到这样的情景,丹田鼓荡发力就把对方发出去,最少也要出去两三步,对方的重心肯定不稳,这时我方要迅猛追击上去再打。这种发人于丈外,并不是太极拳推手中动辄将人扔出老远的技巧,那种技巧只是顺劲而已,到了搏击擂台或者真正的实战之中毫无用处。我在这里讲的是丹田鼓荡练出来后,周身形成一种气压弹簧力,粘上对手,一个鼓荡就可以把对方打出去老远。这是真实的功夫,而不是技巧。这种功夫必须要通过切实的站桩功夫,把丹田练出来,首先是出爆炸力,而后形成全身鼓荡,最后能够做到发人丈外。

杨式　十字腿　由前式。设敌人用右手牵住我的右手时,我即将右手抽开,至左手腋下,随即左掌向敌胸部冲去,成十字手形。设时有敌人自身后右边用右手横打来,我急将身向右正面拧转,左臂同时翻上屈回,与右臂上下相抱时,急将左右手向前后分开拦住敌手。同时急将右腿提起,用脚跟向敌右肋部蹬去。则敌必应腿跃出矣。

传统武术的一招一式,重在变化,不是怎么设计就怎么用的,要因地因时而变。十字腿这里讲的两个攻防意义。一是说高探马穿掌的用法,杨澄甫现在放到这里了。这时后边来人打我,首先是左右手护住头,然后瞬间转身蹬踹对方肋部。左右手同时上扬遮挡住敌方进攻的手臂。切记，凡是转身打击后方来敌的，一定要往对方的身侧转，不能转过身来跟对方面对面，这样就撞到对方枪口上了。这一点可以参考形意拳的狸猫倒上树，一转就到对方身侧，所谓抢大边。

十字摆莲

孙式　十字摆莲　高探马不停，即将左手腕往外扭，右手腕同时往里扭。右手翻在下边去，左手翻到上边来。于高探马二节式，两手上下互换。右足于两手扭时，同时足尖往外斜着摆去，足仍不离原地基。随后再将左足往里扣着迈在右足处，两足成为倒八字形。两足尖相距一二寸许。甚至随着左足迈时同时往右转。右手于左足迈时，亦同时往外扭，扭至手心朝下。左手仍在上，右手仍在下，两手心亦俱朝下着，在心口处。式不停，即将右腿极力抬起，脚面挺住劲，脚面朝外着，足心在左膝上边，离腿一二寸许不停，即速向右边斜角摆去。落地两足之距离，随乎人之高矮。两手于右腿抬时，同时如单鞭式，向左右分开。两眼望着前正面看去。身中之劲如前。此拳内勿论何种形式，皆不外乎头顶、足蹬、腹松、塌腰，并两肩、两胯里根松缩之理，身体力行，是在学者。旧式两手分时，又右腿往外摆时，左手拍右脚面一掌，今不拍，因无大关系。然拍否仍听学者自便。

　　这一式在这四家来讲就很有趣了。因为武式和杨式都是转身蹬脚，吴式倒是和孙式一样是转身摆莲。因为蹬脚是转过身来直接踹击对方肋部，而摆莲则是转身用脚面打击对方头颈部。电视剧《大宅门》里白老七在妓院里用外摆莲打"大茶壶"嘴巴子，就是摆莲的标准用法。为什么孙公在这里没有沿用武式的蹬脚，而是用了摆莲？其实要和后面的进步指裆捶联系起来。因为孙式的进步指裆捶和其他家都截然不同。其他三家基本都是进一步，而孙式是整个身体自上而下飞腾而去。所以身体必须全面展开，不然难以达到既定效果。孙存周先生在唐山曾经表演过进步指裆捶，当时大家都在饭店吃饭，只见孙先生如一只灵鸟从桌子下头一窜而过。他在北京时曾经冬天穿着棉袍表演过进步指裆捶，因为看不见脚，而他的速度又极快，所以看着好像人平地飞起来一样。如果只是转身蹬脚，指裆捶就飞不起来了。而采用摆莲则身体全部打开，在做进步指裆捶时，整个身体如一只鹞鹰直扑而下，才能充分体现拳意。

　　孙公在写这本书的时候，生怕后人看不明白，所以对具体动作描述得特别细致。孙公在序言里也写了，只要按照他说的练，久则神妙直现。但是这一式的高探马有点不太清楚。完整的孙式高探马和其他三家都不一样。其他三家大体相同，就是一手往回搂，一手往外切。孙式是从手挥琵琶开始，两手上下相对，犹如捂着一个圆球上下前后左右立体360°翻转。这种球体自转的练法，还存在于开合手中。但那个球是旋转着膨胀和收缩的，这里则在双手中反复自转。为什么要设计这样一个动作？如果没人给解扣，估计后学者永远也不会知道。当你完全摈弃后天走入先天空空静静，专注于这个自转的球体时，丹田鼓荡就会出现，也就是说，丹田内转与球体外转是一体的。孙公专门设计了这么一个与众不同的手法，应该是从丹道之学中演变过来的。所以今天我对其解密，有缘看到这本书的，最起码可以初步尝到先天大道的滋味是什么样。

　　接着孙公说了，太极拳的要求，好像形意拳六合九要，规矩无非是头顶、足蹬、腹松、肩根胯根松缩之理。头顶足蹬，上下抻拔开来，全身这一张大弓就打开了。拉弓射箭，扣箭的地方在尾椎骨，身上永远都藏着这股劲，准备发射出去。腹松是为了敛气入骨，做到水火既济。肩根、胯根松缩之理，松则全凭神意做功夫，缩则全身蓄力准备拉弓放箭。只要按照孙公所说去做，倒不一定非得琢磨个明白，其实当你没有完全返先天，而是用后天思维琢磨的时候，你是永远也搞不清楚真相

的。必须始终空空静静，带身心改变智慧生发，到时候功夫上身了，这些道理你也就明白了。

　　这个右腿的摆莲，在实战之中全凭出其不意才能打上。如果仅论实战，还是建议用蹬踹。如果放在擂台上，使用外摆莲容易被对方所乘。因为外摆莲的行程比较长，起腿半边空，如果对方有了防备一近身，就容易把自己擒摔破功了。其他用法大抵与杨式相同。当做完外摆莲之后，整个身体展开，就如孙公图示的样子，好像大鹏展翅一样，身体做好完全充分的准备，像鹞鹰的束展，此时肩根、胯根极力缩住，头极力顶住，脚跟极力蹬住，周身如弹簧一般蓄满了力量，接下来就是如老鹰抓小鸡似的进步搬拦捶了。

孙式太极拳与杨式太极拳合论暨武当一脉太极解密（24）
——进步指裆捶

这一式孙、杨两家名称相同。拳架上杨、武、吴相差不多，都是上一步一手格开对方来手或来腿，另一手成拳攻击对方裆部。而孙式则迥异，采用了一个如鹞鹰下扑的急快步，由高而低快速冲击敌人裆部。其实在过去武术界，打裆、打后脑都是严格禁止的，但是打咽喉和眼睛不在此列。其实指裆捶的招式，打心口或小腹更实际些。像这种冲着敌人下三路去的打法，如果面对现代搏击，会遭遇对方猛烈的肘击伺候。或者下砸拳的威胁，以及膝盖的迎击。泰拳标准的单腿拳架，上面起肘，下面起膝，就是对付准备冲进中门的敌人。除非一种情况，也就是对方已经踉跄失去重心并后撤，这时对方手足无措，攻防使不出来，可以乘势而上，用指裆捶进行打击。但就是对方后退也仍然不能掉以轻心，如果对方在后退中用出舍身技出腿，则我方必然正中对方下怀。一龙在对阵西提猜时，一龙先是勇猛冲击，西提猜失去重心后退，一龙乘胜追击，准备毕其功于一役，结果西提猜后退中起鞭腿，击中一龙脸部，成为扭转整个战局的关键点。所以类似指裆捶的招式，在现代技击中实用意义并不大，要辩证地认识和分析。其实就是练太极拳的，真要是动手也就一招半式，那些引进落空借力打力的手法，也只能在普通百姓撕扯打斗时从容使用，一旦遇见有本事的，还是要靠功夫来打人。

杨式　进步指裆捶　接十字腿。设敌人往回撤手时，我即将右足落下，同时左足前进，屈膝坐实，在此时设敌人再用右足自下踢来，我急用左手，将右足往左膝外搂开，右手随即握拳向敌裆部指去。身微向前俯。

不管哪一派的太极拳，都管这一式叫"指裆捶"，而不是"打裆捶"或"击裆捶"，说明过去前辈创拳时已经知道此式的局限性，所以用"指"来表明其虚实可变。如果有条件就是打，条件不许可就是指，虚晃一下，对方身体必然反应，则我应及时变招，贴上去用正蹬或者崩拳打击对手。为什么？因为人的生理反应属于先天，不受人后天思维控制，而男人对于裆部的防护是天生的。当你意指对方裆部时，必然引起对方身体自然反应，就会出现进攻的契机。这是杨式、武式、吴式通行的用法。如果换作现代搏击，必须要做好身体防护，左右手臂护住身体两侧，提防着对方起腿，一定要在对方做出防守态势之前打击到位。而最直接有效的打击部位不是裆部，而是心口。

孙式　进步指裆捶　先将两眼望着前边低处，如同有一物看去。随即将两手往前伸着，往一处并去，将左手扣于右手腕上，右手卷上拳，右拳如同指着两眼所看之物之意。再将左足于两手合并时，同时往前迈去，次迈右足，或两步，或四步均可，勿拘。总要右足迈在前为止。右足落地时，随后左足即速跟步，左足尖落在右足当中，足尖着地，两足相离寸许，身体三折形式，小腹放在大腿根上，两腿弯曲着，腰塌住劲，

进步指裆捶

身子有往前扑的形式。左手仍扣着右腕，右拳极力往前伸去。如同指物一般，两腿往前所迈之步，大小随人高矮，不可大，亦不可小，重要不移动重心为妙。两足往前迈时，身体之形式，如同一鸟在树上，束着翅斜着往地下，看着一物飞去之意。两足行走时，腹内之神气，及各处之劲，均如前。式微停。

孙公为什么在这里创造了一个独特的、如鸟飞的进步指裆捶？此套拳法即将进入尾声，也将进入最高潮的阶段。在这之前的演练中，周身都是含蓄着用劲，到这里陡然一放，有白虹贯日、气冲牛斗的精神气概，也是自身功夫的一个展示。首先这个身法脱胎于形意拳十二形中的鹞形，也即"鹞子入林"。鹞鹰有个本事，就是从林间树木的空隙处如鸣镝一样倏忽而过，形象点说，就是"嗖"一声过去了。在鹞形中身法是平着一纵而过，在这里改成自高而下，好像鹞鹰在树上看见地上有个猎物，一扑啦翅膀闪电般飞到目标跟前。所以打进步指裆捶要有如鹰扑物的意思。左手护在右拳手腕处，则取自鸡形的金鸡食米定式。总体而言，这一招是离着远偷袭用的。武术里动手其实都讲究乘人不备出其不意，因为攸关到性命周全，所以谁也不会给对方留余地，稍微一个大意，命可能就没了。练武的肯定不会随便欺负老百姓，涉及性命相搏的都是除恶扬善之举，所以对坏人没什么规矩可讲。就是两人正式比武，有裁判有见证，反应快的一方其实也是出其不意，对方还没反应人家就到了。从这个角度说，任何一个招式都是进步指裆捶的拳意。进步指裆捶也不一定非得打裆，打裆就得防着对方起膝盖或者用肘。打对方软肋、后腰也是不错的选择。拳有形用无形，真打起来不能墨守陈规，一定要懂得活学活用，两三步窜过去打上了就是胜利。练这一式关键是要从"十字摆莲"把身体充分打开，好像鹞鹰展翅一般，也就是所谓的"展"；然后身体骤然一缩像个炮弹打出去，也就是"束"了。

孙式太极拳与杨式太极拳合论
暨武当一脉太极解密（25）
——上步七星

孙、武、吴、杨四派的上步七星大抵相同，都是从单鞭下式进前一步，双手交叉在面前，身体成虚步。孙式从进步指裆捶后，变退步懒扎衣，然后开合手，单鞭和下式。杨式是变上步揽雀尾，然后单鞭和下式。大体是相同的，唯独孙式加了开合手。之前我说过，开合手类似形意拳的熊形，孙公专门拿出来放在太极拳里，其实是一个重要的练功方法。孙式太极拳里开合手多，关键的练法是要体会后天与先天的区别。后天上有开有合，先天上唯此一开合，也即有无不立，有无并立。开合是一块儿来的。当你逐渐地从后天有形有相的开合手，体悟到先天无开无合的太极一气，你就真的把太极拳搞明白了。

杨式 上步七星 设敌人用右手自上而下劈下，我即将身向前进，两手变拳，同时集合交叉，作七字形，手心朝外掤住，向敌胸部用拳直击亦可。

之所以叫"七星"，是两手交叉形成一个类似的"七"字，过去人意会为北斗七星，故称为"上步七星"。这一式关键就在于上步。

敌人自上而下打来，一般人按照本能反应都会后退，但你一后退，正好落在他的攻击点上，而且会招致对方的连续攻击，整个就被动了。这一式不退反进非常巧妙，其实也很符合形意拳的战术特点。宁思一寸进，不思一寸退。你一进，正好截敌于半渡，两臂交叉架住对方的前臂，顺势可以展开擒拿，或者直接用双拳击打对方胸部或者脸部。杨式这里还是取一个后发制人的意思，其实这一式主动进攻的意味也很足。这个两拳在腕部交叉的动作进可攻退可守，直接冲到对方跟前，可以连续冲拳打击对方脸部，同时还有肘膝的后招。正因为是两手交叉护着自己，所以进攻时更加安全。这一式跟拳击的防守架势很像，拳击的只是不交叉而是分先后。

孙式 上步七星 先将右手从右胯处如划下弧线，往手腕下边出去，左手于右手到下边手腕时，同时两手收进怀里。离心口三四寸许，两手上下相交，如十字形式，两手指俱朝上着，两手心亦朝外着。右足于右手往前去时，同时迈在左足处，右足里胫骨与左足后跟挨否，勿拘。两腿要弯曲着，身子直着，腰塌住劲，停住之形式，如图是也。

孙式这里不是握拳，而是立掌。上步七星专门对付自上而下的劈击，包括使用砍刀或者匕首。或者说，孙式太极拳里用上步七星这一招，完美解决了空手夺刀的技术问题。如果是空手对付拿刀的，对方上来挥刀，我方就怕而后退，一后退正好落在对方匕首的攻击点上，锋锐不可抵挡。当你第一下挡不住不自觉后退时，重心一丢命就没了，因为对方肯定会上来连续补刀。为什么你会后退？这不是人自己能控制的。当你面对凌厉攻击时，人的本能防护就是缩身后退。形意拳或者说之前的传统武术，发现了这个问题，总结出一个结论，就是不退反进。越是凶险的时候，越要往对

方怀里头扎，这里最安全，因为你冲进对方的胸腹部，就脱离了对方匕首的攻击范围，他要再扎你，或者退步或者把匕首翻过手来刺你，而这些我方都不会给对方足够的时间反应。在这里孙公就没提到七字，而是直接说是"十字形式"。

当对方用匕首自上而下劈击，我进身十字手挡住他的前臂，对方的刀就伤不到我。同时因为我向前的冲量，对方攻击速度也受阻，敌我双方瞬间相对速度为零，则我顺势反应，可以擒拿，也可以打击。擒拿就是用一只手去扳动敌方的肘部。比如对方用右手持刀，我则用左手自下而上、自外而里扳动其肘部，左手同时握住其手腕，左右手形成剪刀力将其拿下。如果对方用左手持刀，我则用右手扳动其肘部，左手握其腕，几乎百发百中。同时身法要配合实施拧腰摔法。如果是击打，则一手控制其手腕，另一手打击其胸部。人在伸臂发力的时候，前肢和后肢都很坚强，唯独肘部是个柔弱之地，只要环形搬动就破坏了整个手臂的进攻力量。比如泰拳的箍颈膝击，几乎没有人能破解，箍上人就跑不了，那是因为被打的人和进攻的人都在一条直线上顶抗，就很难摆脱了。这时候只要扳住对方两个肘腕对向一翻就能解脱，而且还能使对方失去重心而把肋部亮出来，则可乘势击打其肋部。

虽然上步七星空手夺刀很巧妙，但只能用在一对一的时候，如果一对二就不成了。十字手的用法，美国、以色列的特种部队、情报人员也都采用。其实换做我们内家拳练得好的，双手架住对方手臂后直接冲着中线一个发力，对方就出去了，然后趁其立足不稳而追击之。咱们永远都是发和打结合，能打就打，打不上就发，只要功力够大，对方一般没有办法应对。

这里再说一下如何对付持刀歹徒。之前跟公安系统的人员讲过这个话题。因为他们也没什么好办法，有时候还不能随便开枪，因为怕子弹头弹起来误伤群众。网上有七八个警察手里拿着家伙，被一个持刀歹徒逼得到处乱跑的视频。你没有比他厉害的武器，对方冲过来，本能就要后退就要跑，这样被追上就很危险了。其实处理的办法很简单，就是用三角站位。因为人的大脑不可能同时对付两个目标，当歹徒的前左和前右各有一个人时，他就顾不上后边还有人了。在前面的两个人分列左右，手里拿着两块砖头也比那些警具有威慑力。这就牵涉到形意拳里一个著名的或者说根本性的技术原理——精神控制。

　　我曾经说过，这个世界从来都是强欺弱，没有弱欺强的道理。一个三寸谷丁从来都是被人欺负的，如果手里拿上一把菜刀，瞬间就转弱为强了。其实不是他真的变强，而是因为菜刀控制了其他人的精神，从心理层面上其他人变弱了。这样其他人的精神就被菜刀控制了。这时候如果你走不出来，对方抡起菜刀追上来，就只有被砍的份儿。话说回来，如果歹徒对面的两个警察手里各拿着两块砖头，歹徒的精神就从拿着刀的强势衰弱到与砖头差不多了。因为他知道两个人同时扔砖头他也没办法，这时候精神控制层面就发生了变化。此时如果再有一个人从背后突然袭击歹徒，无不束手就擒。我给医院的朋友出过主意，告诉他们学那些防身术没什么用，因为到了应景的时候一定手足无措，因为你精神上处于劣势。这时候能让你强势起来的就只有手里的水杯、屁股底下的椅子。没等对方到跟前，先把水杯砸到对方眼睛上。桌子上有什么砸什么，然后抄起凳子劈头盖脸来一下赶紧跑。我的这个主意，后来在北京大悦城血案中有人进行了实践，完美脱身的三个人，基本上就是按照我说的办法做的。这里头最关键的，就是精神控制。形意拳里的意，不光只是心意那么简单，这里面精神控制的层面，是相当高级的拳术用法，如今的人可能听都没听说过，这东西一直也都是秘传。今天我简单说一下，希望对大家有个启发。

孙式太极拳与杨式太极拳合论暨武当一脉太极解密（26）
——下步跨虎（退步跨虎）

杨式的退步跨虎和白鹤亮翅有点像。白鹤亮翅主要体现腰胯带动两个膀子的左右掤化，而退步跨虎则是在上步七星的主动进攻未取得效果，敌人欲冲进中门起腿进攻时的招数，也可以说是败中取胜。杨、武、吴大体相同。唯独孙公这里迥然不同。下步其实就是退步，前面有上步七星，后面就有下步跨虎。孙式这里有个双手配合左腿上下的过程，这里面就藏着膝打。

杨式 退步跨虎 设敌人用双手按来，我即将两腕粘住敌人之两腕里，左手往左侧下方捌开，右手往右侧上方黏起，两手心随向外翻，右脚随往后退一步，落下坐实。腰随往下沉劲，左足随之提起。足尖点地，遂成跨虎形。使敌全身之力皆落空。此时则敌虽猛如虎，略一转动，便受我制矣。

这里讲"按"，真打起来谁会跟你掤、捋、挤、按呢？这里只是讲大原则而已。如果对方冲过来，比如用腿进攻，我则退一步脱离对方攻击范围，同时勾住对方的脚腕往一侧捌，虚领着一脚准备踢击。如果对方用拳进攻，而且来势凶猛，我已经失去了进身的先机，则粘住对方的手腕往后退，取引进落空之意。在后退的过程中，如果对方失去重心，则我顺势往左右捯或者将，同时起脚踢击。在现代搏击中，双方接触的一瞬间只有零点几秒，所以想从容实施粘拿是很困难的，只能是接触上之后有那么点意思，但是在后退中牵引对方，如果恰好牵引动了对方重心，则我既可以摔，又可以踢。关于退步跨虎的用法，之前提到一龙和西提猜的比赛，西提猜在一龙强劲冲击下后退，却在后退过程中起鞭腿踢到了一龙的头部而决定了胜局，就是对退步跨虎技法一个诠释。

下步跨虎

孙式　下步跨虎　先将两手皆往下搂，左手搂在左胯处，右手搂在右胯处，不停。右足于两手往下搂时，同时极力往后撤，落地半八字形式。随后右手心朝里着，即速从右胯处往上起至眼前边。再从眼前，手心朝下着，如按气球相似往下按去。左足于右手往下按时，同时往后来，足尖着地，足后跟离右足寸许。右手往下按时，甚至同时往下屈腿塌腰。再右手心仍朝下着，即速往上起，起时如同按着大气球，往上鼓起之意。左腿于右手起时，同时极力往上抬起，足尖仰着，身子与手足亦同时往上起，全身亦如同按着气球，往上起之意。式微停。

孙式的下步跨虎，首先是从上步七星开始，极力往后撤。这一步撤得要"极力"，就是脱离对方攻击范围的意思，不然退的不够距离，正好被对方打上。这个极力能有多远呢？按照孙存周的说法，前纵一丈后纵八尺就足够打人了，练拳的时候可以尽力，有多远退多远，应用时只要瞬间出了对方攻击范围就行了。退步的同时，左右手自上往下搂到左右胯，就是化解对方进攻。一边化，一边退，迅速脱离险境。退步跨虎也好，下步跨虎也好，是败中取胜的招式。也就是我挡不住对方进攻时，用两手往下、往左右划拉对方两臂，同时身子急速后退。如果能把

对方带倒最好，如果带不动就脱离接触。对方会有一个收劲的过程，我即速向前迎击。所谓跨虎，其实就是后退坐胯，好像偏着身子坐在一头老虎身上的意思。孙式独有的技术，如果用现代搏击的招式来解释，就是类似泰拳的绝招"箍颈膝击"。如果对方追的比较猛，我用两手的搂化和后退牵引了对方重心向前趔趄，则我用双手搂带其上肢往身前来，同时起左膝打击其胸腹部。如果对方失去了重心，身体倾倒，则正好搂其颈部，膝盖击打其头面部。关键在于借对方前冲之势，双手搂带控制。这里身体要整体向下带对方的身体，而不能只靠手臂。左腿往上也是身体整体往上起，这就体现了形意拳"起也打落也打"的原则了。

孙式太极拳与杨式太极拳合论暨武当一脉太极解密（27）
——转角摆莲（转身摆莲）

这一式在四家太极拳中大同小异，都是前后方同时有敌人进攻而十分紧急时，我迅速右转身躲过后方对方冲击，先打击后边的敌人，然后转回来再用外摆莲抽击前方敌人的头侧部。类似外摆莲这样的招式，如今在搏击擂台上还是能看到，但一般都是用转身蹬脚，如果用外脚背抽击对方头侧部，好像电视剧《大宅门》里白老七打棍子那一下，可能打普通人行，对付行家就不管用，因为运动轨迹太长，容易让人察觉防备。这一式的关键在于出敌预料。对方直着冲过来，满以为打上了，结果你一个转身避过就到了他前侧面，在对方应变不及的时候，你的手脚

就到了。最好用的还是蹬踹对方肋部，同时用手扫打对方脸部，能打上眼睛、鼻子最好。打不上，也要控制住对方的双臂。

杨式　转身摆莲　由前势（退步跨虎）。设有敌人，从我身后用右手打来，前后应敌于万急时，我即将右脚就原地，向右后方悬起左脚随身旋转，同时以两手及左腿用旋风式，以手脚向敌上下部刮去。复转至原位时，将敌右肘腕粘住，随绕敌之腕里，

往左用挒带捯抽回,急用右脚背向敌胸肋部,用横劲踢去。脚劲如疾风摆荡莲叶。所谓柔腰百蔗若无骨,撒去满身都是手。此功之奥妙,非浅学者可领略也。

如果说前人创拳不巧妙不高明,那肯定是不对的。只是时过境迁,有些招式已经不适合于当代的技击环境和要求了。转身摆莲的高明之处在于转身,一定要等到对方招式用得比较老,你一转身对方来不及回势才好用。如果对方只是试探,或者身上抽着劲随时准备回身,你要用出这一式就要倒霉了,正好把你的后部亮给对方。

假设前后方同时有敌人冲击,则你在后方敌人堪堪打到时往右侧一转身,对方的攻势就落空了,而你就到了对方的侧方,等于是抢了对方的大边。按照杨澄甫先生的解说,此时用左脚和双手向对方身体上下部猛烈刮去。所谓刮,即是甩,如有鞭子一样甩到对方身上。因为你的身体还处于快速的旋转中,等于是用旋转中的手足抽对方一下子。手上可以打对方的反手嘴巴子,尤其是奔着对方的眼睛或者鼻子去,左脚赶上哪儿是哪儿,给对方闹个脚忙脚乱。然后你就又转回到正面敌人的一侧,用揽雀尾之方法拿住前方敌人的右手腕部和肘部,往回一捯,同时起用右脚蹬踹对方肋部,这是最快最好用的。如果是高摆莲抽击对方脸部,似乎就没必要了。

孙式　转角摆莲　先将左足极力扣着,往右脚尖前边落去。左手于左足落时,同时往右手处来。左手心扣在右手背上,两手离心口一二寸许。右足于左足落时,同时足后跟欠起,足尖着地,足后跟往里扭,身子亦同时极力往右转。再先将左足极力往里摆扣,随即右腿抬起,极力往右边摆去。左足再于右摆腿时,同时足掌极力往里扭。两手于右足往外摆时,同时用两手拍脚面,拍时先用左右,再用右手，要用两下拍，响发连声，不要间断。身子是整右转一匝。式不停。

　　孙式这里就只有一个进攻动作，左足往右脚外摆扣，身体往右后拧转135°，身体充分拧转犹如弹簧，右脚随之朝右后摆去，左右手合在一起依次拍打右脚面。落地之后定式如图。杨式是转一圈重回原点，孙式是还差90°回原点。关于角度问题不必过于纠结，因为后面的弯弓射虎、双撞捶打完后，一转身无极还原，整套拳就结束了，此时恰好回到拳法最初的起点上。

孙式太极拳与杨式太极拳合论
暨武当一脉太极解密（28）
——弯弓射虎

这一式四家的叫法都一样。所谓"弯弓射虎"，可能取自于李广射虎。李广夜见卧石以为猛虎，一箭没入石中。再射就怎么也射不进去了。这就是先后天的分野不同。先天上真以为是猛虎，激发了本能上的潜力，等发现是块石头，就回到了后天思维状态，再射就是肌肉之力了。这里有束展弹发之意，就是对方后退，我则顺势把对方发出去。一般而言，发出去算是比较客气的，也可以换做打，打上后果就比较严重。因为内家练出来手都比较重，所谓原地钉钉，出手见红，里头内脏就被打坏了。

杨式　弯弓射虎　由前式（转身摆莲）。设敌人往回撤身时，我即将左右手向敌之手粘去。复绕过敌之手腕间，向右侧旋转，握拳从左隅角击去。左手同时沉在敌右肘部击去，右腿随往右落下坐实，右手辄向敌胸部击去，皆要蓄其势。腰向下沉劲，略成骑马裆式。左脚变虚，如成射虎弯弓之势也。

这一式充分体现太极拳的球意、球力、八面支撑以及周身掤劲，全身就好像是充满了的气球，碰到哪儿都给他弹出去。所以一

个是用全身之浑圆力，另一个是腰劲要做主宰，命意源头在腰隙，尾椎骨带动大龙纵向螺旋，一接一发，把敌人弹出。具体动作上，从转身摆莲后双臂自右而左再向右、自下而上划一个螺旋，以捋化对方来力，同时向我右身侧捋带对方，则对方必本能后退，我感受到对方欲退，左右拳顺势齐发，将对方发出。这个发力有点像形意拳的马形，可以简单称作"高马形"。形意拳的马形是起钻格化，然后双拳一前一后发出，这里是圆化后双拳前后发出，倒是有异曲同工之妙。

练太极拳都是一开始架子大，越练架子越小的，等到全部都由神意做主，也就是所谓的"敛力入骨"，就根本看不到划圆了，一接就把对方打出去。实则体现了孙公所云：有无并立有无不立。其实是一而二、二而一，接化打一体，已经看不出痕迹了。这种程度，必须是返先天体现本能做主，则身心自能发动，所谓"意气君来骨肉臣"，全是"当中那一点子作用"，也即是"一气"功能了。

孙式　弯弓射虎　先将右足往右边斜角摆着往下迈去，落地两足斜顺着。两腿之形式，右膝往前弓着点，似屈非屈，似直非直。两手心相对，如同抱着四五寸高之皮球，一气着于右足落时，同时往下又往左边，如转一圆圈。转至上边，与脖颈相平。两手心皆朝下着，往左斜角伸去，左手在前，右手在后错综着，仍与脖颈相平。两胳臂似屈非屈，似直非直。两眼望着两手中间前边看去。此形式之劲，各处要平均，不要有一处专用力，心内虚空，气往下沉，式微停。

孙式的弯弓射虎与其他门派大同小异，只是从拳换成了前伸掌。本身这一式就是利用身体螺旋化解对方来力之后，借着身体滚动之势和腰臀的抻拔之力，用拳头去兜对方的下颊。身体整个的形态就好像是弯弓，而拳头出去就是射虎了。孙式这里改为前伸掌，有戳人眼睛的用意，且更像射箭，右手一化，左手指就到了对方眼睛。为什么孙公最后说各处之劲要平均，不能专一处用力？就是避免一头沉，后天上用拙力。前提虚空，则先天神意做主，只是精神上一个激变，就把对方打了。如果想着怎么去打，用哪个地方去打，就落入后天肌肉做功，那就不是太极拳了。

孙式太极拳与杨式太极拳合论
暨武当一脉太极解密（29）
——孙式双撞捶学、阴阳混一学、无极还原学

杨式到这里接"进步搬拦捶"和"如封似闭"，不必再述。最后"合太极"。孙式还有一个"双撞捶"要特殊交待，然后接"无极混一"，最后以"无极还原"结束。

双撞捶

孙式 双撞捶 先将左足极力往前迈去，足后跟落地。再将两手轻轻上卷，手背朝上着，于左足往前迈时，同时用意拉回胸前一二寸许，两手相离二三寸许。随后两拳手背仍朝上着，如前边有一物，即速往前直着撞去。两胳臂似屈非屈，似直非直。心口对着斜角，两眼望着两拳当中，直着看去。右足于两拳往前撞时，同时往前跟步，足尖落地半八字形，与左足后跟相离一二寸许。左足于两拳往前撞时，满足着地。腰塌住劲，两腿皆弯曲着，身子要直着点，式微停。

这个双撞捶是其他门派没有的。这是孙公最后交待一下太极拳最根本的打法，就是"撞"。世人皆以为太极拳动手都是以柔克刚，四两拨千斤，这都属于被洗脑了。真正上阵杀敌哪容得你玩这些技巧？传统武术的打法，绝大多数就是这个"撞"字。"势如龙驹扯丝缰，谷动山摇一起撞"。中国人本身体型就小，要克服这个先天缺点，就要充分使用物理世界的规律，也就是冲量！体重加速度，身体瞬间启动，好像急速行驶的大卡车撞向一辆中吉普，不把它撞碎了不算完。而拳脚就好像卡车上绑着一个流星锤，连撞带甩带打，这一下上去得有多厉害？所以不是太极拳打不了人，而是练法和用法都不对。孙公这里返璞归真，把用法和练法都交了底。

阴阳混一

孙式　阴阳混一学　先将左手腕往里裹，裹至手心朝上，似半月形，拳与脖项相平。右手在心口处一二寸许，胳臂肘靠着肋。再左足于左手往里裹时，同时往里扭直。再右足即速往后撤，撤至三四寸许，落地成半八字形式。再左拳往胸前来，右拳于左拳往胸前来时，同时往里裹着往前伸去，左拳在里边，右拳在外边，两手腕相离半寸许。此时两手心皆斜对着胸，式不停，即将左拳往右手腕下边，往外挽去。挽至右手外腕，左手里腕，与右手外腕相接。腰再往下塌劲，两腿要弯曲。两手外腕，于腰塌时，同时一起外扭，两手腕与心口平。两手腕如十字形式，左手里腕，离心口三四寸许。左足于两手腕往外扭时，同时略往前迈点步，足后跟着地。此时右足作为全体之重心，两腿仍弯曲着，两肩及两腿里根与腹内，均宜松开。头要虚灵顶住劲，舌顶上腭，谷道上提，意注丹田，将元阳收敛于气海矣。

所谓"阴阳混一"，其实就是形意拳的"三体式"，此时孙公在这里创造了一个太极拳的三体式。何为三体？道自虚无生一起，便成一气产阴阳。阴阳和合成三体，三体重生万物张。这是顺行。所谓顺则死，逆则生。孙公这里则是逆行，也就是从万物张，逆反回三体式，然后无极还原于虚无道体。孙式太极拳的整个路子和形意拳是一样的。无极起式，懒扎衣那一转是含一气，那一蹲是太极，往前那一出就是两仪和三体，此后是三体重生万物张。到这里逆行回原点，阴阳合一即三体，最后无极还虚。请注意我说的这个"虚"字，是道家性命双修的最基础点。

孙式无极还原学

无极式

习拳偶得

无中生有与丹田内劲

　　孙公父子都说过一句话："内家拳是将人身散乱之神气，顺中用逆缩回丹田，由微而著，由少而多。"从后天人运动的方式讲，确实是将神气通过四肢散布出去的，表现为气血催动肌肉、骨骼的做功。前辈们写在书上的都是原则，可实际上练法并不一定真的如人想象。这句话看上去是在做加法，从无而有越来越多嘛，其实真正返先天的练法是做减法，这个所谓丹田会聚的理解就错误了。大概所有人都觉得要么是丹田集气，要么意注丹田，丹田真像个银行一样存钱越来越多，好多网上的功法也都是这么说的，其实是害人匪浅啊。孙公讲"有无不立有无并立"，道家讲"虚空之中能生万法"，落实到咱们内家拳也是一样。说是有，其实是无。说是无，其实是有。不返先天就无从证悟，在后天用脑子使劲琢磨，都是做加法，各种造作刻意，觉得自己有所得了，却不知道是自己给自己挖坑，最后一定会把自己给坑了。

　　还有句话是"力起于足，主宰于腰，形于手指"，这话也害人。后面两句的问题倒是不大，主要是第一句的"力起于足"，搞得如今练拳的人都认为发力要从脚下起，搞成跟拳击或者体育一样的蹬脚发力了。这句话的本意是"力根于足"，而不是说用足来发力。内家拳的发力中枢是小腹，也即是丹田，也可以叫腰胯。曾经有个学员来面授，专门跟我提出这个问题，我就盘腿坐在椅子上打了他一下，让他体会坐着和站着发力在效果上有没有区别，当然是没区别。发力的是小腹而不是双足。我盘腿坐在椅子上，这个时候身体的根就是臀部而不是双足了。你

说人悬空、双足离地能不能发力？其实也可以，但效果要打折扣。所以这个力根于足是指人身体与大地的争力。这个概念王芗斋说得很明白，发力就要有争力，而不是借力。最根本就是人与大地之间的作用力与反作用力。但是力不是从双足蹬地来的，而是小腹一气勃发内劲出来的。倒是有点像大炮点火，如果没有炮架子，大炮就散了，因为有炮架子，炮弹才能按照方向打出去。可炮弹的爆炸力并不来自炮架子，而是来自火药的激发。这么说可能就懂了。所以练内家拳最关键的是要返先天把内劲悟出来，有了一气之鼓荡，才知道丹田是怎么用的，才知道内家拳的发力是怎么回事，不然练来练去都是后天肌肉之力，跟体育运动就没区别了。

能够把拳道相合总结得这么明白的，孙公是千古一人。孙公当年走过的路，也是先把形意拳练明白了，然后又把八卦拳练明白了，出去游历三年并在四川遇见修道的隐士，彻悟道家先后天的理论，再回头去一看形意拳和八卦拳，无不洞若观火，明澈如镜。形意拳的创拳基础是河图学说。八卦拳的创拳基础是洛书理论。等到孙公开始研究太极拳的时候，从一开始就直入本质，所谓"太极即一气，一气即太极""有无不立，有无并立""全在当中一点子应用"。尤其是"这一点子"，网上各种解说。要是在后天有为里头去找，找来找去都不对啊，那是人返先天后自我本能中的一点生机。内家拳这个拳道相合，有点像禅宗悟道，讲究机缘巧合，可这个机缘之前实际你已经做了太多的功夫，唯独就是脑子没转过来。同样一句话，放在别人身上就不好使，恰好我就在这个关节上，明白的老师看学生看得都明白，一句话就过了万重关山。懂了才知道自己以前的肤浅，以前的都是胡思乱想，非得身心合一转变了，才叫真化脑子。

百分之七八十的功夫要从桩里头出，无极桩占了很重的一头。一开始站无极桩是为了返先天接续无极本体，同时为混元桩打基础。再往深里去就是体现洗髓经的效果。继续深入则至虚至极，深层次的东西

都要通过无极桩给引领出来。作为一开始入门站的无极桩，确实是"始有毫厘之谬、终有千里之误"啊。凡是练进去的，无不对无极桩深有感触，进门前各种想法，进门后才知道远不是那么回事，等自己慢慢练进去了，也得了好处，才知道先天大道岂可随意思之得之？所以释迦牟尼讲"不可思议"，要是能"思议"的就都是后天瞎琢磨。所以不管你以前练过这个练过那个，都得先把脑袋空一空才能学到真东西。其实也不是把以前学的都扔掉，只是暂时放下而已，等你把先后天都看透，那个时候回头看，才知道哪些是对的哪些是错的，就会正确地取舍了。所谓"皮之不存，毛将焉附？"

烦恼即菩提，翻过来不就是智慧？人就怕颓唐，受外界气候气氛影响到自己的五脏情志，变得不思进取郁郁寡欢就要不得了。人啊，越是不得志的时候越要去找事干，而且还要有个不求索取、不计报酬的心才行。更何况只是小小的不能出门？《逝去的武林：1934年的求武纪事》中有个场景，尚云祥一位朋友得了很严重的疾病，来找尚公想办法，尚公倒也没说什么。等那人走了，李仲轩问，尚公才说这种人只要去读读书，也不要具体去想什么意思，就能有所帮助。李仲轩当时是不懂啊，问为啥呢？尚公说他看小孩子在家都调皮，一进学堂念书就都有了一股振作之气。完事还补了一句：我是瞎想的！其实尚公这个是会意，先天上神意的体会，是没错的，跟我让大家念经不求甚解是一个意思。从这些话里大家也能知道，真正的内家拳乃至传统武术并不是官面武术、商业武术那个样子的。内家拳又岂止是站桩、打拳、念经书啊，明白的老师只是不告诉大家而已，让大家跟着傻练，等你激发了般若，自然就明白了老师的用心。当然，凡是进步慢的，就检讨一下自己是不是想法太多？脑子太复杂？过去的有形有相扔不掉？有没有真心诚意地做到老实听话不琢磨？

老一辈人都有自己的传奇。孙公要不是那天凌晨正好有人路过树林把他救了，就没有如今我们可以借鉴学习的孙氏武学了。尚公要不是

在村里碰见走镖路过休息的李存义,也不会走进形意拳的殿堂,成为一代宗师级的人物。功夫没有骗人的。比如对身体的再生长的打造,眼见着自己体质、体能的不断增强,然后就是筋骨不断强健上去,身材越来越强壮,这些都是看得见摸得着的。强壮到一定程度,普通人打你几下就跟挠痒痒一样,你给他一下他就得躺地上。功夫不会骗人,你身上练出什么来都是实实在在的,有没有真东西自己心里头有数。到咱们这种筋骨的强度和密度,普通人的身体都太柔弱,在身上摸一把他们都受不了,遑论拿指头去掐他们。可能有人问,为什么尚云祥是个胖子?这个只能说是家族遗传基因如此,有的人天生就胖,不过可不耽误人家里头的钢筋铁骨。你看东北虎胖不胖?熊瞎子胖不胖?人家那个筋骨厉害不厉害?所以看问题不能只看表面。

　　只要是哺乳动物,运动能力或者说攻击能力的生理基础就都是筋骨,所谓筋强骨壮。所以中国武术有易筋经,西方体育是练肌肉的,就没咱们这个东西。咱们练筋,他们练肉,但是他们有利在坯子大、先天条件好,所谓身大力不亏,本力强大。咱们中国人坯子小,就要通过转弱为强。几千年的总结进步,到今天集大成的就是形意拳。不光是易筋经和洗髓经在里面,河图的理论在里面,还有过去千百年前辈们战场厮杀总结出来的最有效方法。其实也没有旁的,就是把自己变得越来越强大。动手的时候你一上去,对方反应不过来,反应过来也接不住,挨上一下就完蛋,传统武术就是这么回事。除此以外的都是衍生产品,可以赏玩、把玩,但是不要用到实战中去,不然是要吃亏的,如今这样的例子太多了。

打太极拳如何能提高免疫力

有专家建议群众多打太极拳。西方医学界也承认，中国的太极拳对治疗慢性病有帮助。全世界打太极拳的人估计得上亿，那么怎样打太极拳才能正确地提高自身免疫力呢？

1. 要安静。平心静气，这是最根本的。不管风吹雨打，我自岿然不动。总是那么从容淡定，如一泓秋水波澜不惊。打太极拳，核心的就是个静字。真能静下来了，天一之水、也就是间脑下来的玉液源源不断，那么就是练到了。

2. 要慢。太极拳全是返先天，借后天之形不用后天之力。后天之力，就是大脑思维指挥肌肉做功。让你慢，让你不使劲，就是不让心肺消耗。

3. 自己练自己的。坊间最常见是一群人听着音乐练太极拳。须知每个人生理不同，气血运行的节奏也不同，用一个节奏来强制所有人服从，就变得机械了，脱离了生命的本真。

4. 架子要小，尤其步子不能大。平常散步走路那个距离就正好，再大就损伤筋骨了。小步子，小架子，手臂也不能伸太长，手与身体的距离就像你平常拿着书看的那个距离。这样的胳膊、腿是最自然的生理状态。

5. 打得烂熟。打熟了，和吃饭睡觉喝水一样成为本能，你就不用想怎么打了，你只管享受安安静静。

6. 不要打太多。多多益善这句话是毒药。打拳要生活化，有空就打打,但不要一次打太多,始终要留有余兴,则精炁不堕。过了,累了,就走向反面。时间少,打几式也可以,时间富裕,打两趟就行了,不要一次超过三趟。形式,也是毒药。打完了要闭嘴别说话,溜达溜达散散心。溜达时也要安静。

7. 免疫力的根本就是气血旺盛。普通人随着年岁增长,气血越来越衰弱。平常的生活状态,疲劳、减肥、熬夜,也都会降低免疫力,因为这些行为都在消耗身体里的阳气。太极拳练对了,就是把阳气升起来,气血就旺盛起来了。所以还要吃好睡好休息好,健康生活。

8. 练太极拳强身健体,提高免疫力,但不是可以求来的。按照规矩做到,它是自己来的。切切!杨、吴、武、孙这些架子都可以练。学练个七八式就可以,关键是要静下来。杨式要把步子缩短些,其他无碍。

内开，内动，内通

我们内家拳练出了功夫，身体的变化就像老虎、豹子那样，就是颈、背、腰、臀部肌肉发达，胸腹部没什么发达的肌肉。大家看老虎、豹子、狮子走路，屁股一耸一耸的，从头颈到屁股一路的肌肉都非常发达，唯独胸腹部几乎没什么肉，连皮都是耷拉着的。为什么呢？猫科动物都是用后头不用前头，你用的多了，身体自然而然就会用进废退进行发育。包括犬科动物也是如此。尚云祥不是说过吗，后背像熊瞎子蹭痒痒那样一动，就把人打飞出去。这是内家拳进阶之后的必然阶段。再往高级阶段走就是先天神意一动，人就飞出去，但做功的身体部分仍然是后背。

肌肉是跟随着功夫自己长出来的，但并不是做主的，做主的是大筋。从脑后一直到尾椎骨，大龙旁边的两条大筋才是主角。一开始明劲的时候不太明显，必须练到暗劲，全身的筋都练得兜在一起，再往下深入，慢慢地两条大筋就出来了。这个时候你走路就不是普通人那样迈步出去，而是两条大筋带着身体一窜一窜地出去。同理，你往上蹦的时候，普通人是两条腿的肌肉使劲，而咱们就是两条大筋连带着腿上的大筋，好像拉猴皮筋那样弹起来。为什么后背看上去像个扇子面那样呢？其实不仅只是背面。普通人锻炼只能练一个方向，或者前后方向，或者上下，或者左右，而我们是360°的整体一块练的，也是一块发展发育出来的。我们不做功时跟普通人一样，只有一气发动、全身鼓荡时才会瞬间膨胀起来，如果配合上神气，就和庙里的四大金刚差不多。人家那

个是纯道艺，咱们这个是武艺，但骨子里都是无极和一气，走的路子不一样。

之前也说过好几次，如今练拳的有几个误区，一是胳膊腿拽着身体走，这是典型的后天神经肌肉做功；二是练得硬，使劲练，发力练。练拳首要是返先天，就是回归到如同虎豹的动物本质。虎豹都是丹田也就是小腹驱动，或者说腰胯驱动。老虎、豹子走路都是屁股一耸一耸的，就是腰胯那里在做功。有形有相是腰胯，无形无相是丹田。动物都是本能，因为人家没有后天，纯粹先天，也不用返先天。咱们人类绝大多数时间都在后天，不返回先天，本质就都是后天肌肉上的气血之勇，连个二三十斤重的狗都打不过。返先天之后对身体的改造，一个是"开"，另一个是"通"。开，就是打开所有的筋骨，特别是骨节。这个生理上的过程，首先是开胯，然后开肩，最后开全身骨节。开了之后，全身的筋才能练到一起，不然一部分筋被封闭的骨节束死了，身体就永远形不成整体，自然也谈不上易筋。通，就是以小腹丹田为驱动，通过"三催"把身体内部的运动机制打通。这个基本就是返回虎豹的运动本质。我让大家去看动物世界，观察虎豹的行动，人家都是身体里头在蠕动，不像人这样是胳膊腿带动，虎豹的这个就是内动，也就是"三催"。凡是找到三催把身体内部练通了的，都告诉我极其美妙，打拳很多年从来没有感受到这么美妙，飘飘欲仙、乐此不疲了。要不然呢？在后天就是胳膊腿带着肌肉做功，越练越累，消耗着练，毫无生趣。

其实呢，动物都是在化劲的程度。人家是先天本能，永远是一气催动，一动内外都是合着的。而我们人气血筋骨膜肉皮、五脏六腑都是分散的，各干各的事，形不成合力。所以内家拳要返先天，一步一步整合身心，从散走向合，把身体整合了，同步对身体进行改造，打开、打通，而后筋骨膜气血皮肉、五脏六腑同步发展、发育，这条路子才是正确的路子。有句话叫鞋子合不合脚只有自己知道。有没有功夫自己不知道吗？我也走过大家走过的道路，没悟到先天本质，没有掌握正确练法之前，也是一样使劲练，刻苦练，每天一练七八个小时，打劈拳一次两千个。可是有用吗？练着练着自己就犯嘀咕，这么练对吗？有用吗？可是真东西什么样自己又不知道，所以仍然是一味傻练。大约我之前研究佛、道两家，所以下的傻功夫也得到了一个成果，就是打拳站桩能入定，但是仍然觉得这不是功夫，因为这东西很客观，你跟别人一上手，你还是那个原来的你，功夫何在啊？如人饮水，冷暖自知！

先天为体，后天为用，身体就是后天的载体。功夫上路了，身体就开始变化，这都是必然的。

长功夫的次第

首先得知道功夫是什么？本质上功夫也分先后天。先天就是把握一气，也就是内劲的能力。后天就是身体的再生长，不断强大上去。

对一气的把握比较虚无，因为本身内劲就是无形无相的东西，它是通过身体这个"器"来展现功能的。就好像磁场、电场看不见摸不着，但是可以通过铁粉的排列来展示其作用。一气和鼓荡是先后天的并生，当真正把握了一气之后，鼓荡自己就来了。别的门叫"虎豹雷音"，也有叫雷声的。也就是说，当你真正把内劲练出来了，身体也就自动地产生了鼓荡。这是一个重要的功夫次第。如果内劲还没有，一气不知道是什么，却会鼓小肚子，那是后天肌肉和思维上的故意造作，是当不得真的。

对于一气，也就是内劲的把握程度因人而异，有的人快，有的人慢，慧根深厚的就容易。后天上刻意太重的，比如爱琢磨事、爱动脑子、心事多的就费劲。所以学拳头一件事就是要听话，不准瞎琢磨，等功夫上身了，自己得了好处，才知道老师的伟大。

我把握一气相对还是挺快的。因为我在见李老师之前，打劈拳还是站桩都已经做到入定的程度。我第一次见李老师就给他打了一个劈拳，瞬间入定，李老师看在眼里，就把一气解说给我了。我还记得当时的场景，李老师说，你这次来就搞明白一件事，就是一气。然后打了个劈拳，让我看清楚鼓荡是怎么回事，而后又教了我一个窍门去体会一气。当时说完我就恍然大悟了。过去十几年搞易筋搞禅宗，这个武那个术，瞬间就有融会贯通的意思。为啥呢？因为这个世界上几乎所有搞功夫、搞学术的都只在后天上，大多数人都不知道还有个先天。就好比研究周易的，不管是专家还是教授，都是在用后天思维琢磨周易讲的是什么，可实际上人家那些东西是先天的智慧之学，用后天思维是无法揣测的。当你真的彻悟到先天，很多过去似是而非的所学瞬间就找到了最终答案。其实我要是把过去做研究的十几年也算上，还真不能算快，之前都是给之后打基础的。

　　先后天好像坐标轴，中间是零点分界线，左边是先天，右边是后天，几乎所有人一辈子都在右边自我磋磨，而我们要往左边去，是为逆反回真。先天为体，后天为用。这个体，百姓日用而不知，百姓知道的只是后天的用，看得见摸得着他信，看不见摸不着他不信。为啥呢？眼、耳、鼻、舌、身、意嘛，被六贼牵着走不明就里啊。返先天就是要脱开六贼，用智慧来觉知。后天是神经思维做主，也就是六贼的联合作用。先天则是般若智慧做主，所谓不思而得。所以我让大家返先天，方法也都告诉大家了，老老实实照做，等你真的返了先天，智慧出来了再回头一看，才知道当时自己是多么肤浅乃至愚蠢。

　　当你真正彻悟先天，把握了无极和一气，所谓东西方圣贤的说法，几乎就没有不明白的了，就是有不明白的，也是当年的文字现在实在是看不懂。六祖回乡点化一位女居士，当时那人在读《大涅槃经》，她本人看不懂，就让六祖解读，六祖说我不识字啊，你念给我听听。当时这女居士还挺纳闷的，不识字还会解读经书？结果她把自己不懂的一念，六祖马上就给她正解，刹那脉解心开佩服得一塌糊涂。故文字般若只是手段，不是佛法本质。南怀瑾先生说自己是贡嘎活佛的弟子，活佛传了他一个"呸"，南先生说是大手印的无上密法。之前我说显就是密，密就是显，密宗真的没什么玄妙莫测的，不过是方法上有所不同而已。这个"呸"跟你冷不丁打人一个大嘴巴子，把他瞬间打愣了没啥区别。世界上本就没什么密法，都是方法手段而已。

回到功夫次第的话题。后天身体的强大是另一面。先天为体后天为用，先天就是无极和一气的把握，同时在后天催发身体的再生长，让自己变得越来越强大。其实武术打人特别简单，就是两边一个对撞的事，功夫大的欺负功夫小的，真没有那些高术莫用，有也都是相对的、有条件的。比如我说变化是高级阶段，但真正到了最高层就无所谓变化，大道至简，人家简简单单一下你来不及变化，你也接不住，没办法，这就是功夫大了不讲理。先天觉悟再深，也要靠后天这个身体去打人，所以先天为道艺，后天为武艺，孙公禄堂讲先后天要相交，必须先后天合一才是真艺。你伸手对方接不住是硬道理，如今看到更多的是一点功夫都没有，两人互相逗弄着玩遛来遛去的，这要在过去真打实凿，已经死好多回了。

身体一开始的变化就是觉得哪哪都别扭。别扭是因为内外不合。因为人在后天生存，内部气血运动与外部肢体活动是分开的，而咱们这个拳强调的始终是六合，练的就是六合。为什么五行拳都是顺撇呢？好多人一开始练劈拳特别的不得劲，因为你平常不是顺撇，一下子让你顺撇你当然不舒服。这没啥可说的，就是从肢体动作上先合，然后内外再合，内外合上了慢慢就顺了。所以我常说一开始练拳不能使劲练、猛练、多练，因为你哪哪都不合，这个时候使劲练等于吃毒药，对身心是有伤害的。等到内外和顺了之后才能循序渐进地多练。可实际上公园里的武术、群众体育的武术、官面的武术，哪一个不是从一开始就多练苦练的？练出什么来了？练二十年毫无所得，练得狠的还把身体练得早衰了。

找到明白人太重要了。孙公禄堂说始有毫厘之谬，终有千里之误，就是这么大的差距。无论是从无极桩、还是劈拳，真正的练法都不是外头人所能想象的。这里边一系列的关窍，一步一步设计得非常精妙，差哪一点都不行，而且必须是口传心授。光是一个无极桩，刚开始站的关窍就有五六个。一开始练劈拳不能多练，因为规矩没上身，练多了有害无益。这还只是初步的。次第下去身体各种变化，比如有的练到一段时间身体受了益了，自己也信心满满，突然就走下坡路了，越练越别扭，比一开始还要别扭，吓坏了跑来问老师。这就是老师的重要性，因为当老师的都经历过了，自然会告诉你是怎么回事。如果当老师的自己都不知道，那就是骗人害人。这时候就是一句话，告诉你该怎么办，然后照着练去，慢慢地轻舟已过万重山，就进入到下一个次第了，身体也就又上了一个台阶。

功夫初步的身体变化是别扭，等功夫深了的次第，真是跟得病差不多，这一点李仲轩说的一点都没错。我还记得他说的，身上的肌肉到处突突，然后突突得手指头缝里都长满了肉。其实突突只是变化的一种，还有其他变化，每个人的生理都不一样，变化也就因人而异。但是随着身体的逐渐强壮，肌肉就会越来越厚重壮实。肌肉都是自己长出来的，而且是全方位的。比如手掌越来越厚，十个手指头上都是肉，手指肚跟算盘珠似的饱满。佛教的画像里头，菩萨的手也是那样，饱满得跟藕节一样，有心的可以去看看。没有说佛菩萨的手跟芦柴棒似的，手似干姜那个是气血太虚，那个不是正经道艺的成果。最简单的原因，就是后天气血旺盛，因为肉赖血养，气壮血旺，自然肉就充足丰满。

为什么长功夫身体会像得病呢？这是因为随着功夫的深入，身体的变化越来越快，越来越大，身体各部分组织细胞分裂的程度打破了原有身体的系统状态，所谓大长若病，给人感觉就是哪哪都不舒服，像得病了一样。所以身体任何感受都不要管它，因为都是假的，不过是五阴的自我造作而已。要脱离开这种感受，最起码你别搭理它。至于说具体的应对办法，则需要老师有针对性地解扣。但是也不要以为得病就是长功夫，这个自己心里要有点数。得病的人身体虚弱，我们这个虽然像得病，但身体如龙似虎，一定要分清楚，不然耽误了治病就不好了。在没有真正地体证无极和一气、把般若智慧激发出来以前，只要一动心一动脑子，就都是后天刻意造作。你要是想点酒色财气倒无所谓，这些本来就是后天的，唯独这内家拳学是没法用后天思维来揣度的，一想就是错，想多了就是给自己挖坑。一开始刚入门爱琢磨的毛病不好改，老师是千叮咛万嘱咐，偶尔还要棒喝一下。等功夫有了进步，身体有了变化，又被感觉感受带走了，喜不滋地来问老师。进步是对的，但把感受感觉当回事就错了，所以也是一顿棒喝。那些被棒喝过的，走过来就有了更大的进步。

习拳偶得

学拳误区ABC

偶然看到李小龙当年一位姓梁的师弟写的回忆文章。他和李小龙是同学，也是喜欢练拳打架的主，听说李小龙能打，就和人家约战，结果还不知道怎么回事，就被李小龙打得满脸是血。后来又约了两次，都是输得很惨。然后李小龙就带他去见叶问。历史的场景也挺有意思。他说第一次见叶问，是个黄瘦枯干、郁郁寡欢的人，平常也不大愿意直接教学，都是让前面的学生代教。叶问让他打打以前学的拳，结果刚打了几势叶问就喊停了，说不用打了，你这个都是自己跟自己较劲的拳，不是能打人的拳。叶问的这句话很有水平，最起码知道打法是怎么回事，自然传下来的练法也很有针对性。

南派拳法里很多都是自己跟自己较劲的拳，说白了就是后天肌肉上做功，做功太大了于身心无益。南拳王某先生也是走得很早，为什么呢？因为做功需要心肺支持血液的输送，和练健美是一个道理。心肺消耗大了，心肺负担重了，是要减寿损命的。这样的例子数不胜数。后天上练得太大还有一个巨大的隐患，就是容易造成肾水枯竭。在用时，肌肉上做功的日积月累，使肌肉形成了记忆，一动手缺乏变化，基本都是挨打。所以叶问这个话说得真不错，他能当佛山的保安团长，毕竟也得有点水平。借着叶问这个故事，就说说我看到的、我经历过的学拳的误区。

我16岁开始练武术，一开始是从少林启蒙的。为什么是16岁？因为人只有16岁以后筋骨才齐全，之前就是筋骨未全，练传统武术会影响发育。因为我们练的是筋、骨、膜，并非西方体育那样只是运动型的肌肉做功。当然了，如今的官面武术基本也都脱离了筋骨膜的宗旨，变成体育运动式的体操，孩子们浅尝辄止倒也无所谓。只是脱离了整体的系统单独拿出来的套路练习，尤其是对关节还是有损害的，所以凡是有家长希望教孩子练内家拳的，最好等孩子16岁以后再练。不然就是害人，尤其对孩子的伤害更要不得。孩子处于身体发育的时期，适当进行体育锻炼能够促进发育，像游泳、慢跑，以及一些舒展身体的运动，比如篮球、排球、网球都是可以的。

孙式内家拳的功夫，是从站桩开始入门筑基的。别的门只有混元桩，唯独孙公加了个无极桩。无极桩一开始是为了返先天，等到功夫深入了就是对筋、骨、膜、皮肉的全面改造，此非过来人不知。混元桩初步是为了旺盛气血提升体质，功夫深入了就是把丹田养出来。丹田出不来，就都是筋骨上的功夫，丹田出来了之后就如虎添翼了。孙公和薛颠在拳谱里都说过，把小腹放在大腿根上，这句话的意思就是在用丹田。丹田出来也只能算初步功夫，一开始的时候筋骨是筋骨，丹田是丹田，再深入就是筋骨、丹田合一，两家变一家，就能体会"周身龙虎任横行，霹雳一指万人惊"了。此时就不是练拳，而是作拳。打任何拳式都是对身体功能的无限放大。

与丹田同步来的，就是丹田鼓荡，别的门叫虎豹雷音。李仲轩不是说，到这一步决定了人的成就，随着雷音看境界嘛，其实就是看返先天把握一气的程度。返先天程度越深，把握一气、也就是内劲的能力越强，自然功夫越大。丹田鼓荡是自己来的，当你体证了无极，把握了一气，鼓荡自己就来了。也可以说是人类一种兽性功能的回归。到这个时候，你可以到动物园里去试，有些动物你到它身边就会起反应。因为在兽性的本源上都是相通的。平时遇见遛狗的，有些大型犬老远看见你过来就趴在那儿不动了，那是从兽性上对你的臣服。一般而言动物都有鼓荡，猫科动物比较明显。

　　练到这种程度才知道天高地阔，也就可以隐约看见前辈高人们那么大功夫的缘由了。至于最后能达到什么成就，也只是往空空静静深里头去，来也都是自己来，只管耕耘，莫问收获。如今社会上的拳法练习，形意拳首先是站桩上从三体式开始。三体式站桩也不是不可以，首先你神经得够粗，能把肌肉酸痛这关熬过去，然后再返先天出功夫。如果只是为了提高肌肉的持久力，无论养生还是技击都毫无益处。形意拳或者说所有的内家拳，返先天都是第一步，不返先天，功夫就无从谈起。如果从返先天的角度，三体式远远不如无极桩和混元桩。有人觉得练肌肉就是王道，借用刚才叶问那句话，练肌肉都是自己和自己较劲，不是技击实用之学。

　　我们是练和用筋骨膜的，在先天一气的指挥下，肌肉跟着筋膜走，所谓"意气君来骨肉臣"，肌肉是处在一个从属的地位上。但凡练肌肉就是错的，主动用肌肉也是错的。我常举一个例子：再结实的肌肉，用刀子一拉就切开了。同样的刀子，你去切牛筋试试？是肌肉推着骨头打人厉害？还是筋拽着骨头打人厉害？不言而喻嘛！站三体式非常辛苦，但最后走的还是无极桩和混元桩返先天的路，所以过去老辈人是不站三体式的，只是学生不开悟，领会不了先天，才让他去站三体式。执着于后天的人非得吃点苦、受点罪、弄点有形有相的，他才觉得是真理。比如齐公博，孙公今天教了他一式，过几天就忘了，再教还是忘，没办法就让他站三体式，一站三年反而觉悟了，后来被人称作"活电瓶"，跟人动手一接对方就飞出去。这就是我说的先后天也就是筋骨膜和丹田合一了。不过没有几个人能下到齐公博的笨功夫，大多数人都是半途而废，少数人倒是能支持下来，但是不得先天真传，不知道桩到底应该怎么站，最后也就是得点强化心肺功能的好处。

　　站桩说完了再说说练拳。谁都知道形意拳要从劈拳开始练。很多人练劈拳，都是胳膊腿带着身体走，这就是始终在后天神经指挥肌肉做功上。先天动物的本质都是腰胯驱动身体，我管它叫虎豹驱动。我们练在先天，用也在先天，身体上不返先天是不行的。所以内家拳练拳第一步要找到丹田，使用丹田，而后通过丹田内动找到"三催"，把身体内部打通，而后才能在拳法上慢慢回返先天出功夫，身体里边也才能起变化。大家可以观察普通人走路，都是用脚拽着身体走的，所以走路多的人伤膝盖，普通人拿东西更是如此，都是膀子上的劲，普通人打架也是看谁膀子粗拳头大，这些都是后天的形态以及肌肉上的消耗。这么练永远出不了功夫，练大了还会加速生命的消耗。

还有就是练拳使劲或者发力的。老虎、豹子没事练发力吗？人家从小到大都是从打斗游戏中学会捕猎的。既然是打斗游戏就是仿真。凡是家里养过狗狗的都知道，狗狗和你开玩笑，有时候会咬住你的手，但并不是真咬，而是含着劲不真发力。同样道理，猫科动物、犬科动物练习捕猎的游戏，也都是形态上逼真，但力量都是含着的。关于含着劲练拳的道理，我在书上以及平常的文章中反复提过。李仲轩用庖丁解牛来做比喻，这个也非常对。一般而言，这个也是练法的秘密。平时是不练发力的，因为发力的训练会伤害心脏和大脑，同时形成记忆，一动手就使不出来了，因为缺少变化。平时自己门里人比划看不出来，你跟专业的搏击运动员比划，马上就能看出来，一是速度慢，二是缺少变化。形意拳在发劲的具体实践上只有一句话：束展之下一命亡。

再说说用。一句话，"练有形，用无形"。真动手时千变万化，我们只是依仗原则让身体在先天自觉变化而已。平时练得规规矩矩，一动手时没有任何规矩。郭云深动手就是崩拳，但绝对不是标准的崩拳架势。一出手就是自己几十年功夫积累的集中体现。看着是崩拳，但里边可能还有马形，还有蛇形。可能是斜着打的，也有可能是钻着打的。首先是快，这个快不是做出来的，而是反应出来的。李仲轩不是说形意拳练的就是个"敏感"嘛，这个敏感是先天的自然反应，好像急刹车，而不是后天刻意做出来的身体动作。因为你在先天反应，所以要超过后天身体运动速度几秒钟。先天敏感的反应带动身体变化只有0.6秒。好像踩

急刹车，瞬间踩住了，过几秒钟主意识才回来。前头那个自己出去的是先天，后头那个才是后天，先后天对比要差好几秒钟。所以练拳不返先天全无是处。返了先天，敏感有了，要跟身法结合起来，是一不是二，遇见事才能瞬间启动，所谓"起如风，落如箭，打倒还嫌慢""火机发而物落""人被打而不知"。只有瞬间反应沾上对手，才能谈得上打倒还嫌慢。接下来的一打，就是筋、骨、膜联合作用，筋拽着骨头像拉弓放箭那样，在先天神意的指挥下，刹那透入对方身体，毁坏其脏腑组织。

最后说说我理解的意拳"四形"。大约是前年，我写了一些关于意拳的体会文章，有朋友约我谈谈对"四形"的理解。就我个人的认知，王芗斋先生的功夫是从混元桩里悟出来的。我是在混元桩里培育出了丹田，而后出了爆炸力后，从站桩的双重姿势转变成技击的单重姿势，瞬间就理解了芗斋先生的创拳本意。一切的出发点，都是培育出丹田内炸。而站桩达到的四如境界，就是意拳体系对筋骨的锻炼。二者合一，也就是我前边说的先后天合一、筋骨膜与丹田合一。当然这只是意拳的体现，而非形意拳的体现，二者有相通之处，也有较大区分。关于"四形"具体的应用方法，芗斋先生已经说得很明白了。关键是核心的丹田培育和做功。混元桩必须把丹田培育出来，而后出现全身内动，也就是薛颠讲的"以神意慢慢舒展四肢增长力气"。这时候的境界，身体内部会出现极其细微的蠕动，在这种内部蠕动的状态下，再去理解"四形"就非常容易了。无论是腰胯的起伏开展、大龙的抻拔曲直、身体的悠然蜿转，都是在先天状态下身体自然呈现的束展变化。而这种外示安闲、内示空静的状态，就会体现内家拳以静制动、后发制人的先天本质。

内家拳的修炼与儒释道三家

《逝去的武林：1934年的求武纪事》中李仲轩讲，形意拳，尤其是形意拳的桩，对肾功能的强大有着独特的作用。肾强大了，脑子就好用，因为肾连着脑，连带着眼神、听力也都厉害，所以动手时往往能先人一步。没学到真东西的往往觉得神奇，其实也就是肾元或者肾阳旺盛的事。这几年跟我学拳的，第一步的身心变化，就是肾强大起来。年轻人就不用说了，四十岁以上乃至五十多岁的，都是首先恢复晨勃，晨勃恢复了，说明肾阳回到了年轻的状态，这是非常科学而客观的生理现象。再往下走，肾气越来越强，后半夜也会出现勃起。如果不用我教给大家的活子时采药法，就会很长时间坚挺下去，睡也睡不踏实。有人觉得胀得难受，其实是好事啊，阳气旺盛充沛，多少人花钱买都买不来，你们这么容易就得了，还不躲被窝里乐一下？一笑！

人不管睡多深，只要勃起就会警醒。为什么呢？因为人睡眠时六根都休息了，神识无有依靠，所以就被习气欲望的种子带着，在五阴交织的幻境中游荡。过去的以及最近的种种所为交杂在一起，就是晚上的各种梦境。这种梦境里人是做不了主的，和人死后中阴身的境界一样，因此六道轮回里投胎也是做不了主的，能做主的是你有始以来习气欲望种子的积累。但阴茎自行勃起是生理功能的恢复，游荡的神识马上就恢复了六根的功能，所以人就能警醒。佛家管六根叫六贼，眼、耳、鼻、舌、身、意，它们把先天的元神分化带跑了，而且是一去不回头，就此进入轮回的流浪。因为后天在酒色财气中的种种消耗，造成"色受想行

识"五阴境界，使人无论白天黑夜都在各种自造作的五阴境界中不可自拔。所以人也不光是晚上做梦，白天也一样，只是白天的梦是自己主动去做的。也就是我常说的瞎琢磨。

没有明心见性之前，人都是被六贼牵系在五阴虚境中瞎转悠。我常说别动心，一动心就错。但凡走过来、返了先天、激发了智慧的都能明白是怎么回事。只要是在后天神经思维做主里头，你就脱逃不出六贼和五阴的牵绊，你以为自己能做自己的主，其实你只是个傀儡，能做主的是你自无始以来积累的习气欲望。要么被情绪带走了，要么被欲望带走了，要么就是没完没了的瞎琢磨，在想阴的自我幻境中执迷。就是睡个觉能消停点，可还是自己做不了主，梦里仍然是酒色财气各种故事。所以人因为受一气之全，反而有了个后天，就把自己缚死了。不管是六贼还是五阴，你在后天的执迷里边是看不清楚自己的，唯有返先天以后真正跳出来了，回头再一看原来的自己，才知道释迦的说法是一点也没错的。所以佛门讲"不见本心修法无益"，就是说的这个道理。我都已经证到了，所以给大家报告。等大家将来也返先天逐步见到本心，也就都能见证到这个真理。什么叫证到？不是用脑子想的，你只要用脑子想，就是在想阴里边瞎胡闹，那都是假的。如今社会上鱼龙混杂，绝大多数人自己辨别不了真假，很容易被忽悠，就觉得有道理啊，如何辨别？就是要看果嘛。不管是哪个大师，你看他自己的性命成就，这是造不了假的。因为身心会一体变化，你往先天返回去多少，身体也自然会变化多少。说佛祖身相有32种好，道家也讲气色非常，不可能越修炼这人长得越蹉跎。

一个六贼，一个五阴，要脱开了你的修行才有实际成就。其实谈成就也有点问题，为道日损损之又损，最后无非是极至虚无。孙公讲，不管是神仙佛祖，无不保有其极，说的就是这个意思。佛家就是从心性入手，真把六贼脱开，做到六根大定，下面才能算真正入门。道家讲性命双修，坎离交会，复乾坤本来面目，所谓九转还丹，炼之又炼。道家只

是比喻，其实也是讲心性。这个心性不是后天思维，而是先天的本心，也就是虚无一气。把握了这个，佛家讲见到了本心，道家讲转乾坤逆反回真后一点先天真意，后面的工作无非就是脱开六贼以及化掉五阴而已。其实佛家无所谓显密，显就是密，密就是显，只是方法上不同，里面的本质一样。谁要是觉得密法就高级，那就还是在五阴里头自我造作。

把道理说完了，回头讲我们的内家拳。普通人白天忙了一天，后天的阳气消耗殆尽，需要通过睡眠这种休息的方式来以阴补阳恢复阳气。睡眠这种方式是被动的、缓慢的，与天地阴阳要互相配合，所以一般都是清晨时分也就是卯时，天地阳气充足，人身体里的阳气也恢复到一个较高水平，卦象上就是雷天大壮。此时不管是天地还是人的身体里边，阳气都超过了阴气，这时候人就自然醒了，身体从中阴的零点向阳气充沛的一个大爆发，年轻人就会出现晨勃。阴茎勃起是因为血液上去充满了，像打足了气的轮胎。血要靠气来推，气壮血旺。而这个气的根基在肾阳。所以人随着年龄的增长，肾阳慢慢亏了，就会出现肾气不足，自然晨勃也就慢慢没有了。反过来一推，我们就是首先通过接续先天，把肾阳补充回来，自然也就使这一路气血充足，晨勃自然也就恢复了。但我们这个是主动的，所以肾阳越来越充足，超过了人正常生理的状态，所以子时以后天地阳气一动，身体里就跟随着多次勃起。这时候就得转化，不转化就使用到性行为上去了。我们修的就是这个元阳，来了之后首先显现在肾功能上，那么及时转化成气血滋养身心，才能实现逆反回真和逆生长。

我说的这些都极其客观真实的。天地宇宙间本来就没有那些奇奇怪怪、不可理解把握的事情，理解把握不到，是人类的见识和能力不够。人作为生命是从性欲来的，性成熟后阴阳二气分开，心气上行支持大脑，肾气下行支持性功能，于是日日使用逐渐消耗，就是人这台机器逐渐变老的原因。佛、道两家都是往回走的，所谓逆反回真。你知道顺中行顺是往衰老死亡了去，那么倒回来不就是往长生久视去吗？就是做不到长生久视，我们活得健康长寿一些不也很好吗？大家都不得病、少得病，国家每年得省多少医疗费？人民得少遭多少罪？得提高多少生产力和创造力？尤其是搞科学研究、搞理论研究的，要是懂得一些先天的道理，激发了智慧去研究，我估计中国科学界得诺贝尔的几率才能大一些。钱学森先生曾经问国家领导一个问题：为什么民国时产生了那么多大师？而新中国之后就鲜少见到了？大师是需要智慧的！

孟子曰："食色，性也。"人自生下来就要吃喝，几天不吃不喝就饿死了。长大了就要繁殖后代，不然人类就要灭绝。这是道体衍化万物，进入阴阳形态后自然造就的，本来就是如此，没什么道理可讲。其实还有第三个，就是休息。人要是不会休息，也活不了几天。睡觉是休息，打盹是休息，就是累了闭闭眼、脑子静一静也是休息。所谓精满不思淫，气满不思食，神满不思睡。练咱们这个拳有这些好处，只是因为内家拳合着道，从佛、道两家而言，恰巧成为了它们的一个修行法门。有向上一路，所谓形而上道义；有向下一路，形而下武艺。武艺、道艺不可分开，道艺决定着武艺，武艺彰显着道艺。道艺就是逆反回真，使人重新生长越来越强。

肾功能首先强大起来，因为肾是先天之本。如果不是肾首先强大起来，就不是正路的道艺，道艺唯此一路，没有第二条。肾强大起来之后，首先体现在性功能上，这也是极其客观真实的。因为老天爷就这么安排好的，道体就是这么衍化的。关键是这个功能强大起来以后怎么办？绝大多数人都是在常人的本位上，希望身体健康强壮，生活更丰富多彩，再多活个一二十年，毕竟身体是革命的本钱，那么你自己的功能想用就用一下，所谓孤阴不生孤阳不长，阴阳还是要和谐，社会才稳定健康。现在的人一过四十身体就走下坡路了，疾病一上来就开始各种过度治疗，然后就是靠吃药维持到六七十岁，这就更谈不上健康幸福的生活。通过练咱们这个拳，你四十岁还健壮得跟小伙子一样，性能力仍然很强，家庭肯定也是幸福和美啊。这不都是大好事嘛。

圣人讲人之天性存焉。对于性这种事也不用谈虎色变，本身不过是人的一个功能，但凡阴阳之内的生物皆有，从功能本身而言无所谓好坏，极其客观真实。过去有所谓礼教，只是让人不要太泛滥，因为欲望过头总归是不好的。古巴比伦因为淫乱而致灭国，中国历史上因为淫乱而失去家国的帝王也不是一个两个。做什么事都应该有个度，所谓"喜怒哀乐之未发谓之中，发而皆中节谓之和"。体会中和二字，即是最大的礼教。礼教可不是宋儒理教，那个克己复礼是要不得的。人的欲望适当克制，但绝对克制是不行的，必须要疏导，要勘破。谈虎色变的都是理教之类，自宋代以来影响了近一千年。克制、压制、回避，去制造一个清静无为的境界，这个境界是假境界，因为都是在五阴境界里的自我造作，是当不得真的。等欲望的老虎越养越大，放出来时就了不得。本来我们大汉民族不是封闭自守的民族，就是被宋儒理教害的，上至殿堂下到民间，各种伪君子层出不穷。当你敢于直面真实的自己时，才是人性真正进步的开始。

对于还想继续深入拳道一途的，就需要通过炼精化气，将越来越强的这个功能进行转化。活子时采药是一方面，还有更多的是在站桩和劈拳的过程中，特别是劈拳里头，要开胯开肩，从而全身骨节都打开，才能为炼精化气打开通道。而活子时采药只是单纯的转化，不具有易骨强筋的功能。人的性欲主要来自于两个方面，一是习气的积累，也即是脑子里边的。二是后天精的积累，所谓精满则溢，多了就会刺激生殖系统的神经工作。活子时采药是将后天之精直接逆转、转化成先天元精，再转化成后天气血滋养五脏六腑，这个才是精满不思淫。所以一段时间活子时以后，人的气色会越来越好，状态越来越年轻，同时对性的欲望也会越来越淡，一段时间以后几乎就不想了，就进入真正的内触之乐中，也就是人身内部阴阳相合，乐此而不疲。但是功能仍然在，想用还可以用。这是形而上道艺的方法。形而下武艺就是上面说的通过劈拳打开通

道，有所谓"日增一纸"，讲后天精气化成精炁弥漫入骨腔，则骨髓日满，骨密度越来越大，是所谓易骨。

以上是真正道家性命双修的方法，直指性命本源，转化身心，气脉都是等而下之的，根本不用考虑。因为气脉也不过是生命的现象，是本源一体衍化的，本立而道生，抓住根本，其他都是枝节，所谓大河有水小河满，源头上充沛了，枝节上自然也充沛。所以没有把握这个本源的，气脉上做得通畅，最多也就是正常年龄上的健康。只有把握本源而且正确的实践，才能够做到逆反回真，使生命状态往回走。人与天地宇宙万物，都是道体衍化，衍化之前是先天，无非无极和一气，衍化之后就是阴阳反复，无有穷尽。我们是在后天这个身体上探讨本源的问题，那么首先就要把阴阳搞清楚。阴阳是时时刻刻变化着的，归根结底就是一句话：阴极而阳，阳极而阴。无论伏羲先天易，还是文王后天易，说的都是这个道理。就是孔子"韦编三绝"，也不过是搞通了这个道理而已。

说说内家拳的攻击力

写这篇文章的缘起,是之前有个当中医大夫的学员,说他接了个病人,三年前打群架,被人用内家拳劲或者类似五百钱之类的手法打了,当时没啥事,如今过了三年发作,已经非常严重,问我有什么办法。其实我能告诉大家的办法,该说的都说了,有心人自可去按图索骥。

这一段时间写的大都是有关佛、道两家及健康养生的话题。因为功夫到了一定程度,或者说返先天逐步深入,与诸圣贤所说所讲就越来越契合。天下只有一个道,并没有第二个。以前不懂的,如今就慢慢懂了。结合自己的身心证悟,从内家拳的角度进行解说,也算是另辟蹊径,所谓打破旁门见一轮明月。释迦或者老子在时,肯定没有内家拳,如今是大时代,有这个宽松的社会环境,不管是从养生健身还是技击自卫的角度,都能一门而入渐见全豹。孙公说过,要是想强身健体、防身自卫,则跟我学绰绰有余,若想打天下第一,请速速另寻高明。传统武术,尤其是内家拳,就是这个宗旨。文武之道,一是以修身为本。我教给大家的路是正确的路,我走到了看见了真相,大家慢慢走来不要着急,早晚你们也能看见。所谓大道之不易!

内家拳,一开始在形上,还可以论打击的力量和速度,这一般是在明劲初期,还部分地在后天有形有相上使用。等进入暗劲的后期,从形入意,就要看有没有伤害对方的意思,几分意就是几分劲,正所谓"意生身"。如果是在外边遇见十恶不赦之徒杀人害命,这时候就由不得考虑几

分意几分劲了。好像狮子遇见花豹，花豹虽然不敌，但也会有害狮子之心，而狮子也不会留任何余地，肯定是全力以赴，最后的结果必然是花豹丢掉性命。我常跟学员讲，要学会观察自己，观察自然，尤其是没事要多看动物世界，那是可以触类旁通的，跟我们练十二形一个道理。

　　为什么内家拳劲对人体的伤害会这么大？从有形有相上讲，是筋拽着骨去打人，犹如拉弓射箭，不光是劲大的事，而且是透进去的。普通人的打击，包括专业的搏击运动员，大都是肌肉推动骨头做功，力量虽然很大，但却是由外而内，人的身体有个缓冲的机制，这样深入内脏的力量就减小了。内脏距离身体外部是比较近的，比如两个软肋就很危险。形意拳讲"手不离心，肘不离肋"，就是要护住中线，护住两肋。左肋下是脾，右肋下是肝，尤其是脾经不住大力撞击，被专业拳击运动员打一拳可能就裂了。但就是这个，依然是肌肉做功之力，由外而内的撞击之力。内家拳则是穿透劲和震颤劲，这个劲瞬间进入内脏，同时引起内脏高频率震颤，就把内脏的组织破坏了。所以被内家拳劲打了，如果打重了当场就垮掉，打轻了几天、几个月甚至几年以后对身体的组织破坏才会从体内渗透到体表，到那时基本回天乏术。这还只是有形有相方面，无形无相方面就是六合的作用。普通人打不出这样威力巨大的劲，原因就在于后天思维做主，气血筋骨膜及脏腑功能都是分散的，各干各的事、各走各的路。而我们最核心的就是这个"合"字，所谓"五行合一处，放胆即成功"。怎么合？没有明白人指点是永远摸不到门的。就是遇见明白人，你功夫不到那个程度，告诉你也理解不了。有个刚报名的学员问我，孙公书上老讲的缩住肩膀根和胯骨根是啥意思？其实就是缩住，可是你缩得住吗？你刻意到去缩，就是肌肉在做功，缩大了就是腿迈不出去，手臂伸不出去，实则还是功夫没到位，根本无从体会，所以老老实实跟道练才是正经，少瞎琢磨。后天的思维、欲望、习气都是毒药，坑人害命的毒药。人是饮鸩止渴而不自知。落实到功夫上，也正是因为这些思维、欲望、习气，就把人的身心带散了，永远也合不上。动物为什么有那么大的力量？因为动物永远都是合着的。动物在先天，人类在后天，一个是合，一个是散，泾渭分明。所谓孙式武学入门乃至贯彻始终，就是返先天。

我曾经只是开玩笑式地用一分劲轻轻打了某人一下，三天后身体损伤到达体表，表现为深呼吸肺部疼痛，手臂抬举困难，这就是把肺部枢纽连带着肩部关节都打伤了。但内家拳劲不是撞击劲，撞击的劲打上什么样就表现为什么样，相对也好治疗。内家拳劲是穿透劲和震颤劲，是一种对组织器官360°全方位的渗透性破坏，而且是逐步恶化的，所以过去人讲练形意拳的手黑，就是黑在这里。老辈人比武动手，一般都是两人碰一下，彼此体会一下劲就完事了，这是文比。如果两人有仇就麻烦了，肯定都不留手，会全力以赴。但是按照武林道义，手多黑也得当场见真章，不能给人家留隐患，当场就是被打吐血了，赶紧开药吃也就是养个几年的事，绝对不会伤了人命。怕就怕来暗手的，看着不起眼打一下，当时不怎么样，伤害过两年才极其缓慢地从体内延伸到体表，那时候要想彻底治好就非常难了。

类似江西五百钱之类是点穴功夫。点穴用的劲也是内家劲，但害人的道理不一样。点穴是封闭了局部的经络气血，慢慢地周边的脏器营养输送就会受到影响，时间久了就会出现病变。被点了穴后比较严重的最后是会死掉的，如果做病理解剖就会发现他的个别脏器已经开始缩小枯萎，这就是气血不到造成的。人是肉做的，肉赖血养，血上不去，肉自然慢慢就枯萎了。这类功夫太过阴毒，而且很多时候都是用于偷袭暗算，所以孙公严令禁止门内使用。像我们都是懂的，但也只是用来给人治病，反过来不就是害人嘛，道理上一正一反而已。不过手指头上的劲练不出来，点穴也没法用。要练到指如钢钩，指如铁条，还差不多。很多人对怎么练感兴趣，其实特别简单，就是劈拳里头练出来的。劈拳练到位，指力自然就出来了。对于点穴的救治，其实倒也简单，无非是按照中医上下左右的区分，当时警醒了，赶紧找对应部位揉开了也就好了，不过稳妥起见，还是要用汤药来做后期调理。

　　技击这种事，说简单也简单，就是瞬间沾上对方一伸手的事。沾上跟伸手是一个不是两个。我的师大爷程炳钧曾经给我演示过两次进身，都是一瞬间人就到了。我老师李贵江先生也教育过我很多次，有时候我还没反应人家手指头已经到我眼睛上了。我老师喜欢用鼍形，我喜欢用马形。老师还跟我讲，过去有个董海川的徒孙辈，跟我们唐山这边很熟，也是喜欢用马形，什么正马形、侧马形、反手马形很多。十二形是对五行拳的技击补充，五行拳没基础，十二形练不出来。比如骀形最适合两人面对面撕吧，如果两人的手臂撕缠在一起，你的手臂在上头，就用两个小摆拳打对方太阳穴或者眼睛，如果你的双臂在下头，就用双拳合击起小腹。这两手都特别黑，打上就没个好。如果双方手臂上下纠缠在一起呢？那就用白鹅亮翅嘛。再比如蛇形，人都以为是掏裆，其实还有个过山肘，而且分前后，掏到对方软肋上是什么后果大家去想。

　　内家拳的攻击原则就是用最快的速度、最大的力量，攻击对方最柔软的部位。所以传统武术练的是拼命，我们只讲道义，不讲什么规矩，动手就无所不用其极，心黑手狠绝不留情。但要说难，难就难在出去这一下，能不能在对方反应之前你就到，还是归结到六合上，合上才能出去，合不上就笨拙得要死，你一动对方就警惕了。有一年我跟李老师聊天，谈到这个事，李老师一笑，给了我一句话，当下大悟，原来如此！但前提是你已经练到了，只是脑子还没到。老师的宝贵就在这里，一句话提点就上了层次。功夫没到，说一万遍也没用。所以说一千道一万，就是一条路，找到明白人，规规矩矩练去，自然水到渠成。你功夫到了，老师没有不告诉你的，得了个好材料为什么不告诉你？别瞎琢磨！也别抱着过去的旧东西不放！老实听话！自然该得就得。

心能常清净　天地悉皆归

大雪过后，就是冬至了。邵康杰有云："冬至子之半，天心未动时。"冬至呢，是太阳对地球的影响，阴极而阳。到了坤卦六爻全阴，这时候一阳来复，就是复卦。如果换做月球的影响，坤卦就是朔日，也即是每月的农历三十。而复卦就是旦日，也就是农历每月的初一。如果用伏羲先天卦来解释，就是六个卦，也即初一震，初七兑，十五乾；十六巽，二十二艮，三十坤。其中没有坎、离二卦，因为坎、离居中调度，本无形而象有形。比如前天是农历十五，昨天是农历十六，傍晚圆月出现在东方。如果是农历的月底、月初，也就是朔旦之日，晚上是看不见月亮的。如果换作六十四卦的演绎，按照先天卦的卦意，就是如今流行的圆图。圆图应天，月日都可显像。方图应地，可以分成九个宫格，所谓九州方圆。中间那个是中州，也就是过去讲中原，现在的河南为中心的地域。从河南为中心开始，大家自可寻找家乡所在地，过去是哪一州，按照会元气运流转，哪里有运气就很清楚了。大至一国，小到一家，都是如此。过去我们中国人的房子都是四四方方的，就是按照九宫格来设置。现在买房子也最好是这样，坐北朝南，中间一格是客厅，周遭八个方位，按照会元气运，其实都很客观。皇帝权力大，可是清朝皇陵要么被盗要么被淹，说明当年给皇家看风水的也不是真明白。大家会说，自己不懂怎么看房子风水呢？有句话叫福人居福地。但凡大家去看新房，按照我说的原则，也就是坐北朝南，四四方方，然后站在客厅中间，心思澄净，如果觉知上很是舒适自然，则风水大抵不差。不过前提是你的人品没问题，不然就不是福人了。

　　练咱们这个拳，随着你回返先天程度的不断深入，这些涉及阴阳五行的事情，也就都慢慢明白。所谓善易者不卜，明白这个大原则，也就没必要事事都卜卦预测，那样反而容易陷入画地为牢的自我局限。有智慧的人是把握最根本的原则，就无往而不利了。那么这个最根本的原则是什么呢？一个道、一个德。这是先天层面的东西。落实到后天如何的影响社会和人类生活，《道德经》里说得很详细了。年轻的时候喜欢唱歌，有一首张国荣、许冠杰的《沉默是金》很喜欢，里头有一句"听了书经的指引，不再自困"，很多人嗤之以鼻的，认为圣贤们说的解决不了当前的问题。是这样，所谓"天地以万物为刍狗，圣人以百姓为刍狗"，圣人教给大家的不是当时当地的得利，而是行道以德教化万方，人家看的是千秋万代的文化覆盖。从老子、孔子、释迦牟尼以来两千余年，这个教化的事业大家也是能看得出来的。出世的让你舍啊，不舍不得；入世的让你和，有好事大家一起分享。所谓王道乐土，连周围的国家也都教化了。这是中国人的文化。五千年以来，我们民族的"文"不可谓不深厚，握文者圣贤，所以要化育万方，上至帝王，下到百姓。很多年前听过一个故事，20世纪初期，美国的报纸上有篇文章很感慨，如果房子着火了，中国人第一个往外背的是自己的老娘。这种道德意识，我们这一代人还是很深刻的。

　　前面说到了年和月，以及风水的问题。那么每天里头，其实也是一样的。中国人为什么习惯睡午觉？因为午时一阴来复，人的身体反应就是要休息。夜里子时一过，人就精神了，很难再睡着，因为一阳来复，身体里边开始兴奋。所以我告诫老熬夜的人们，12点之前一定要打个盹，把子之半睡过去，这一天就好消受了，不然白天会没精神，因为阳气不足啊。长此以往，五脏会受影响，慢慢的身体就要出问题。除了把子之半睡过去，还要学会打盹，五分钟十分钟，感觉困劲上来就歪个头睡一睡，此为万金之方。这些白送给大家。不过是白送的，很多人就不重视，那就是辜负我一片用心良苦了。毕竟如今熬夜的职业太多了。还有很多年轻人习惯于夜生活，甚至熬夜到凌晨才睡觉。有很多猝死的例子，之后医学检验是心源性的猝死，其实就是长期的生活不规律，天地消息之中你补充不足阳气，就要消耗你自身的元阳，等哪天消耗没了，五脏也就该彻底休息了。年轻人喜欢瘦，尤其男孩、女孩高高瘦瘦最讨人喜欢，其实那是病态啊。正常的体态，男孩子看着要结实健壮才对，女孩子要线条柔和、身姿丰满。社会物质生活极大丰富，年轻人首当其冲，你们自己不爱惜自己，过了三十五六岁就要吃苦头喽！

我说了这么多，就涉及我们这个天地宇宙一个最基本的道理，就是所谓的"消息"。何为消？何为息？我常说站桩不要站成枯桩，里头一点消息没有，在那里消耗生命，是要出问题的。看自己练得对不对要看果嘛，你自己的果，你老师的果，以及祖师爷的果，果不对因就不对。任何一门武艺都植根于道艺，不懂道艺，武艺就没有基础。武艺就是强欺弱，道艺就是把自己变得越来越强。所以归根结底就是两个字：生长！如何生长？就是道艺里的逆反回真，涉及身心一系列的变化。练武术多年，身体没有越来越强壮，就是不懂道艺。人家老你也老，那是边都没沾上，你比正常人老得快，那非但没有道艺，而且是过分地消耗生命了。道艺这个逆生长的过程中，一个自始而终反反复复的现象，就是"消息"。息者，进阳火。消者，退阴符，一进一退，一阳一阴，周而复始，天地人大道存焉。孙公禄堂在《八卦拳学》里揭示了这一道理，不过孙公只讲原则和练法，却不讲拳理，让读者只管按照他说的练。没见哪个人按照孙公的书练出来的，为什么？因为几乎所有人都在后天思维里边琢磨造作，自然背离先天远矣。

无极本体虚无，一气是其功能，一变而为乾坤，乾坤合和而为坎离，再合和为震巽艮兑，则八卦立焉。天地日月为乾坤坎离，风雷山泽为巽震艮兑。先天后天一变，乾坤南北变为离坎南北，六位皆变。先天为体，后天为用。人得一气之全，先天后天皆备，只是百姓日用而不知，时时刻刻都在后天造作琢磨。什么时候先天出来呢？就在你生命遇到危险，后天来不及的时候，先天功能就出来保护你了。既然先后天皆备，本来就是你身上的功能，又何须刻意造作，所以为道日损损之又损，从道艺本质上讲我们只是回归不是创造。道艺为体，武艺为用，道艺为先天，要逆反回真，越简越好。武艺却是逆中行顺，日日有所得，时时有所得。得之何哉？身体的逆生长再发育，筋、骨、膜及五脏六腑整体强壮。因此，武艺、道艺一体，不可分治。若佛、道两家解脱之路，仅道艺核心耳！

不管是体育锻炼还是武术操，只要是在一呼一吸里不能自拔的，都是在后天消耗里磋磨生命。正常人一呼一吸，保持这个心肺功能状态，依靠现在的医疗手段，能活到八九十岁。但是你人为地加大消耗，心跳加速，呼吸加快，一会儿你不就累了嘛。为什么累？身体提出抗议了，自身功能承受不住啊，要求你必须休息，可是几乎所有人都认为必须加大运动量，坚持、忍着、熬着，这样让身体形成被动的适应，运动能力是提高了，可你的身体真得越来越健康了吗？其实不然。真相是，外表看似强壮，里边已经慢慢掏空了。有的人容易着凉感冒，就是免疫力降低，有的人几天都会没精神，就是阳气消耗过了。尤其是每天大运动量训练的人，一过三十五岁，头发早早就开始白了，气血上使用太过分。同样是四十几岁，头发早白的跟没怎么白的站在一起，心里头没有点感慨吗？每天这么练为了什么呢？得到了什么呢？就得到一个提前衰老吗？至于那些早早就猝死的就不说了，那个都属于本钱不算大却使劲折腾的，最后无非是油尽灯枯嘛。真正的身体好是怎么回事？平常你不做这种高强度的锻炼，比如长跑。一旦需要跑也不用刻意准备，一样跑很远，而且跑完了并不疲劳，也不渴，也不需要特别恢复，这说明你是真的身体好。这些从我这儿都已经验证无误。

生命在养不在耗。去丽江旅游，那里的男人都很悠闲。有句话说

得蛮好："人就活那么七八十年，干嘛早早去送死？"东北人有句话挺气人的："着什么急？赶着去投胎啊？"是啊，问问自己每天行色匆匆你着什么急？你为谁着急？你着急得着什么了？这些都是后天人们在酒色财气中互相追逐的梦幻，都当不得真。百年浑是梦一场，何况我们绝大多数人还看不到自己的百年。老子写《道德经》，里面反反复复地解说，就是告诉大家，你们所思、所想、所做都不是合道的，不合道就是物壮则老，最后早早拉倒。怎么合道？反者道之动嘛，凡事要经常反方向思考一下，虽不中亦不远矣。人家着急你偏不着急，人家争斗你离得远点，人家呼哧带喘锻炼身体，你平心静气喝茶、打坐、读书。其实只有一句话："心能常清净，天地悉皆归。"清净二字就是绝大法门。这个清净可不是动静那个静。先天没有动静的概念，动静是后天阴阳里的，是二维的，而先天只有一维，所谓有无不立，有无并立。什么叫天地悉皆归？天地都来找你了？天地都归你所有了？过去这些圣贤不敢直接把秘密说出来，所以大多用隐喻。天地的意思就是乾坤。心能常清净，就是孙公讲的转乾坤，后天返先天，从坎离分治到坎离合和再到重返乾坤本来面目，最后悟彻本源直奔无极老家。这个才是天地悉皆归！

　　这些涉及身心内部具体的变化，佛、道两家都没有直白说出来的，估计是怕修人执着于气脉的变化而走上弯路。所以跟我学的，一开始我都不让大家在意身体变化，因为你们还部分地在后天思维里头，如果被感觉、感受带走，那就练不出来了。之前有个广东的学员来面授，说自己一开始练得很好啊，身体各种变化，后来慢慢就没有了，怎么练也没效果了。我跟他一聊就知道问题在哪儿，就是爱琢磨，今天这里气脉动了，明天那里又热乎了，这些都是后天五阴的假象。我们的身体都是四大假合之身，何况这些现象，本质上都是假的，当不得真。等功夫深入到一定程度，智慧出来了，知道我说的觉知是怎么回事了，这个时候才靠点谱，不会轻易被带走了。这还只是最基本的。因此，一开始我说要听话，别瞎琢磨，等你回头一看是何等的重要，做得越好的进步就越

快，收获就越大。有些总讲究气脉，其实气脉也是假的，有什么气脉可修？大道唯一，把握了最根本的原则，气脉如何都是自动的，你根本就不用管它，不然修来修去最后修成精神病了。有些自诩能灵魂出窍，之前我说过那是出阴神，是走下三路鬼道的，只是自己不知道而已，因为他做不了主。真正的是走上三路出阳神，最后身外有身，就好像那个著名的禅宗大师说的，每日里有个无位真人在面门出入，这个才是对的。更何况可能连出阴神都不是，只是五阴的幻像而已，跟你晚上做梦没区别。人都是好繁恶简，越是复杂，越是忽悠得人五迷三道，越是觉得高明，就趋之若鹜。其实大道至简，非常简单。大道本夷而民好径。我还是那句话，你要看果，果对因就对。

　　内家拳对于人的逆生长，是从生命最原始的立足点，也就是无极本源开始的，而人类的生命旅程则是从消耗开始的。婴儿出生半年之后就懂得要抓东西，习气的种子开始萌芽，后面家长的教育非常重要。非圣贤之学不能为也。过去讲儒家文化为体，儒家也静坐修身的，也有实际返先天的功夫，所谓"知止而后有定，定而后能静……"这不是实际功夫吗？当老师的自己不修身，没有实际体验，如何教育晚生后辈？自己不搞明白是不能教学的，不然就是害人嘛。回到内家拳的话题。有些朋友对内家拳的误解，以为也和体育锻炼一样需要大量的时间，精力，耗费体力，很辛苦，这些都是错误的思想。真正的内家拳恰恰是相反的。我说过，内家拳只是回归生命的本来面目，既不是创造也不是制造，只是把你丢掉的再找回来。本身不管站桩还是练拳，都是极为享受的一件事。为什么老前辈们练拳日久不在酒色财气上动心了？因为他是自得其乐啊，身心内部的快乐无以言比，巴不得有时间赶紧练两下舒服舒服，哪有吃苦受罪的事。孙剑云先生讲，孙公从早到晚练拳，那不是苦练，那是有空就练练，也是乐在其中，哪有苦啊？我快乐还来不及呢。还有一个问题就是练功的时间。时间是后天人的心理感受，先天没有时间概念。有5分钟就练5分钟，有10分钟就练10分钟，练练就受益。所谓"行走坐卧都是拳",不是说你躺在床上还打拳,而是时时刻刻都在先天那个状态里边,就不炼而炼了。从这个角度来说,时间多有多的练法,时间少有少的练法,不存在绝对的要求。我们没有苦练,没有硬练,没有各种发力的训练,孙公讲,不粗不猛诚儒雅之事。地方宽敞可以练,地方狭窄也可以练,因为内家拳在内而不在外,且莫在有形有相处作无谓磋磨,那也只能是浪费自己的生命。

习拳偶得

清新如兰　淡雅如菊

谁都想知道自己这辈子到底是为啥来的？可绝大多数人活到最后都不知道。其实除了极少数带着使命来的，绝大多数人的到来都是一次偶然的邂逅。释迦牟尼讲如"盲龟遇浮孔"，可不就是极其偶然吗？生命是一场流浪，有起点也有终点，起点就是天地宇宙产生的时候，终点就是天地宇宙毁灭的时候。一切都归零了。只是这一切都"不可思议"，用后天思维是想不明白的，那还久远得很呢。所以我们每个人的流浪旅程还相当的漫长。

几乎所有人都觉得人生不可思议。是因为无法觉悟所以才不可思议。你不知道怎么回事，里边就有了各种神秘。其实特别简单，特别客观，没有一点神话的成分在里头。生命只是一种现象，天地宇宙也同样是现象。我们都来自于无极本体的衍化，只是在本体衍化的过程中，人是得一气之全，物是得一气之偏，所以人为万物之灵，可以取万物为我所用。如果用易经的道理来解释，先天卦乾坤做主，乾坤合和生出坎离，后天就是坎离做主了。人就是乾坤坎离的产物，所以是得一气之全。为什么？因为从无极开始衍化，所有的功能都在乾坤之中，又衍化到坎离，人身小宇宙，是道体全部功能的显现。物为什么得一气之偏呢？乾坤再分化，产生出震巽兑艮，这些是部分地得到乾坤的功能，也就是天地万物的成因了。

孙公在《形意拳学》十二形里讲这句话，物虽然得一气之偏，但却

能有一技之长为人所没有，所以人就可以把这些借用到自己身上来，补充自己功能的不足。这就是象形会意的道理所在。但这个象形会意不是靠想的，而是用先天神意。至于说先天神意是什么？其实我之前也都有说过。中医药的道理也是这个，金石草木皆可入药，就是这一气之偏，恰好能补充到人患病时的一缺，又实现了五行平和，病也就好了。从这个本质上说，这世界上本没有看不好的疾病，只是人类的眼界有限，有些物的功能没有发掘出来而已。所有这一切，显像在后天，但根源都在先天。先天为体，后天为用。

大家都对事业、财富、婚姻这些宿命很关注，运气不好的就去想办法改运。其实这些大体都是注定的。人的生命主要是受三个星体的影响，一是太阳，二是月亮，三是地球。每个人出生的一刹那，天、地、月三者之间阴阳五行的状态，就基本决定了人一生的命运走势。把这个道理搞明白了，什么五行八卦、六爻四柱，都是非常简单的学问。不过人最好年轻时不要算命，就是遇到再大的困难也不要去算，反而是过了四十岁要算一下。为什么呢？年轻时把命运搞明白了，你就没有斗志了，有些该你得的可能就要减分。人到中年都面临人生二次选择，这时候找明白人看看指点一下方向，也许就能别开生面。

那么命运能不能改变呢？当然是可以改变的，所谓天行健，君子以自强不息嘛。条条大路通罗马，你走哪条路都是你自己的选择，但是最后你得到的结果，大体上都差不多，只是过程中的喜怒哀乐不同而已，有些轻松些，有些困顿些。你说你活着是为结果还是为过程？其实都需要，不可偏废。过程中更精彩一点，更顺畅一些，不是更好吗？所以人生需要导师啊！有些在事业上不顺的，有些在情感上不顺的，其实都是在后天的现象上执迷，执迷在里头是永远没有答案的。因为后天阴阳里面非此即彼，总没有完美的结果。可是每个人都想着要有个差不多，怎么可能呢？所以永远都是失望的。曾国藩晚年的书斋叫"求缺斋"，他

自己修到没修到我不知道,最起码这个名字起得好。要懂得人生本不完美,有一些成就也就好了,不是说"人生只求半称心"嘛,这个是对的。

周易里面就是吉、凶、悔、吝四个结果,是随时变化的。人太顺的时候要警醒,因为阳极必阴,可能倒霉事就要来了。人倒霉透顶的时候不要丧失信心,因为阴极必阳,机会也就要来了。但是机会只留给有准备的人,你天天在家躺着等着天上掉馅饼是没可能的。彪悍的人生不需要解释,越是倒霉越要出去交朋友、做事情,而且要多读经书给自己指引。可能眼看着眼前都是无用功,其实都是在为日后转运打基础,等过了十几年你走过来了回头一看,也许就是当初自己没放弃时种下的因结出了后来的果。人生苦难真是一笔财富。年轻时吃点苦,其实是在银行里面存钱,而且都是真金白银。只是困顿时不要舍弃自己的志向,不能去走邪路,因此父母教育非常重要,小时候多读圣贤书,长大了遇见事就知道取舍,不会走错路。

年轻时很容易陷进各种利益的争斗,因为你的利益也在其中嘛,很难把自己摘出来。其实解脱不了,还不是因为自己放不下吗?可能有人说我怎么可能放下,就这么点利益不去争取那不更吃亏吗?老子说不争是争,因其不争,故天下无人可与之争。比如一个单位里七八个人争一个职务,打得焦头烂额、不可收拾,作为领导如何权衡呢?给谁都不行,都摆不平,最后交给那个不参与争斗的人,因为这样才能平衡住局面。这个人本来不想争,最后却争取到了,这就是老子这句话的道理。年轻时不要怕吃亏,吃些亏本无妨,身上又不会掉下一块肉来。除非这个领导有问题,做得过分,那就赶紧换地方。年轻时干事业,有一个好领导非常重要。上午来了个老朋友,因为他的领导把一个本来想着肯定是自己的职位给了部门里的年轻小伙子,很是忿忿不平,跟我说昨晚喝了不少酒,这口气出不来。当人有情绪的时候,怎么劝都没用的,除非他自己放下了,别人的开导都是白话。其实好几年前就劝他离开现在的

部门，退一步海阔天空嘛，只是他看不透，不愿意出来。大道变易，你不主动求变，那随着年龄的增长，自己就越来越没优势了。岁数大的顶在上头，年轻人什么时候出头啊？年轻人更听话，领导也喜欢用。变则通，树挪死人挪活，实在没有路了就换一条路走走。人活着最大的权力是能掌握自己的命运，不要让别人牵着你走，而是主动求变，跟上机变的节奏，才能立于不败之地。

　　做人呢信用很重要，不能轻易许诺，许诺了就得兑现。尤其不能乱忽悠，忽悠多了一定最后把自己忽悠瘸了。为啥呢？谁也不傻，还能老让你忽悠。信用丧失，没人再和你交朋友，路就越来越窄了。做人不可以油滑，不能想着多占便宜，便宜占多了最后会吃大亏，得到的都是小小不然，失去的可是人生里的大数。做人得大气，多吃点小亏无妨，最后一定会得个大便宜。为什么呢？天地厚德，补不足而损有余，这是天之道。普通人看不清楚，是因为执迷在计较小利里头，真正的富贵之人哪个会计较蝇头小利。开店做生意有的人做得好，有的人做得差。开店要靠回头客，回头客都是觉得在你这里有便宜，这个便宜是你让出来的。从个体看你吃亏了，可是更多的人来了，最后还是你占大便宜。便宜占多了天道就要损你，所以最后吃大亏。经常吃亏的天道就要补你，所以最后占大便宜。老子《道德经》里说来说去的也都是这些道理，谁懂了把握住机遇再去实践，人生就会焕然一新了。

　　人生就是一场未知的旅途，会遇到各种各样的不顺心，关键是自己能不能先走出来，然后如何取舍。谁都想人生顺利，可顺利与否和自己的选择有直接关系。遇见不顺的时候不要太在意一城一地的得失，要多往远处看，人就豁达了。现在这点事，过二十年回头一看可能也就是一笑的事。其实人活着这些事都是浮光掠影，一眨眼就过去了，你想留还留不住呢。佛教寺庙里的三世佛就是说这个的。过去、现在、未来，逝者如斯夫，分分秒秒都在变化，一弹指就过去了，什么你也留不住。那么还有什么可留恋在意的？人读圣贤书就是明白了先天上的大原则，所以后天上也就从容有余。练内家拳是个不错的法门，一个是返先天开发智慧，后天的事也就都能安排好。另一个是通了气脉，习气、欲望包括思想上的病也就都冰消瓦解。这也符合易经天行健的道理，主动去改变自己的人生。

内家拳与健康养生

某位传统武术的练家,是以能练习几百斤重器械著称的,因为感冒引发的并发症,五十多岁就没了。这是典型的在后天练得过了,伤了肺气,平常看似强壮,其实内里早就空了,结果遇上个感冒,肺力不够抵挡不住,就转移成其他致命的疾病。

内家拳"三弊"中的努气、拙力,其实说的就是这种情况。普通人大概对三弊了解不深。比如一般人搬起一块很重的石头,一般都是深吸一口气憋住,然后使尽全身力气把它搬起来。像这样的后天肌肉做功方式,因为肌肉需要大量血液的支持,而血液来自于心肺的功能,所以强度一大就心跳加速呼吸加快。而这种憋住气使劲的危害更大,不知不觉间肺里就受了暗伤。普通人一次两次倒可以慢慢恢复,但是练功夫成年累月天天这么搞,这个伤就慢慢作大了。

其实之前我还认识个练传统武术的师傅,练得是特别硬。他打拳的风格,就是有多大力气使多大力气,招招式式都是全力以赴。当时我就觉得这人要出问题,只是跟他没交情,也轮不上咱提建议。结果没几年,大概在六十几岁就死掉了。练传统武术最要命的,一是伤肺,二是伤心脑血管。凡是没事喜欢练发力的,最后死在心脑血管病上的就比较多。为啥呢?比如你发一个200斤的劲出去,则最少有150斤的劲反作用回来,对你心脏就是一个挤压,对大脑就是一个震颤。心脏和大脑这样的地方,是需要气血静养的,长期的、时时日日的受到震荡,有几年就出毛病了。如今但凡在这两个方面出问题的，不妨多找找自己方法上的毛病，大体还来得及。

传统武术，尤其是内家拳，首先是养，练就是养，时时刻刻都在养。而且我们也没有发力的练习方式。形意拳在使用上，是"束展之下一命亡"。我们不需要发力。频繁地发力，除了对身体造成伤害，你的肌肉形成记忆，真到面对生命危险时反而使不出来了，因为练拙了。包括太极拳、八卦拳也是一样的，甚至少林拳也是如此，没有练得硬没事还老发力的。如今的人们喜欢健身，到健身房去玩各种负重，也是最容易伤肺的。年轻时看不出来，一过三十五岁身体马上就开始快速衰老。包括游泳、跑步等，凡是把自己往死里头嗨的，肺都是第一受害者。如果平常容易感冒，经常咳嗽，夏天不敢吹空调，那就要小心了，这是肺已经伤了。

其实以前我也说过，如何鉴别自己练的对错的方法，就是要看结果。果对因就对。咱们以四十岁为例。如果你的衰老程度和普通人一样，说明你没什么实际功夫，也没什么太大的损害，比如常年玩架子的基本就是这样。如果你比正常衰老要快，四十岁看上去像五十多，有的三十几岁看上去像四十几岁，早早地头发就花白了，这就是脏腑已经受伤了。原来我认识一位搏击界的前辈，一直以为他六十多岁，他的学生说只有五十五六岁，我是大吃一惊。这就是年轻时练得太过，身体潜移默化地提前衰老了。那么二十多岁的年轻人怎么看呢？年轻时不太显，因为元阳还足，恢复也快，就要看我上面说的那几个方面：是不是容易着凉感冒？心脏功能好不好？脑袋灵光不灵光？如果有了蛛丝马迹，就要警惕了。

普通人都觉得只要体育锻炼出出汗就能养生，其实是片面和错误的。体育锻炼要讲究度，每次二十分钟左右，多巴胺到峰值，人很兴奋就可以了。可是绝大多数人都继续练，不到练不动不算完，这就是进入到消耗的程度。本来人的身体气血只是保证你正常生命状态的，你加大

了输出,气血就不敷使用,就会不断加大脏腑的负担。而先天元气对于普通人是有限的,只能通过睡眠、饮食来修复阳气,却不能主动补充元气,于是乎天长日久,脏腑的损伤就存在了。这就是消耗。我们练内家拳首先要接上先天,把元气续回来,而后旺盛气血、滋养脏腑,这才是真正的养生。不懂接续和转化,一味在后天消耗,那不是自掘坟墓吗?

之前也有个练搏击的来找我,人很消瘦,咳嗽不停,嘴唇都是乌的。说是各大医院都看过,找不到病根。到我这儿一看,我说你以前练得太过,伤了肺了。然后练了一个月无极桩,就彻底好了。半年之后再过来,人也胖了,精神状态也饱满了,可以说是开始了二次新生。后来也就拜我为师正式学艺。我老师李贵江先生说过一句话,"咱们练拳把自己的身体搞明白了,自然别人的也明白了。"因为内家拳是从根本上去重新塑造生命。这是今天偶然听别人说到一件事,有感而发写的一篇文字。其实有些内容以前也提过,但总归还是有非常多的人陷在自我消耗的执迷里不能自拔。对于普通人而言,生命是个走单行线、不可回转的旅程,非要等不可救药那天才想回头,就太晚了!

欲望习气的话题

有阴阳，所以有万物。其中的动物，都是以两性交配繁衍后代的，这种方式是道体衍化万物之后自然形成并固定的，并没有什么道理可讲。所以这个性欲，就成了人的一生挥之不去的顽固习气。你来，是靠着这个欲望动力来的。你活着繁衍后代，也是靠这个功能。你走，还是受这个习气的牵引，就不知道跑到哪里去了。因为阴阳之内，就都是靠阴阳和合的动力存在。阴阳和合的方式，在动物就是两性交配。所以要脱出阴阳，不在阴阳，首要是解决性欲的问题。释迦牟尼说不把性欲化解掉，任何修行都是如欲蒸沙成饭。

其实这个东西很客观。包括人类在内的动物、植物有情无情，都是阴阳之内的产物。生命只是一种现象，有来就有去，有生就有死。自有始以来，大家都不知道在多少生命的状态中流浪过了，只是这生老病死、有得有失、有存有亡、不知归宿的痛苦，才激发了释迦牟尼当年欲修行解脱的信念。如老子这样的人，也都是要寻找天地宇宙生命的真相，最后搞明白了一走了之，不在红尘里沾染了。大家今天能在这里坐而论道，也是多少劫积攒的缘分。生命背后有个无形的力量在推动牵引，这个力量就是道体的功能，或者叫一气，或者叫太极，本质上是这个力量，推动着大家坐着无形之船在欲望习气之海中流浪，但冥冥中的一点觉性，或者向佛，或者向道，或者于文武艺中追求探索，都是注定了的，跟你在银行存钱一个道理。过去积攒的多了，总归都要在人生中体现。这个就是种子在发生作用。

释迦牟尼常讲，不要有二边之间。就是道家说要脱离阴阳，不要在阴阳之内。孙公是很明白的，在他的《太极拳学》里说过，有无不立，有无并立。非常透彻。如果把人的生命用一个坐标来显示，右边是后天有形有相，是在阴阳之内的，凡事都有矛盾对立统一；左边是先天无形无相，不在阴阳之内，所谓"吾道一以贯之"。后天阴阳之内，都是通过神经思维来做判断，先天脱离阴阳，则是靠智慧的觉知。不管是修行也好，内家拳的修炼也好，都是在坐标的左边，也即是先天无形无相脱离阴阳的范围。任何有形有相、思维神经做主的、可以创造的都是后天。因为只要你还在阴阳之内，就都是毫无意义的折腾反复而已。出不来阴阳，全是笑谈！

但是毕竟人绝大多数时间都在后天之内，对先天全无感受，先天只会在后天来不及或者力有不逮的时候，出现了危及生命的事情，它才会自己出来行使保护自己的功能。比如踩急刹车。练内家拳要从后天返先天，其实各种修行也都是如此，不返先天事无所成。六祖为什么批评一个弟子是"知解宗徒"，就是因为他始终在后天思维思想里瞎琢磨，话虽然漂亮，却没有丝毫的实修实证，都是揣测枉顾，做不得真。因此可以说，只要是起心动念就都是错误，只有智慧的觉知觉照才是真理。关键是如何把后天的思想灭掉，把先天的智慧升起？这个就需要各种渡河之舟，练内家拳也是其中之一。

回到两性的话题。不把性欲的根子撅掉，就实际脱不了阴阳的束缚，就还是要在六道中流浪。所以我们看到更多的是对性的压制、克制、回避等，这些都是假的，都是在后天情志上的自我琢磨，习气的积累反而越来越大，只要哪天压制不住，欲望的老虎出笼会更加厉害。凡是戒过很多次烟的人一定深有体会。这些方法都不是正确的。对于欲望习气要化解，不能克制，唯有精满不思淫才是正路。这个精满不是精液满，精液满了刺激生理机能就要使用，你不用就会跑马。这个精是指先天之精，也就是元精，无形无相，但积累于虚空之中。所谓上品三药精气神,其实是一母三胎,一气功能的不同显现。要积累元精,首先要返先天,返先天后实现接续,则元气源源不断而来,首先恢复晨勃。晨勃功能恢复了,说明元精逐渐充沛,这时使用我教给大家的活子时采药法及时采取,而后还要一系列的生理变化。活子时采药一段时间后就出现了精满不思淫,这是真正的炼精化气。对性欲越来越淡,直到不起兴趣,但是功能仍然在,想用还可以用,此时就全看个人取舍。一般到这个程度,因为返先天后身心内部龙虎交汇,阴阳自媾其精,那种内触之乐要远远超过世俗的性欲,这时候就是释迦牟尼讲的寂灭为乐,这个乐才是天地宇宙间最大的真乐。

之所以写这篇文字,是因为社会上流传着诸多似是而非的所谓修行方法。对于未能明心见性的人来说确实缺乏判断力,因为真理都在先天,都不在二边之见内,可人们平素又都是在二边之见内琢磨思考,所以永远都不可能有正确的答案,更有甚者就被迷惑进入到虚假的后天有形有相中,最后的结果是不言而喻的。我说过,人的生命是设计好的,不是你本来应该有的东西,你非要练出个什么大金丹或者什么大小周天,最后作大了生命托不住,就要出事了。轻的造成心脑血管病或者半身不遂,重的就是瞬间的生命瓦解。这类事社会上很多,尤其是前者。以前大家不知道怎么回事,如今我说清楚了,大家也就能判断了。

所以依从善知识是重要的,没有善知识就要依从圣人的著作。但如今也有个问题,就是圣人之说都是几千年的语言,现在人不懂,各种专家的解释也大都不靠谱,因为他们本身也没有实修实证,也都是在二边之见内的胡思乱想,因此也做不得数。因此要判断一门学问真伪,我说过一个原则,就是要看果,既然有所谓大师,就看大师自己的性命成果如何,绝不可能说自诩明心见性的人却衰老得一塌糊涂,或者在酒色财气比普通人还要顽固,那就都是自欺欺人了。还有就是要看是不是在先天无形无相,但凡是在后天思维里头刻意造作出来的,就都是假的。在这里还是要再次感谢南怀瑾先生,他对圣人著作的解读,使我们跨过了

古代文字的障碍，事实上等于接续了往圣的绝学。但是南先生的解释，我想他自己也说过，希望后来人能够接上来，很多地方都留了一些余地，说的不是那么透彻，这就需要我们再更加地努力，把余下的事情做圆满。

关于欲望这些，其实也不是洪水猛兽。阴阳之内要存身，首先得要吃饱饭，不然就饿死了。饱暖思淫欲，人类还要繁衍后代，所以性也不是什么问题。关键就是不能太过，过了就不是自然之道，而是自己给自己挖坑了。任何人都是从欲望的坑里爬出来的，包括佛祖也是一样。有欲望不可怕，烦恼即菩提，反过来就是智慧。后天的思想也不过是先天般若的功能显现，只是被欲望习气牵引到后天去了。当下停止，能够回头，这一念即觉，就是生路。当然，也不是你一念觉醒就成佛了，那还早得很呢，因为都会退转，这一念觉明，马上就又被欲望习气带走了。所以说沿流不止问如何，一定要吹毛用了急须磨啊。慢慢地也就能够在先天里坐住，时时刻刻地多多警醒了。这里面方法就很重要，虽然方法只是渡河之舟，只是迎月之指，但是没有方法真的很难悟入先天。依从善知识，就是一个明道，第二学习方法。真悟到了，方法就可以扔掉。真是大明白了，自己还可以创造新方法。八万四千法门，无有穷尽。

内家拳之道，也都是从后天的轴往先天里头去，不然一事无成。儒、释、道以及各种解脱之学，走的路子和内家拳是一样的。道只有一个，没有第二个。只是程度深浅不同而已。我们一个武艺一个道艺，更多的是武艺，但兼着把道艺也明白了。所以门里的前辈老人，岁数大了不是向佛就是向道，这都是必然的。佛家、道家、儒家本质上都是探索真理之学，并无一个宗或者教在里头。真理也特别简单，明白了就是达摩西来无一字，不明白就是笔尖蘸干洞庭湖。练拳练得明道悟道，也是意外之得，主要是把天地宇宙生命的道理搞明白了，自己不是个糊涂人，活着怎样质量高，死了如何去处，我们有了正确的主张，这个就非常难得了。

实战的真功夫和内家拳的先天

擂台拳击搏击是实战吗？不是！这些都属于体育竞技，跟实战完全搭不上边。真正的实战是性命搏杀，生活中两个人打架都下死手还有点像。一瞬间能使出来的只是你最熟悉的一招半式，由着本能激发完全不通过大脑，谁的功力大谁赢。如果此时有个人想要你命，你会请他上擂台再找个裁判吗？你只会跟他拼命。

传统武术练的就是要人命，和人动手就是拼命。拼的是自己十几年乃至几十年的功力。所以尚云祥说拳不打人功打人。李书文说功夫大了不讲理。传统武术跟人动手是瞬间扑上去就把人打倒，就要了对方的命。这几年看到很多传统武术与搏击的对抗，有些根本不知道打法，站在那里等着人家上来；有的搞了一套掺杂着搏击打法的四不像；有的知道主动窜上去，但打了人家十几拳啥事没有。一方面是传统武术打法少有人知，另一方面知道的却没功夫。练传统武术的几十年磨炼自己的绝手，比如尚云祥一拳把沙袋打穿，我的师爷张玉书一拳透入牛肋，李书文能一掌把人脑袋拍碎。你有这样的功夫，窜上去才能一下解决问题。还有就是到人家的擂台上，用人家的规则，按人家的套路打，打来打去都是人家掌握主动，兵家大忌。动手要掌握天时地利人和，脑子要好用，眼神得厉害，因为是一刹那就决生死的事，要尽可能占尽优势条件。不懂打法，可以继续寻找明师，功力不够，就继续去磨炼自己的功力。

练拳击搏击的到生活里打架动手怎么样？我见过的都很厉害。为啥？人家有人家的功夫啊！无论力量、速度还是身体硬度，还有作战技术技巧。如果只是跟普通人打架，基本上一个能打七八个没跑。因为身体功力差距太大，好像大人打小孩一样，就可以把自己的技术都使用出来。但这还不是拼命。如果遇到拼命的情况他们会怎么样？我告诉大家，人到拼命的时候都一样，平时自己练的学的都忘了，就只剩下最熟悉的一招翻过来倒过去使用。能把别人打倒的不是技战术，而是自己的身体本钱。我这有练搏击的哥俩，原来是省队退役的，曾经一次打过几十个黑社会分子。当时对方一群人手里头都拿着家伙，如狼似虎就冲上来了，这哥俩迎着冲上去，抢过冲在最前头人手里的棒子，就手一下把这人打倒，然后冲进人群就是一顿劈，瞬间打躺下七八个，剩下的一看这哥俩比他们还凶，就都吓跑了，然后这哥俩就在后头撵，一战成名。打完了自己回来想想，什么拳击搏击的技术都忘了，就剩下拿着棒子狠砸了。这是拼命时本能出来做主，能用出来的就是最顺手的一招半式。这哥俩身体素质远胜常人，致胜的关键不是搏击技术，而是自己更强壮。

这个拼命时出来的本能，在内家拳就是先天层面。所以我们从一开始练拳就是建立在这个客观真实的基础上。创拳的前辈们知道后天大脑思维能指挥的那些东西，拼命的时候根本就没用。因为后天神经指挥肌肉做功有个行程，遇到危险时来不及反应，比如踩急刹车，瞬间想都不想脚就出去踩住，过几秒钟主意识才回来。前面这个是先天，后面这个是后天。当年在珍宝岛作战时我们组织过一批拳击、摔跤、武术运动员，换上军装和老毛子的军人放对。以前大家都没拼过命，一动手才显出来，过去练的基本都忘了，就是最顺手的一招反复用。摔跤运动员就是反复背口袋，武术运动员一个接一个打飞脚。最有趣的是摔跤运动员把对方摔倒了，还习惯性地鞠个躬。这是练家子，都这样。普通人冲上去几拳打不上，牙就上去了。朝鲜战争松骨峰战役，两边士兵拼命，就有好多咬耳朵、撕脸的，这个才是真正的性命搏杀。

内家拳始终练在先天，用在先天，几十年磨炼自己的绝手，是把人的生理都研究透了，才创立出来的拳术。不管是谁，就是泰森这样的世界级拳王，一拼了命也都一片空白，以前学的练的都忘了，就剩下人作为动物的本能。普通人一拼命，男的就是王八拳，女的就是抓头发挠脸，如果还不行就上牙咬了。所以呢，中国的内家拳高明就在于始终在先天层面。在先天层面上，普通人几乎都是空白。一动手的刹那只有零点几秒，练内家拳的训练有素，而普通人毫无攻防能力，就在这一瞬间结束战斗。电光火石之间不能一下解决大部分问题，然后进入到拉锯战的后天层面，这时候就需要改变战场形势。内家拳讲究抽身换影，一瞬间换了身位，就又占据了优势。连续的抽身换影，就是八卦拳及形意拳转九宫、转七星，乃至薛颠象形术的道理。所以，内家拳作战重视第一下，但也不是只有这一下，后面的两下三下，需要身法的不断转换，原则就是你要逮得住对方，而对方逮不住你。什么情况下对方逮不住你呢？就是你的变化快。比如苍蝇飞得并不快，但是因为变化快，超过了人脑的运算速度，所以普通人抓不住苍蝇。内家拳的抽身换影也是如此，并不仅仅只是身法快，更主要的是变化要快，你一变，对方脑子跟不上，就失去了主动。

内家拳的变化是在先天，是不通过脑子指挥的。所以薛颠说法身万千，就是讲变化万千。我一变，你还没反应，你就失去了主动。唐维禄说薛颠的东西巧妙，就是在这个变化上巧妙。拳法这东西极其客观朴素，说破天也不过就是个身体的前后上下左右而已。运动可以是直线可以是曲线，这个谁都可以做到，关键是运动之中的变化，要在先天上反应，而不是后天靠大脑指挥肌肉做功。但凡在后天，一动意身体就笨拙了，根本谈不上变化。所以擂台上都是两人对着互相抢，你看有变化吗？因为他变化不了，脑子和肌肉的结合没有那个功能。

很多人都知道八卦拳的蹚泥步和转圈，也知道形意拳的转九宫和转七星，很多人一辈子都在这上面下大功夫，每天转好几个小时，可是一动手照样手足无措。为啥呢？因为你是在后天大脑思维指挥肌肉做功上，很遗憾地告诉大家，练再多也是无用功。因为动手拼命都是在先天，真动手你练的那个都用不出来，大脑一片空白，本能要保护自己啊，出来的就都是王八拳。老辈人留下的都是好东西，但核心的练法过去只传给衣钵弟子，也就几个人而已。这些东西要在先天层面上练，不能在后天上下笨功夫。包括孙门里头传下来的夜行术，也都是一个层面的东西。不懂得先天上的生理，就永远也练不出来。

先天上的功能每个人身上都有，所谓百姓日用而不知，但是绝大多数人的绝大多数时间都在后天上行走，先天功能都被遮蔽掉了。什么时候先天出来？就是你遇到危险的时候。比如踩急刹车。千钧一发之际，后天功能来不及响应，因为神经传导到肌肉以及血液输送到肌肉需要时间，如果想好了再踩就撞上了。这时候后天不工作了，先天具有保护自己生命安全的本能，它就出来了。其实只要好好观察自己的生理，我们的日常生活中还是能够经常看到先天的功用的。比如你擦书柜，突然掉下一本书，你想都不用想就会出去一只手接着。关键是我们练拳术的不能在那里被动地等着，而是要把它调出来说用就用，还得用拳法跟它结合起来，这个才是我们练拳的核心。

好多人练了十几年乃至几十年两手空空，什么功夫也没有，甚至练大了，身体提前衰老。跟我学拳的有许多这样的。能知道自己错了，否定了自己，找明白人重新再来过，是一种宝贵的精神。朝闻道夕死可也。你就是明白一天，第二天就走人了，这个正确的因和智慧的果就都种下了，是能够始终跟随你的。更何况根本就不会有这种情况。对比一下我老师那个七十岁的老徒弟，人家那种追求真理的精神，这社会上很多人远远不如啊。富贵养命，但生不带来死不带去，而且不是生命质量的绝对因素，绝对因素是健康。有人八十岁了还能生孩子，说明生命功能始终年轻。绝大多数人八十岁就已经老朽不堪了，别说生孩子，牙齿能齐全想吃点啥就吃还都能消化就不错。这东西极其客观真实，是骗不了人的。果对因就对。老子说以身观身，自己什么样自己最清楚，别自欺欺人。更不能以己昏昏使人昭昭，那样更要不得。

　　说到功夫大小，内家拳的功夫分先后天。先天层面的功夫就是对内劲的把握程度，返先天程度越深，内劲把握就越大，出来的效果就越厉害。后天层面的功夫是指身体的改造，我们是通过生长是自己越来越强壮。同时把筋骨膜养的越来越坚强、坚韧，筋粗、骨重、膜腾。肌肉是跟着走的，但肌肉同样会自生长，匹配于你的强壮程度。人到十六七岁生长基本就停止了，我们练内家拳的会再开始生长，一路长上去，这样生长二十年，相对于你的同龄人，他们不就跟小孩一样柔弱嘛，更何况我们还有易骨、易筋、洗髓的功夫。除去先后天身心的的层面，另外的就是方法，练功的方法和使用的方法。比如我上次说的有去有留，就是一个核心且关键的方法。这个有去有留还不只是把身体悠起来这么简单。尚云祥跟李仲轩说，程廷华八卦掌的一个秘密就是有去有留，把身体悠起来，然后鼓荡就来了。其实这还只是初步练拳的层次。那个时候李仲轩功夫还浅，先天上还没领悟，所以尚云祥说的也浅显。等功夫深了，这个有去有留就涉及到身法的几乎大部分原则，以及与打法的整合和攻击效果的控制了。一般而言，留三分就能打死人。有句话叫"形意一年打死人"，形意拳的方法是几百年战场厮杀总结下来的，极其简单实用。练拳涉及到返先天，这条路子其实和佛、道两家的修行是一样的。大道唯一，没有第二条道，如果有，一定是邪教。只是我们主要是形而下武艺，但是老辈人功夫大了，也往形而上道艺走，这也都是不期而自至的。功夫越大的，向上一路就越深入。比如庙里的四大金刚塑像，其实就是形意拳的变脸功夫，都是指一气的使用，只是我们借用了道家的说法简称为一气。练拳练到返了先天，就知道天地广阔，证到无极把握了一气，就没什么不明白的了。真正能做到大自在，是真的什么都不挂怀了，那就每天都乐呵呵的，这个就是人生修养的最高程度了。

论不动心

"沿流不止问如何,真照无边说似他。离相离名人不禀,吹毛用了急须磨"。

我们用这首禅宗前辈的诗来说事。这是他圆寂前留给弟子的。沿流不止,就是说我们脑子里的念头一个接一个没完没了,像河流那样永远在奔流。那么咋办呢?这也是几乎所有刚入门站桩的学员遇到的第一个关口。思维念头属于后天,先天自然是空空静静。具体的方法我都详细地告诉给学员了,绝大多数能够领会且有效实践。当然这是一个循序渐进的过程,从一开始念头不断,到念头慢慢减少,到突然能够止念定住,然后定住的时间越来越长,功夫也就逐渐显现。连带着,身心一体变化,它也都是自己来的。如果是你动心找来的,那就都是后天的自我造作,全是假的。

老子有句话:"以身观身,以家观家,以乡观乡,以国观国,以天下观天下。吾何以知天下然哉?以此!"这是老子告诉大家一个修身齐家治世的方法。人在后天遇见问题,都是先看别人如何如何?这个看,就是大脑思维由着习气欲望的牵引去做出的二边之间。人都是先看别人的缺点,然后对照自己的优点,所以永远也不可能客观和全面。人这辈子会做很多错事,主要的根源就在于这个由人及我的观察方法。所以判断片面,思想就有偏见,做事难免有偏颇,因此吉凶悔吝全出,做任何事都有利有弊。老子告诉大家的方法是先天无为的方法,就是先看自己，再去看别人。人看自己是最全面的，自己有点什么问题最清楚，把自己看清楚了，以己推人，再去看别人就全面而客观了。因为人在反躬自省的时候是不用后天大脑思维的，根本就不用动脑子，自己肠子里那点弯弯绕其实都在智慧之海中。所以大家也反躬自省一下，自己过去所做过的事业，成功也好不成功也罢，如果用老子说的方法是不是会有很大改进？

读圣贤书实则就是要观己、觉知。这个观、觉、知，都是先天般若的功能，它是在先天无形无相里的功能显现，不经过脑子的神经作用，所以不存在瞎琢磨、乱动心，你观、觉、知出来的问题，就是最正确、最全面、最客观的。一动心就错，一琢磨就错，一动脑子就入了后天，永无出路。我教给大家的是智慧之学，无需用脑子琢磨，那个太低级。我们都是不思而得，普通人是思而有得，不在一个层面上。回到一开始的四句诗，第一句后面的三个字"问如何"，就已经有答案了，不必再说。

"真照无边说似他"。真就是无极本体，佛家讲不见本心修法无益，见本心就是见到这个真。真是从道家来的，也可以说是常。照就是本体的功能，也即是我刚才说的观、觉、知。老和尚的意思是告诉弟子，这个本心的功能无边无际，天地宇宙无所不包、无所不容、不所不觉、无所不知，你现在不觉不知是因为在后天瞎琢磨，等抽丝剥茧、黄沙吹尽、本心尽露，自然该知道的就知道了。"说似他"，是告诉大家这个功能还不是本心，不是本质，只是功能。看上去很美、很像，但还不是。这个功能就是百姓日用而不知，内家拳的内劲说的也是它。所谓虚无一气，金丹也、内劲也、真意也，都是这个。没有体悟、把握这个东西，练的就是没用的空道。但是知道功能了，还得追根溯源找到它的本主，也就是主人翁。主人翁找到了，时时刻刻都在家，我们这个性命才算是真的回家了。不然自无始以来就一直在外头流浪。流浪什么呢？习气欲望借着这个本体的功能，把主人翁带走了，家里是空的，没人，等你回家了，才知道"不见本心修法无益"是咋回事。所以有和尚圆寂时写了"悲欣交集"四个字。终于回家了，见到自己本心了，能不悲欣交集吗？我问问诸位，你们的主人翁回家了吗？

"离相离名人不禀"。老子说"道可道非常道，名可名非常名"，意思差不多。一切有形有相都别理它，我常说有形有相都是假，无形无相始为真。有形有相就都是后天，你的主人翁被习气欲望牵引着，奔着有形有相而去，最根本的是食、色二字，然后就是其他各种光怪陆离、惑人耳目的，从此一去不归。老子说"不贵难得之货，使民不为盗；不见可欲，使民心不乱"，也就是我常告诫大家的那些道理，就是让大家从后天往先天返，不要被这些东西绊住了，不然就没法进步。话是这么说，一开始总是难免被勾搭走，所以就是后面那句"吹毛用了急需磨"。所谓吹毛就是宝剑，宝剑经常用就钝了，所以要时常磨砺。老和尚是说，你一开始难免主人翁又时常溜出去，也许是跟相好的约会，也许是出去偷好吃的，你自己不觉着，整个身心就都跟着走了，这时候你就不是真你，而是假你了。所以说时常觉醒，就是急需磨。一念觉则警醒，则速速回家，此即是老和尚的良苦用心了。

行走坐卧皆是拳。不是说行走坐卧都打拳。拳法本质不在架子拳式，而在返先天的本质里。你返了先天，时时刻刻都在这个里头，或者说主人翁在家里没走就对了。那么返了先天自然接续，后面的功夫包括身心的改变才是一步步自己来的。大家一开始站桩总归有这个问题，你烦恼、生气、别扭，这不都是在后天瞎琢磨、动意气吗？所以说学佛大丈夫事，否定自己不容易。其实说简单也简单。有人说破心中贼难，其实那个贼也不是别人，就是你自己。你只是不愿意全面否定自己，不愿意彻底地放下，你自己是个懦夫，怨不得别人。就是释迦牟尼也只是传授你方法，也不能帮你去练功打坐。要有决心勇气，如香象渡河截流而断。无非后天这些酒色财气。那些东西一钱不值，真正值钱的是你的性命，是你家主人翁的觉醒觉知。

谈谈后天的有形有相

先从功夫对身体的改造说起。孙公讲先、后天要相交，也就是先天为体，后天为用。毕竟我们有这个肉身，肉身是纯后天的产物。我们练武术要打人，核心练的是个强。这个强是综合性的，包含了筋骨膜皮肉等一整套系统。强，是一起强，而不是局部的强。因为内家的强是生长出来的，所以一生就是整体而不是局部。外家练局部，强也是局部，这就是区别。前辈们说善于养气为内家，否则为外家。要我说先天为体的就是内家，内家并不排斥外家。内家搞通了就怎么练怎么有道理，外家的功夫拿来也一样玩得出彩。为什么？后天都是先天的衍化，外家只在后天上用功夫，从先天的角度，不过是现象而已。从内家的角度，先天有了，后天自然也都有了。

比如说练到我这个程度，看普通人的身体就太柔弱了。那是因为我已经强壮于普通人数倍。一般人别说挨我一拳或者一掌，就是捅他们一指头，或者在他们身上摸一下，都感觉是不可承受之重。那么可想而知，如孙禄堂、尚云祥这样的前辈，身体的强壮会达到何种程度？尚云祥能够一拳搥穿沙袋，张玉书一拳透牛肋、碎猪头，我自认为还远远没能达到，从一个侧面印证出功夫不昧的事实。在我们这里，体重和身高不存在优势，就是体重再大，身高再高，身体还是常人一样的柔弱。我们攻击的只是一点，在这一点上所有人都一样。不是说身高块头大就能承受得住，能够承受得住的只有比我更强，就是那样也没有直眉瞪眼去接对方拳的。因此传统武术没有量级的区分。

　　首先要搞明白一点，我们是用身体的什么部位去打人？当然我们是用骨头去打人。因为人身上只有骨头是硬的，可以用来打击摧毁对方的身体组织。后天就是用肌肉推动骨头，而先天是筋拽着骨头，肌肉起从属作用。这个话题之前已经说过。肌肉做功需要耗费大量血液，而血液来自心肺支持，所以强度一大心跳加速、呼吸加快，一会儿你就累了。同时，从神经传导到肌肉，以及血液输送到肌肉，有一个行程，所以越是用大力，肌肉准备时间就越长，想加快速度只能减小力量输出。这是后天肌肉做功永远翻不过去的一道坎。肌肉做功内耗较大。普通人百分之七十的力量自我消耗掉了。专业拳击或者搏击运动员，通过理顺发力的程序减少力量损耗，所以能发出较重的拳。这也没有什么神秘的，就是通过蹬地、转胯、送肩等。越是水平高的专业运动员，越是能在一定程度后接触到先天的层面。他们知道有一个状态发力特别顺畅，特别顺手，不累且效果还奇佳，但是原因他们说不出来。其实就是沾了先天的边了。

　　内家拳之所以用先天不用后天，就在于先天在这几个方面具有压倒性的优势。先天快，力量透，几乎没消耗。但是先天需要悟出来，而不是练出来，因此选对老师很重要，自己也需要有点慧根悟性。其实慧根悟性每个人都一样，只是后天遮蔽程度不同，为道日损，损之又损。所以进我的门我说要听话，别瞎琢磨，老实跟着练就行了。就是要把这些后天遮蔽都去掉，后天死了，先天不就来了嘛，凡是老实听话的都练出来了。所以一定要先彻底否定自己。

　　层次往上走，自然也是般若智慧激发，这些东西自己就来了。我常说不要用后天聪明，要用先天智慧，聪明是思而有得，智慧是不思而得。智慧出来了，秒杀一切聪明，到时候真的是才如泉涌，凭空自知啊。不到这个境界不知道。其实也不难，我传出来的拳或者桩，任何一个按我说的入了港，智慧自己就来了。到时候有些事看看就知道，没学过也明白，任何一个问题你的主意都高明，而且不是想来的，是自己来的，这就是返先天智慧来了。当你用智慧指导人生的时候，你就会很好地安排自己了。过去圣贤留下的著作，都是人家在先天里头般若智慧激发而来，后人做学问研究用聪明去思考钻研，那不是离题万里吗？永远都是隔靴搔痒。

从身体的强壮发育来说，先天主要是通过肾脏系统来接续，所以练功一开始入了港，都是肾脏开始强壮起来。岁数大的先恢复晨勃，年轻的性功能就越来越厉害。你不去接触女人，晚上就开始频繁跑马，这是好现象，说明你肾脏强了，精就多了，精满则溢，你不用它就自己出来。这也是人身小宇宙活子时的后天体现。这时候到了关口，就得找老师了。我教给大家活子时采药，慢慢过了这个关口，后天的精转化成气血补益五脏六腑，身体就大受益了。先天接续通过肾脏，接续来的是道体元气，它还得转化成后天气血，才能为我所用。刚才讲的活子时采药转化后，天精还只是极小的一部分，更大、更多的是接续后的转化，因为这个东西源源不断，你接续了它就来，你转化了气血就旺盛，所以行走坐卧皆是拳，就是时时刻刻都在这个状态里头，时时刻刻在接续转化。白天接续转化，晚上活子时采药，拳道合一就完整了。

通过方法接续了，而后要转化，气血就越来越旺盛。人是肉做的，肉赖血养，血旺肉壮。气血越旺盛，五脏六腑越强壮，因为五脏六腑也是肉做的嘛，也需是靠气血滋养。身体素质越好，这是初步实现了强身健体，之前身体有病的，通过这个阶段基本就都自己调理好了。光是到这一步还不行，因为你也只是普通的强壮而已，还不是强人。我们练的这个强需要不断地超越过去，身体越来越强，这就需要实现逆生长，也就是让身体再进入生长的轨道。之前那篇文章，也就是说生死的那篇，基本就把道理说透了。为什么人能继续生长？那里面说得非常清楚。佛、道两家都是把握了这个客观规律，所以佛家能够实现存形驻世，道家能够实现长生久视。只要你生长，就能克服衰老。内家拳是把它用在长功夫上。至于说能活多少岁？比如咱们看得见的虚云老和尚120岁才

圆寂。虚云是信奉苦行的，其实只要细细端详人家的面相，120岁的人看上去也就三十几岁。他七八十岁时有一张照片，容光焕发的就像二十几岁。他九十几岁换了一口新牙，为什么呢？因为他的生命状态回转到五六岁，自然就要换牙了。规律是不可改变的，我们要做的只是合上这个规律，取我所用而已。

你说练这个拳能不能长生不老？你真要活到一百多岁可能就觉得没意思了，因为身边一个亲人、一个朋友也没有，你什么事也没有，整天闲待着无所事事，你说你活着有劲吗？除非你带着使命，像虚云那样完成使命就走掉。虚云圆寂前留下的字条，说自己去去就来，这去去可就不知道啥时候了。因为不同的世界时间概念不同。他要是去兜率天弥勒菩萨那里待个几天，娑婆就是几年过去了。他老人家要是待个一二十年，娑婆多少代人就过去了。来娑婆都是吃苦来的，有了更好的去处谁愿意再来啊？所以要珍惜你遇到的传法人，当然这个法必须是正法，胡说八道可不行。如何鉴别？就是看果。果对因就对！

继续生长的话题。释迦牟尼灭度前，有弟子问以谁为师？释迦佛说以戒为师。虚云圆寂前也留话，也是一个"戒"字。真正持戒的出家人是值得尊重的。无所戒处，就悟道了。在路上，就是戒。但这个戒，不只是几百条戒文，更重要是心戒。戒者，解也。真正的持戒，最终要把习气里的结打开，最终得大自在。你看这人修行的怎么样？看任何事都是笑呵呵的，从来都不生气，那就是罗汉境界。做人到这一步，就得恭喜你是人中龙凤，你活得比所有人都精彩都快乐。人活着什么最重要？快乐嘛！最大快乐是寂灭之乐。其实也不是什么高高在上不可得的，你站桩练拳到每一个细胞都快乐，就基本差不多靠谱了。人活一辈子，很多东西都可以用钱买到，唯独快乐是花多少钱都买不来的，因为快乐是发自肺腑的，来自于你身心内部，而不是从外边可以求来的。所以你看身边乃至街上几乎都是愁眉苦脸的人，活得不苦不累吗？

如果仅仅是道艺，站桩也就够了。但咱们这个毕竟是武艺，所以要让筋、骨、膜强健起来，就是通过五行拳。五行拳，主要是劈拳。易筋经在劈拳里头，洗髓经在无极桩里头。劈拳里边藏着个核心，就是三体。而三体，简单说是胯下马、掌中枪、化枪为拳的定式，更深入来讲，是河图作用于身体的象形会意。之前我说过，形意拳是从河图衍化出来的。不管是河图还是洛书，乃至于后天八卦，不能只看平面，还要把它立起来，是个360°全息整体，就能够全面把握了。五行拳来自于河图理论的杀杀相生，所以说三体式是形意拳的总机关，所谓万法不离三体式，还有三回九转是一式，都是说这个河图的象形会意。薛颠老说法身万千，反过来讲就是那一式，三回九转千千万万。落实到后天有形有相还有个完吗？要变出多少架子多少招式都有，但那都是衍化的现象，不是本质。太极拳和八卦拳也是这个，只是途径略不同。八卦拳是洛书的象形会意。太极拳核心本质是一气，具体则包容河图和洛书于一身。

　　这些不是空谈理论，而是实实在在地落实在具体功架和拳架中的，不管是练功还是实战，都脱离不了这个核心本质。练拳层次到了，自然就明白了。过去的前辈们有的功夫大但文化程度不够，有的文化程度够功夫又没达到，难得孙公功夫又大，文化也够，因此把拳道相合的道理提纲挈领写出来，不过也没有像我说的这么细。老辈人写书是这样，点到为止，再深入就不说了，引得后世之人无从入手，必须得找过来人、明白人领路。只是明白人越来越少，慢慢绝学不继就失传了。从我这儿会把能讲清楚的全讲清楚，留之后世以传文武血脉。

　　从劈拳开始，筋、骨、膜全面发育。别的不说，就说指头，慢慢指如钢钩。凡是到我这儿我给拿过筋、治过病的都有体会，这些都是自己生长出来的。从明劲开始到暗劲出现，都在劈拳里头实现。后边的几拳，尤其是崩拳，所谓崩拳似箭，不是拿肌肉推着骨头去射箭，而是用筋拽着骨头去射，所以崩拳必须到暗劲全身的筋完整一体呈现才能练。之前也就是玩玩，学会怎么递拳头应用就行了。钻拳和炮拳同理，横拳最高级，必须是一气出来才能打出意思来，不然盲目地练就都练到肌肉上了，练来练去自己挺辛苦，还什么也练不出来，因为你一直在后天神经和肌肉上做功。筋、骨、膜里，骨头是打人的，筋是发劲的，膜是反应和保护的。人的身体里有个第二大脑，就是膜，五脏六腑各种器官组织，都靠膜来体现功能。慢慢练得身体发生变化，这种强你自己是能体会到的，骨沉、肉厚、筋粗，尤其是身体内龙虎奔流，气血旺盛，精神长在，阳气充足，跃跃欲试。身边的人都萎靡不振，就是年轻人也是个常态，你可是每天都精精神神，往人堆里一站，就是长相一般也引人注目，因为你脸上的精气神和别人不一样。我这儿有多少学员，来找我时都是如日暮西沉，如今就都是这样的状态。别管你多少岁，就是五六十岁，你往那儿一站，又雄壮又精神，年轻人都会被你比下去。上品三宝精气神，你练到了就知道咋回事。同时后天肉体这个器越来越雄伟，身心内外一体，这样的人生何止是健康，更多的是信心满怀！

生命密码与拳道相合

出生入死。生之徒十有三,死之徒亦十有三。人之生,动之死地亦十有三。夫何故?以其生生之厚。明生死,就懂养生了,不知生死,都是瞎养生,养来养去一身病。

人的生命过程,就是从生长到衰亡的过程,成长的过程大约占三分之一。因为老子那个时候人的寿命短啊,平均四五十岁就死掉了。成长需要用十六七八年,由衰到亡也需要十六七八年。成长过程中还有三分之一遇到各种疾病、危险,好不容易熬过来才长大了。于是老子慨叹一句:这么不容易还能长大,因为天地宇宙这个阳生的力量太强大了。各种生物千方百计要成长起来。所以要把握生的规则,就可以抵消掉死的因素。

这个善摄生,只有逆反归真回归纯阳纯乾。猛兽不伤害婴儿,刀兵不伤及第三方,所谓非敌非我,就是说非阴非阳,不在阴阳之内,所谓有无不立,有无并立。这样的人总是在生地,所以永远没有死地,其实就是返先天逆反归真。老子这里说的都是原则,其实也有方法。比如专气致柔如婴儿;致虚极而守静笃。只有实修验证的人才能看懂,如人饮水,冷暖自知。

人这一辈子没有比生死再大的事了。在生死面前,任何利益得失都可以忽略不计。就是世界首富,明天要死也得规规矩矩等死。可偏偏大家对生死基本是一无所知,所以不知生,畏惧死。生命到底是怎么回事?生死到底是怎么回事?今天就简单地说一说。我说的也不一定全面，但大体脉络是如此。以后有了更深的证悟，再向大家报告。

知生死，人生格局就会有很大不同了。生与死，都是生命的现象。刚出生是纯阳状态。没出生前，在母亲子宫里是先天乾坤做主，出生后一落地，就是乾坤合和改为坎离做主。但从出生到性成熟的十几年里，身体里阴阳是相合的，所以生命能够一直生长。等到女子14岁第一次月经、男子16岁第一次遗精，性的欲望一开，坎离分治，心肾不交，于是肾气被性欲带着下行，心气被思维带着上行，阴阳即此分开，青春期各种小思维、小情怀接踵而来。这时，身体内的卦象从乾卦变成了天风姤卦，最下面的阳爻变成了阴爻，表示纯阳之体破身了，从此一路顺中行顺走向死亡。

那么性成熟后阴阳是不是永远都分开呢？也不是。比如人在睡觉、得病了不自觉躺下等，又都会努力合上。但这一切都是被动的，是你身体出现了问题，或者得病或者疲劳到一定程度，身体里的阳气已经消耗殆尽，这时候身体会主动休息。天地大宇宙，人身小宇宙。道体衍化人类，在一生中，自身阴阳转变的过程，此为正。

太阳作用于地球，每年的冬至是一阳来复，此为地球上的活子时，阳气就从地心开始启动。夏至就是地表阳气开始向地心转移的启动，所谓一阴来复。一年就是一个阴阳转换，表现在气候上就是四季的变换。月亮对地球的影响，每个月也都有个阴阳转换的过程。比如诸葛亮借东风，冬天总有几天是一阳来复的，所以刮东风。同样道理，夏天也有几天是一阴来复，就要刮西北风，会降温。这也是活子时。

人身上的活子时，也分好几种。一种是每天晚上十一点，天地之间阴阳反复带给人身体的影响，这个主要是太阳对人的作用。此时身体里头也是阳气开始萌发，所以过了子时还不睡觉就有点麻烦。过去人讲睡子午觉是非常正确的。午时是一阴来复，这时候休息一下是非常好的，不然下午人没有精神。子时不睡觉，后半夜倒精神了，可是第二天一整天都没精神，因为你的阳气没补回来，白天该工作了阳气不够用。所谓子午抽添，抽添就是增减，就是说阴阳转换。得会善于利用阴阳为自己所用，生命才得长久。

还有一种活子时是人身体这个小宇宙自己萌发的，就是早上醒来阴茎勃起。这是身体从纯阴状态苏醒，身体里头阳气勃发充满，几乎是纯阳的状态，就从最敏感的阴茎体现出来了。久病之人痊愈的症候，也是早晨醒来一柱擎天，那就是身体里阳气足了，真正大好了。我们练拳的人就是时时刻刻了，活子时随时会来。阳气勃发充沛，也就是功夫来找你，坐不住就要起来练练，这时候就是要长功夫了。涉及到长功夫，火候、关窍就非常重要，过程很复杂，必须老师耳提面命，不然容易掉功夫，严重的还容易走错路。因为进阳火还要退阴符，这里头的道理很深。

还有一种是月亮对人的影响，就是女人来月经，男人一个月遗精一次。每月男人会有几天乳头发胀发痒，这是一阳来复，发展到乾卦纯阳然后就遗精，下面就是一阴来复，周而复始。女人是不是也有几天乳头发涨发痒我不知道，但是人体每个月阴阳转换大抵都是如此。女人应该是排卵之后那天是一阴来复，之后的月经就是逐渐往阴气做主的程度里边走。大概十二三天以后就是一阳来复，是不是乳头有变化，女同志可以自己观察一下。但这只限于三十几岁以前，也就是身体里阳气还占主要地位，等到了中年阴气占了上风，一阳来复就很难体会到了。当然，如果是练我们这个拳，首先是恢复晨勃，而后是活子时频繁出现，身心开始逆反回真往回走，阳气越来越足，青年时期的一些生理特征也就会回来。刚才还有个学员跟我说，站桩加上打劈拳把抑郁症治好了，那我得祝贺他。其实就是阳气足不足的事，多数的问题都是阳能不足，补回来也就好了。

这些东西极其客观真实，你合上了生长的规律，就一定会出现。子午抽添，卯酉沐浴，子时进阳火，午时退阴符，把握一阳来复和一阴来复，都是修炼性命的好机会。我们不是修道，只是拳道相合，具体就在练法中体现了。拳法练到了，其他的也就有了，不然身体不会出现变化。一般我教到这种程度就不教了。到这个程度，从理论上讲，生命的核心可以长期处于年轻的状态，只要别在酒色财气中过分消耗，多活个二三十年是没问题的。所以形意拳改性命延寿长命，最根本的道理是这个。过去老辈人只知道练，不知道具体原因，我验证过了，今天彻底解密，以后也就没有秘密了。作为学员暂时不懂，因为没有彻悟先天，所以也不需要你懂，就听话老实练，自然该来的都来。你不听话，你瞎琢磨，就是背道而驰，在后天什么也练不出来。

从天风姤卦到天山遁卦，身体内部还是阳气做主，从娘胎里带来的本钱还用不完，所以这个阶段身体虽然基本停止了生长，但体现出朝气蓬勃的青壮态势，因此是人生最好的阶段。女子就是十四岁到二十八岁。男子就是十六岁到三十二岁。这十多年体力精力都是最好的时候。到下一个卦象天地否，也就是女子二十八岁到三十五岁，男子三十二岁到四十岁，就是阳气与阴气持平，这个时候体力精力相对就会下降，不复年轻之勇，但体内阴阳平衡，人的思维情志相对都成熟平和起来。地球上的气候，就是秋分的时候，"子午抽添、卯酉沐浴"，天地否的卦象，就是酉时沐浴了。在月度里头，就是下半月的半弦。所以天地日乃至时都各有法度，人作为得一气之全的产物，与天地日月一样有着抽添沐浴的客观现象。

再下一个卦象，就是风地观卦。这时六爻之内，阴气已经占据了四爻，阳气只剩下两爻，身体上的衰老变化就开始明显了。女子是从三十五岁到四十二岁，男子是从四十岁到四十八岁。基本上在这个生命阶段，首先是肾阳亏虚，连带着脑子不好使了，眼睛开始花了，听力下降，头发开始变白，腰腿也不那么灵便，生命就快要接近老年。说个笑话。我平常各种网络平台媒体都玩，微博、微信、抖音、头条，也有很多道家的修行者发点东西，可能我看到的只是少数，没有看见一个懂先天的，把太极和两仪分不清楚是最典型的。佛、道两家都在先后天分野，不悟先天就根本入不了门啊。

　　生命中最后一点阳气存留的卦象，就是山地剥卦。此时五爻皆阴，只有一爻存阳，娘胎里带着的那点本钱，就剩下一点点了。女子从四十二岁到四十九岁，男子从四十八岁到五十六岁，身体就开始全面老化。女子从四十九岁开始、男子从五十六岁开始，卦象进入到坤卦，就是六爻皆阴，阳气都消耗没了。从这个年岁开始，人就进入所谓的更年期。因为六爻皆阴，生理心理都带来巨大的变化，对比一开始的乾卦，等于生命的状态反转了，所以更年期和青春期一样，人的身心状态尤其是精神都不太正常。

　　再往下，女子从五十六岁、男子从六十四岁开始，生命又重新来过，就到了一阳来复的复卦，相当于每年的冬至一阳生了，这个生命力又转回来了。在这个阶段的老年生活是相对平静和充实的，而且还会有很多的喜感，比如愿意和孩子在一起，所谓老小孩，就是生命里一阳来复的状态，有点和孩子接近。这个阶段如果能够把握住这一点阳气，生命是可以往回走的，但绝大多数人懵懂无知，悄无声息就消耗过去了。自然，这个也不可能跟我们通过拳道相合逆反回真主动改变性命相比较了。但天地给予了人类一个机会，把握不住其实也蛮遗憾的。遇不见像我这样的明白人，最起码在这个年龄段要学会心能常清静、天地悉皆归，就是大补益了。

　　可能大家还会有一个疑问，既然一阳来复，阳气又回来了，人为什么之后还会死亡？因为这个肉体的器已经衰老，没有方法的人，也是绝大多数的人只能听之任之。阳气回返，在复卦时还可以，到了后面阳气越来越多，就好像你给病人喂人参，所谓虚不受补。所以孙公讲，阳极必阴，阴极必死。这个阴极不一定非得等到六爻纯阳转乾，全看个人生理上底子如何。像我们练形意拳的老前辈活到九十多，普通人的身体早就不行了，这个问题那个问题，阳气回来的多了，生命承受不住，死亡也就来了。可能又有人问，回光返照是怎么回事？是不是一阳来复？人

在将死之时有个回光返照,确实是一阳来复,但这个一阳来复不是上面说的一阳来复。上面说的一阳来复是正子时,死之前的回光返照是活子时,是自己身体小宇宙的变化。

正子时就是天地宇宙这个系统由道体衍化对其中的生命所施加的影响;活子时是我们人类自己这个小宇宙系统,自己身上这个先后天八卦施加的影响。无论是正子时还是活子时,都能善于利用,这个人就非常厉害了。我教给学员的活子时采药,就是针对我们生命自己这个系统。正子时来,比如孙公自己说海底跳动,不敢动,一动就射精,这个就是正子时了。不过按照孙公的记述,当时他自己并不明白。当时应该还在郭云深处求艺,还未悟彻先天,所以他用吸入丹田的方法来处理,其实是错误的,包括《拳意述真》里引述郭云深讲的丹道方法也都不正确,因为落在了后天有形有相中。孙公的修为,体现在《形意拳学》里是最彻底的先天之学。到了《太极拳学》,里头掺杂了一些后天有为有相的东西,比如气入丹田的说法。但凡后天有形有相皆不可取,若取有形有相,早晚必为所累。所以这些方面,也许孙公是对前人有所继承,但落实到具体实践,切不可盲目模仿。

道家的丹道正法,唯有立炉鼎,绝无丹田修炼之说。任何意守丹田、气入丹田、气贯丹田等,皆是虚妄说法,害人害己。就是立炉鼎,也只是以乾坤比拟身体,是从整体上说的,而非局部。后天气血不可调度,身体内任何成分都已注定,如果非要修炼出一个特别的,比如看得见摸得着的大金丹或者什么其他有为有相,最后生命托不住时,结果是不言而喻的。

天地宇宙以及我们自己的生命,都极其客观,没有丝毫神化的成分。比如小孩子的生长,你可以让他今年不长明年长吗?显然不行。比如人的衰老,你能让他今年别老明年再老吗?说明这背后有个规律可以遵循。所谓修行是被神化的概念。无论儒、释、道的圣贤,都是探索宇宙以及人生真理的先行者。比如宇宙是怎么来的?生命是怎么来的?

未来应该向何处去？所谓天行健君子以自强不息。我们把握了这个规律，明白了真理，是为了我们自己活得更有智慧，更有质量，更有前景和未来。比如让生命更健康、更年轻，让自己的事业更加发展，有益于社会，让人类减少战争、病痛和苦难等。儒家讲"修身，而后齐家，治国，平天下"，不是说每个人都去当国王治理天下。我们每一个人就是自己的王，做好了自己，惠及他人，惠及社会，就是平天下！

　　人类的生与死，就像是自然界的草木。"离离原上草，一岁一枯荣。野火烧不尽，春风吹又生。"野草是一年一生，秋季地表阳气尽了就死掉，来年春天阳气回来又发芽。野草的根始终藏在土壤里头，阳气没有就休眠，阳气来了又苏醒。人类生命的根是在虚空之中，确切地说明，就是这个"中"。佛家讲，人死到投胎再来中间这段叫"中有"或者"中阴"，重点是"中"，我们生命的归宿、来源、根基，就都是这个无形无相的"中"，把握这个"中"，就能够把握自己的生命了。无论修佛还是修道，都是先悟这个"中"，最后把握这个"中"，才能说"我命不由天"。我们练内家拳的，比如孙公老说形意拳除中和之外无元妙也，这个中其实也就是上边那个中，所谓喜怒哀乐之未发谓之中，发而皆中节谓之和。其实呢，人生诸事，天地万物，都是基于中，而致于和。悟道也是悟这个中，得道是能把握这个中。做事就是要致于和，是最高境界。

　　那么死亡是怎么回事？死亡之后是什么景象？死亡的是这个肉胚子，我们的本我，或者叫神识，或者叫灵魂是不死的。这个东西的本质就是"中"，它来自于虚无本体，所以无极本体不会坏，神识自然也不会毁灭。所谓神识，是无极本体功能的衍化或者体现，它从肉体这个器中出来，好像寄生蟹一样，还要寄托到另一个器中去，这个过程就叫轮回。"生者寄也，死者归也"，其实这个归自己是做不了主的，能做主你就了不得啦。在从死掉这个器进入到新的一个器的过程中，没有一个有形有相的器给你使用，自然也没有眼耳鼻舌身意的羁绊，也就没有了主意识的控制，这个阶段就是欲望习气和神识的功能结合在一起发生作用，也就是所谓的"中有"或者"中阴"，情景和做梦差不多。人晚上做梦是被动的休息，主意识不工作了，但神识的功能还在发挥作用，就会和欲望习气结合，幻化出种种的奇怪梦境。你说它是真的，梦醒来原是虚无，你说它是假的，可是梦里头桩桩件件都很逼真。其实人白天也未尝不在做梦，虽然白天是主意识做主了，但也是因为欲望习气乃至后天的种种，脱离了客观的真相。比如同样一件东西，每个人都看过，但认知就不一样，实际上东西本身的本质和特性都是单一的，并不以人类的意志为转移，人类只是被自己的后天思维习气带走了而已。

《佛说入胎经》里，讲到中有投胎的情景，会幻化出种种的情景，比如高台楼阁，比如平常屋院，有湖泊河流，有森林草丛，这些幻化的场景都是每个梦中有的自作境，并不是真实的。比如做恶梦很难受吧？做美梦很舒服？其实恶也好美也好，主人翁都是你自己。这种幻化的现象也是客观存在的，后头做主的是你虚无本体的功能，所谓烦恼即菩提，当你能把它转过来，就是般若的智慧。所以，体悟这些本质都需要返先天，到一元世界里去寻找答案。所谓心能转物，而不是后天二元世界里头的物能转心。因为中有境界里头自己做不了主，就随着习气欲望的洪流到处流浪，大约你这一生哪个方面出头就奔向哪个方面。也就是所谓业力。一生为善自然往善人扎堆的地方去。一生为恶自然往恶人成堆的地方去，一生就知道食色的肯定就是进畜生道。所以命皆自造，怨不得旁人。

人这一辈子都是被六贼所系，也就是眼、耳、鼻、舌、身、意。中阴入胎，与父精母血一搅合就融合在一起出不来了。胚胎渐渐发育生成各种器官，主要是六贼的形成，就把原本一浑然太极拽进了自己的有为天地再也出不去了。所以各路修行方法，只要是彻底的就都是奔着六贼而去。非得六贼死掉，所有先要死个人，本我才能复苏归位，才知道主人翁的本来面目。所谓不见本心，修法无益么！佛家就是各种手法，

最高级的就是禅宗，直入主题。一下子打死后天，先天方立。道家则更简单直接，把答案直接端出来告诉你：无极，太极，两仪，三体；道生一，一生二，二生三，三生万物；先天，后天。我把这些东西都拢了拢，从最根本的一气功能上入手，返先天、悟根本、证无极、见本心，以拳入道，以道成拳，滋养身心，强壮体魄，进而逆反回真，延寿长命，武艺与道艺齐头并进，让大家都能有所受益。性命上立起来，人生便大不同了。

太极十三式的秘密

之前我说过,最早传拳下来的那位前辈保守,所谓"掤、捋、挤、按、採、挒、肘、靠、进、退、顾、盼、定",其实是非常隐晦的代说法。毕竟道门中人有这个传统,不敢泄露天机。到我这儿就没什么不能说的,本来就是天地宇宙的大道,成天在那里摆着,只是寻常人不懂而已。我把大原则说出来了,省得以后的人受迷惑走错路。

那么真正的太极十三式是什么呢?所谓易有太极,是生两仪。易就是无极本体,太极是无极本体的功能,从太极本身出发的所谓十三式,都是它功能的体现。天地是个大宇宙,在这个宇宙的全息信息系统中,先天八卦和先天五行加在一起就是太极十三式。而先天八卦就是洛书,先天五行就是河图。

先天五行和先天八卦是什么关系呢?它们是没法分开的。金、木、水、火为乾坤坎离之所化,土则为先天真意,也即一气之中也。实为一体之两面,体则为无极一气,用则为八卦五行。先天五行和后天五行区别是什么?先天五行杀杀相生,所谓逆反回真,杀机中呈现一片生机。后天五行生生相杀,所谓顺中用顺,物壮则老,一路奔向死亡。所以五行拳劈、崩是一对,钻、炮是一对。形意拳是先天拳,要逆反回真才能练出功夫。你走顺顺相生,就都是消耗了。

落实到太极拳,就是人身小宇宙。所谓有四正四隅,四正就是两个肩膀根和两个胯骨根,四隅就是两条手臂加两条腿。孙公在书里一会儿说松开肩膀根和胯骨根,一会儿又说缩住肩膀根和胯骨根,这一松一缩，就是在练人身上的先天八卦。所谓进、退、顾、盼、定，就是个全息立体的一个人像，种种招式动作，五行在其中矣。

以上是练法的十三式。虽有十三式，只是身体后天的存在和形态，关键是要返先天，体悟无极和一气，则太极在其中矣。无太极，就只是个架子。有太极而无十三式，后天这个肉身也不出功夫。所谓先后天合一，孙公云：先后天要相交！

具体落实到练习的方法，必须是师徒间口耳相传，没办法写到书上。写到书上的流弊就是读书人会瞎琢磨，在后天思维上愈行愈远，永远得不到真理。非得老师口传面命，甚至有时候一个动作、一个眼神、一个神态、一句话，就得了。记得我悟六合，当时是躺在按摩床上师弟给我松筋呢，李老师在边上坐着抽烟，我不经意间问了一句，他当时回了我一句，言下大悟，再无二话。没老师引路，自学是不行的！

用法的十三式，就简单了。七星都算上，就是十三式。这里要多说一句，採、挒、肘、靠与掤、捋、挤、按应用本来一体不能分开，若是分开，那就是纯粹搞学术研究，离实际太远了。

河图　洛书　虚无一气

　　形意拳的创拳理论来自于河图，八卦拳则来自于洛书，而太极拳呢？就更高级了，直接是虚无一气。所谓"道自虚无生一气，便从一气产阴阳。阴阳和合成三体，三体重生万物张"。这个虚无一气就是无极道体的功能，也即是孙公讲的金丹、内劲。一气是在阴阳之前，因为一气功能一动，产生了阴阳。最初的阴阳就是乾坤，乾坤未合体前是为先天，乾坤合体后产出坎离，此时便是后天了。所以孙公在《太极拳学》自序中讲了一句话：有无不立，有无并立！有和无或者根本就没有，或者根本在一起没分别。孙公是彻悟了先天本体和一气功能的，这话就是在逆反回真先天境界才能说出来。人要是后天阴阳或者矛盾对立中用脑子琢磨，想来想去都不明白。所以懂不懂太极拳，就问孙公这句话啥意思？若是自己证悟出来了，在拳法里体现出来了，说明是返了先天，是真懂。

　　不证悟到先天，不把握了一气，太极拳就练不对。或者只有个架子，不管是标准还是美轮美奂，但也只是外在形体上的，里边有没有呢？没有，只是个空架子。里边是啥呢？阴阳二气混沌合和，坎离交会回转乾坤，而后自然身心变化重新生长，则弱者变强，强者更强。练咱们这个拳，只要一动作上，身体里边就混沌起来了。阴阳二气在丹田里头交会作用，怎一个妙字可以形容，痴痴迷迷，如鸡抱卵，全是化学变化，生长，就在其中了。我们身边练太极拳的很多，练七八年你看他变强了吗？很多人是越练越弱啊，那是纯粹的消耗。要是里面带了后天的意念，或者人为调度后天气血，亏得还要厉害。先天大道，简易、平易，大道自然，哪有那么多零碎啊？过去的祖师爷要推广太极拳，可是大家又不懂啊，于是就说一个静字。祖师爷在的时候，跟着人家练，言传身教，学者能体会到先天是什么味道，所以虽不中亦不远矣。杨露禅说他教拳的时候大家都得了好处了，可是后来为什么一代不如一代了？就是这个"静"字害人。先天没有静的概念，静和动属于后天。祖师爷说静只是个比喻，后来人就以指为月了，于是找静、求静、入静，结果一辈子都没静，都在后天思维里头打转，可不是越练越亏？太极拳这么高级的拳法，就变成现在的体操了。

不管是形意拳、太极拳还是八卦拳，其实都是返先天的拳。内家拳起自张三峰，他悟了以静制动、后发制人的内家拳理论，这也是返先天，但这都是被动的。内家拳逐步发展，从被动走向主动，就变得全面了。比如形意拳既可以后发制人，当然也可以先发制人，不管后发先发，都是先天里头激发，没有后天思维神经肌肉什么事。形意拳和八卦拳还有攻守的痕迹，太极拳则无形无相什么也没有，就二十几个招数，每天重复烂熟于心，对景了就打上，打上对方还不知道你是怎么打上的，因为太快。我有个之前练泰拳的弟子，每次来和我比划都说自己心里没底，因为不知道我会怎么出手，而在擂台上大家路数都差不多，跟我这个完全不同。这就是李小龙说的"以无法为有法，以无限为有限"。最起码我觉得李小龙是悟了有无不立、有无并立，所以他的速度才那么快。只是他的练法有问题，精神上刺激太深，最后脑部产生了病变，结果死在突发的大脑疾病上。

在一气上的速度有多快？可以从踩急刹车去体会。脚出去的速度与你遇到的危险成正比，快到你无法想象，因为你一想象就是后天，后天再怎么快也比不上先天。车刹住了过几秒主意识才回来，才知道紧张害怕。大家看，先天与后天的速度差距就这么大。几秒钟，都可以把人打死好几次了。那么你踩急刹车时脚出去有主使吗？没有，它是自己出去的。如果刹车踏板变成一个人的肚子，相信他倒在地上时还不知道你的脚是怎么过来的。同样的道理，太极拳那二三十个招式，不管你用哪个招式，如果都是像踩急刹车那样出去，除非也是内家拳高手，不然有谁能接得住防得住呢？关键是怎么练出来，这个就得依从明白人踏踏实实学了。

　　这条路上，越是聪明人越不好。聪明人喜欢玩脑子，说白了就是玩弄精神，自己玩自己，还觉得挺高明。其实要是论聪明，谁比谁差呢？人和人之间的区别是智慧上的区别。一个人有一番成就，也是智慧上的成就。有成就的人之间的差别，只是智慧的差别，而不是聪明的差别。真正大智慧的人，不会去耍弄聪明。所以，大智若愚！用老百姓的话，贪小便宜吃大亏。郑板桥说"难得糊涂"，这个是大智慧。糊涂了，就不要弄聪明了，智慧就来了。咱们练拳的，功夫与智慧是一体两面，功夫来了，智慧也就来了。所以，自觉爱耍聪明、爱动脑子的，自己还不能觉悟，短时间没法改的，就按照我说的当自己是傻子，我怎么说你就怎么练，不需要你动脑子，你动脑子就是错。我教你的才是正确的，你不动脑子了，就走在正确的路上了。功夫上了身，智慧生发了，到时候你就懂了。

《解密形意拳》中几个典型问题的解答

和一些拳友的互动中,有些典型性的问题,今天归纳总结一下。

1. 站不站三体式?答案是不站。我屡次说过,门里就是混元桩和无极桩,其他形意门就只有混元桩。只是徒弟脑子不开窍,返不了先天,才让他去站三体式。为啥返不了先天?就是在后天思维做主肌肉做功里头出不来嘛。觉得只有脑子琢磨、肌肉使劲才叫功夫。那就叫你使个大劲吃个大苦,三体式就这么个用意。不过绝大多数人熬不住后腿的痛苦都半途而废了,熬过来的只是极少数。一般而言,过了十几分钟腿也就不疼了,没感觉了,逐渐地进入到空空静静的状态也说不定。齐公博就是这么练出来的。归根结底还是要走到空空静静里头返先天,我们有无极桩和混元桩更好使、更方便,何必走那个崎岖小路?也不能说没用,只是笨功夫,没必要。

2. 肌肉不做功怎么发力?后天上的人都是脑子指挥肌肉做功。比如你想打某人,脑子发一个指令,肌肉同时紧张,然后肌肉收缩把拳头打出去。所以后天肌肉运动是两下。人活在后天,时时刻刻都被脑子指挥,就都是肌肉在工作。因为肌肉做功需要大量的血液支持,所以一会儿你就累了。我们是在先天上做功,这个做功是筋、骨、膜的联合作用,肌肉则是跟着走的,脑子则全部休息。人其实有两个大脑,一个是后天思维的大脑,另一个是先天内膜的作用。当你遇到危险后天来不及反应时,比如踩急刹车,内膜就开始工作,出于保护个人生命的本能,指挥筋骨连带着肌肉做功。内家拳就是这个发力体系。所以我们既不用训练发力，也不是大家熟知的后天发力形式。这种发力对身体没消耗没损伤，而且劲力极其凶悍恶毒，一发即透入身体内部。

3. 为什么练孙式拳的跑步？其实我们从来不刻意跑步，大家看到我们跑步，那是在练夜行术。夜行术本身是孙公传承下来的一套训练瞬间启动、连续启动的训练体系。这些东西我要不说可能以后也没人知道，我说个大概，最起码将来大家知道孙公留传下来还有这些真东西。至于说孙公一晚上从保定跑到北京，那当然也是夜行术的功夫，但不是全部。单纯的跑步是后天肌肉运动，是纯粹的身体消耗，稍微跑一跑把多巴胺激发出来还可以，过分了对身体就是巨大的损耗了。我们要是跑都是在先天，先天上激发身体运动功能。但这个东西必须是到了化劲才能有所体悟，程度不高根本练不出来。就是我教给你，你听着也像天书，模仿来模仿去都是肌肉做功。

4. 到底打不打沙袋？我们是内壮，比外壮的高级。打沙袋之类的硬功，也是从外而内刺激筋、骨、膜生长，但那是被动的，吃苦受累不说，对身体还有很坏的影响。咱们这个是自己长出来的强和硬，所以到一定程度，你一出手别人就受不了接不住，好像大人打小孩一样，小孩永远接不住。

5. 技击到底应该是发还是打？发和打是两个攻击系统。发是丹田出来后才上身的，而打则一开始就会，只是层次高低不同。发相对比较客气，发人丈外，起来没啥事，但这只是低层次的发，到了高层次，发人一样伤及内脏。而打就直接伤人了。咱们的打主要是筋、骨联合作用，没有肌肉什么事。随着你的筋骨越来越强健，返先天用一气的程度越来越高，打人的后果就越来越严重了。等到了化劲的程度，打人就全看神气。先天神意里头有没有伤对方的意，或者只是开个玩笑，运用之妙存乎一心，练到了你才能知道，古人诚不我欺也。

6. 练形意拳是不是一开始就要把五行拳和十二形全学会，每天练？练法都是门里秘传，尤其是火候，外边人哪能知道呢！一开始除了站桩就是劈拳，明劲阶段以劈拳为主，等暗劲到了筋出来了才能打崩拳。五行拳是要练的，但十二形必须返先天到一定程度，证悟了人性、兽性在本质上一样，这时候才能去练十二形。而且十二形也只是找对应自己脾性的几形，每一形也只是练其中的一下或者两下。这些都是原则，关键是要在原则里出变化，慢慢形成自己的独门。一动手也只是一招半式就管用了，而且是综合起来的一下。钻拳和劈拳其实是一回事，会打劈拳就会打钻拳。炮拳是劈拳和崩拳的合化，劈崩都懂了才会打炮拳。至于说横拳那是最高级的，不是悟到一气什么也练不出来。不懂这些次序，练来练去每天就是出汗，自己还挺怀疑自己，这么练有用吗？反正傻练。练一辈子拳架子，最后一事无成。

延缓衰老的秘密就是生长

无极是本质，功能是一气，一动而两仪，也就是最初的阴阳。西方科学认为宇宙产生之前什么也没有，这个也对，也是无极的概念。然后宇宙大爆炸，这个也算靠谱。一气功能一动，当时是不是爆炸咱们也没看到，大约是没有。这一动是无形无相，然后气分两仪，先出者为清，后出者为浊，清而上升，浊而下降，宇宙中的乾坤乃分，清者为乾，浊者为坤。道体再衍化，清者为虚空，浊者为星球，踩在脚底下的就是地，头顶上的就是天，所以一个星球上的乾坤确立。伏羲当年是从地球上看天地宇宙，制定了先天八卦图和后天八卦图，但是又不仅限于地球。大而无外，小而无内。天地宇宙是360°的信息球体，所以看八卦图也要把它作为球体来看，当成一个平面就局限了。所谓天圆地方，八卦里的方圆图，只是当年的易者站在中原这个中心位置上，对九州中国所对应的八卦图的局部进行的演绎。后世把方图分成九宫来演算地理运气，大到一国小到一家，国家气运，家居风水，全在其中矣！

我们重点是讲人。人作为得一气造化之全，自身内也是个小宇宙，乾坤做主先天，坎离做主后天。可能大家都有个疑问，宇宙万物包括动物、人类是怎么来的？首先，所有的物质形态都属于后天，也就是道体衍化出来的，都是现象。人披了个肉壳子，这个肉壳子也是现象。既然是现象，就有生长衰亡，就是这个宇宙，早晚也有毁坏的一天，因为这个宇宙也是现象。后天所有这些现象，都是乾坤交感而来，也就是阴阳二气交合衍化而生。宇宙最早产生的时间，那是非常久远了，从最初一无所有的虚无本质，到一气功能初产阴阳，也就是先天乾坤确立，就开始不断衍化宇宙天地万物生灵了。西方科学不是证明了宇宙还在不断扩大吗？因为星系与星系之间的距离还在继续扩大，就是说这个一气的功能还没有停止，还在不断衍化新的现象。这时可能有个有趣的问题，宇宙有没有边际？如果有边际，宇宙之外是什么？虚空是谈不上边际的，无边无际。要是落实在星球的三维世界里，那是肯定到处有边有际。虚空，其实就是先天虚无本质的一个体现。说人喜欢做白日梦，大白天你觉得自己清醒着呢，其实时时刻刻都在酒色财气思维思想里头不可自拔，没有一刻是真正属于自己的。而宇宙中的星系星球也如同人做白日梦一样，好像自己是实实在在的，其实也不过是在虚无本质的虚空衍化中做梦而已。

但是这一切极其客观，没有丝毫神化的成分。就是所谓成佛作祖的，精神本质上回归了无极本体，但凡显像于各个世间，也都是幻化的现象而已，做完了事就走掉了。有时候为了打消世人执迷，连身体都不要的。比如释迦牟尼八十一岁入涅槃，干脆一把火烧尽，"凡所有所相皆是虚妄，若见诸相非相即见如来"。那些痴迷于各种神迹、吉兆，都是自说自话的傻瓜而已。你还在做梦，只是你自己不觉。那个文殊菩萨点化做饭老僧的故事，老僧见文殊骑个狮子在灶台上跑圈，顺手抄起木头做的饭铲子上去就打，结果文殊顿时腾身半空，念了一首诗："苦瓜连根苦，甜瓜彻蒂甜。修行三大劫，却被老僧嫌。"所以诸君，莫在有形有相里执迷不悟，但凡你起心动念就都是错的，何况你把个七彩祥云当成神佛显迹，糊涂之至！在我这里就非常简单，返先天就入门了。证到无极就明心见性了。会用一气就智慧成就了。这些我怎么会懂？我练到了身心证悟自然就懂了。你们有一天赶上来，自然也就懂了。

说这些是让大家破掉后天的执迷，舍了自己那颗没事瞎琢磨的有为之心。我让大家当傻子，傻子那么好当吗？聪明人想当傻子而不可得，他非得动点脑子不可，不然就不知道自己是谁、在哪里？你是不知道智慧出来了秒杀一切后天聪明。这条后天有为之路是走不通的，所以必须先彻底否定自己。越是聪明人，越是不容易成就，但是你能彻底否定自己，也就有了入门的阶梯。所以我说两条规矩，一是要老实听话，二是不准瞎琢磨，做到了就入门了。回到人生的话题。随着乾坤二气的交感合和，天地万物随之产生，人类也就应运而生了。最早人类在不在地球上出现不好说，按照佛教的说法，宇宙间有人类的星球非常多，地球只是比较低层级的一个。但只要是人类，就都是乾坤二气交感而生。最高级的无形无相，逐渐到低级的有形有相，佛教讲有欲界众生、色界众生和无色界众生的区别，只是生命现象的不同，本质里都是乾坤二气感化而成。

我们都是从娘胎里来的，怀胎十月一朝分娩，刚出生的婴儿头顶的囟门还是开着的，这时候仍然处在先天乾坤做主的阶段，精神上于道体本质还是连着的，身心内部还是属于先天八卦的阶段。这时候的婴儿无思无欲，饿了就哭着要吃，困了闭眼睛就睡，醒了两个黑眼珠骨碌骨碌的，蹬着两条小腿不知停歇，此所谓赤子之心。半年之后，囟门合上，乾坤易位给坎离做主，这时候身体就进入到后天八卦的阶段。这时候的孩子就知道要吃要喝了，但仍然是出于生理的本能，并没有通过后天的思维。这个阶段坎离是合着的，所谓水火既济、心肾相交、龙虎际会，所以才能够一路生长上去。女孩子一直到十四岁，男孩子一直到十六岁，心肾一分，坎离从此分手，坎主肾走入了性欲，离主心走入了后天思维，于是各种欲望情愁接踵而来，青春期的不确定性也就纷至沓来。坎离一分，生长也就停止，之后的窜个儿都是生长之余事！

这个阶段人身体里都是纯阳之气，精力旺盛，胃口特别好，中午吃完了饭下午三点又饿了。消化能力强不是因为长身体，这时候身体的成长基本结束了，胃口好是因为气血旺盛，身体里头阳气充足，运化的能力太强了。消化功能强，性功能也强，荷尔蒙刺激的男男女女们开始关注异性找对象求偶了，这就是孤阴不生孤阳不长，阴阳成熟了必须要合

和,所以男人找女人是正常的,家庭的存在是阴阳之大道。但是因为人有后天,五行的搭配结构决定了一个人的脾气秉性好恶,所以人和人之间就有相合相生,也有相冲相克。相生的就都是看着顺眼、处着开心,相合的就更高级了,男女之间看对眼了爱到海枯石烂,就是五行相合的首尾。所以透过现象看本质,这个宇宙间所有的事物都是极其客观的。

男人女人从性成熟开始,一直到中年以前还有的本钱消耗,一旦过了四十岁就开始明显衰老,所以人从出生到成长到衰老到死亡,是个极其客观的过程。既然是个极其客观的过程,背后就一定有个客观的规律在主宰着它们。那么这个规律是什么呢?儒、释、道三家,儒家基本谈心性修养,主要是入世的学问;佛家在具体生命的规律上也是语焉不详。释迦牟尼在圆寂前曾经问过阿难一句话,意思是我在这一劫中留形驻世如何?阿难当时懵了。释迦牟尼问了三次,阿难皆迷蒙无语,于是释迦牟尼才决定灭度,但是他安排了四大弟子在此劫中存形驻世一直到末法时期,尤其是大迦叶要等待下一劫弥勒佛下生度世,这说明释迦牟尼是非常明白的,而且也知道怎么办。唯独中国的道家把这个规律讲得非常清楚明确。老子与释迦牟尼、孔子都是一个时期的人,所谓东西方都有圣人出焉,但是佛法传到中国那是很久以后的事情了。所以道家的东西是独树一帜,走的也是自己的路子。

现在就要讲这个规律是什么?就是坎离相合。道家讲顺则死、逆则生。因为人性欲一开,坎离分治,所以一路消耗走向死亡。这是所谓顺则死,也即是生生相杀。既然生长的原因是坎离相合,那么我们重新回到孩子的状态,让坎离重新合上不就行了吗?但是从身心上而言是要逆反着回去,所谓逆则生,也即是杀杀相生。《阴符经》里讲天地杀机,其实孕育一片生机。暴雨过后就有新的植物生长出来,动物才有吃的。人心杀机,就要改朝换代,其实也是结束一个旧时代,迎来一个新时代。但是杀机实现的过程在人看来很痛苦,地质灾害也好,人类之间的屠杀也好,都是痛苦至极的事。但是从天地宇宙的规律看则无所谓好坏，所以天地以万物为刍狗，圣人以百姓为刍狗。好坏不是天地生杀的由头，善恶也不是圣人考虑的事情，因为天地与圣人都是在先天本质上，不在后天阴阳里。道家把人类称作裸虫，但人类把自己看得很高啊。其实看高点也没错，只要活明白了就是圣贤，活得稀里糊涂才是裸虫。

现在我们回过头看看孙公禄堂说的话："唯圣人独能参透逆运之术，揽阴阳，夺造化，转乾坤，扭气机，于后天中返先天，复初归元，保合太和，总不外乎后天五行拳八卦拳之理，一气伸缩之道，所谓无极而能生一气者是也！"怎么让坎离再合上？孙公说得非常明白了，无非五行拳或者八卦拳之理，一气伸缩之道。五行拳的创拳基础是河图，八卦拳的创拳基础是洛书，形意拳和八卦拳合一，就是先天五行八卦合一之道。形意拳或者八卦拳都是后天返先天，也就说说，我们每个人身上都同时具有先天和后天两套系统，用八卦图来表示就是既有后天图又有先天图。那么先天为体，后天为用，先后天合一，就是形意拳和八卦拳的"道理"了。简单说呢，就是继续生长。功夫是生长出来的，不老也是生长出来的，所谓生生不息。

生生不息，从形意拳的角度，是身体再生长。内家拳的功夫是长出来的强，而不是后天撸铁使劲凿自己，让身体被动适应的强。后天的强消耗太大，而且用进废退，局限性也大。比如运动强度一大，心跳加速，呼吸加快，一会儿人就疲劳了，可是大多数的人到这里还继续坚持，无异于加大消耗、自掘坟墓，早死早衰由此而起。形意拳是拳道相合，逆反归真重新生长，当别人都停止发育而你却一直长下去，十年之后你的强壮程度岂非大人对孩童般。所以真正的强是内壮，是生长出来的。形而下武艺，形而上道艺。当你能够不断地生长，永不停歇地生长，衰老就相对地不存在了。

练内家拳改变气质的原因

内家拳对人气质的改变，从入世法上还不仅仅只是平和冲淡，更多的是阳光积极。我有一个美国的学生，一年前第一次来找我的时候，不说身体如何，精神气质都是灰暗的，结果半年过去就跟脱胎换骨一样。最近一次来我这儿就说，好像周围的人都爱和他接触，朋友越来越多。我说你是阳气充沛，阳光健康，大家当然愿意跟你在一起了。这是潜移默化的影响。谁也不愿意和一个病包子或者闲愁万种的人在一起，这会使自己也变得忧郁起来。

以前我就和家里老人说过，平常不要和你们的同龄人在一起接触太多，这些老人在一起的话题，不是病就是死，要么就是对苟延残喘、来日无多的绝望。老人还是要多和孩子、年轻人在一起，孩子和年轻人阳气足，对你自身也是个正面的影响。人和人之间、人和动物之间、人和天地宇宙万物之间都是互相映射的，其中最根本的就是阴阳五行的本质互相作用，这种作用是无形无相的，但确实又是客观存在的。

绝大多数人都谈不上是坏人，但为什么有的人相互之间就是像仇人一样相处不好呢？就是五行相冲或者相克。那些一见面就像老朋友，保持几十年友情的，就是五行相生相合。所以我从年轻时研究周易明白了这个道理，就再也不主动去结交朋友了。凡是相遇都是缘分，如能长久皆是注定，所以一切顺其自然。结果到现在几十年过来，我交下的朋友都是铁瓷，没有一个是跟你若即若离的。有的接触了十多年终于互相认可了，如今也成了好朋友，这就是气运使然。因为有个命中五行，还有

个运中五行，所以凡事不可强求。

每个人的五行搭配都是不一样的，所以决定了每个人的脾气秉性各有不同。有优点就有缺点，没有完人，如果说有完人，大约只有老子、释迦牟尼够格。修行到阴阳均衡、五行平衡，那就真是完美人性人格了。普通人正因为阴阳、五行的不平衡，有突出的也有削弱的，所以遇上人和事，五行相冲相克还是相生相合，就如同周易预测吉、凶、悔、吝的四个结果。人和人、人和事的矛盾结合，衍生出一幕幕悲喜交加的人生戏剧，所以说性格决定命运。在这个大原则下，好与坏都是相对的。你遇上相生相合的人、事，好运气好事就多了，你的命运就顺利。相反，就是挫折接连不断。世上的事没有绝对的，好到头就是坏，坏到头就是好，所谓阳极而阴，阴极而阳，它一定会转化。所以有智慧的人做事不走极端，就能永远立于不败之地。但是世界上绝大多数人都是非走极端不可，好就要更好，坏则一退再退，岂不知好到头了厄运就来，坏到头了就会转化成机会。人处在逆境如果不能平常待之把它熬过去，老是所谓的中庸之道，就会老是在坏运气里头出不来了。因此，无论好坏都要坦然面对。

普通人是处在阴阳之中不能自拔的。我们练拳通过逆反回真，把阴阳和五行调和均衡，从你个人本质上就不会主动发生吉凶悔吝了。外边来的好事还是坏事的机缘，你都会像水一样把它溶解，也能转化成平和冲淡，因此不光是转化气质，还能转变运气。人的脾气秉性其实就是阴阳五行外在的反映，金旺的人心比较硬，木旺的人心比较软，水旺的人心机多，火旺的人脾气急，土旺的人稀里糊涂。当你通过练拳把五行都调的均衡平和了，脾气秉性也就变得冲和平淡、处变不惊了。这就是练拳改变气质的道理。

为什么练拳能把五行调整得平衡中和呢？你得知道五行是从哪里来的。上一篇文章简单说过了，五行是后天坎离相交作用后才生出来的。那么我们练拳第一步明劲，就是水火既济心肾相交，做的就是坎离合和的功夫。你在后天上五行不均衡，通过任何方法都去不了根。比如用颜色、职业、方位去调整，有一定作用但不是根本，那么通过练拳重新合和坎离，坎离一交则阴阳平衡，自然五行也就平衡了，脾气、性格就会越来越恬淡从容、处变不惊了。你的性格改了，你的命运也就改了，可能会来的灾难就能大事化小小事化了。为什么？灾难来的时候只是个缘，好像一粒种子，得要土壤合适才能发芽，这个土壤就是人性格里的毛病，当你把性格里的毛病都去了，自然这颗种子也就无法再生根发芽、开花结果了。就这么简单！

可能大家会问，气质、性格改了，厄运避过去了，好运是不是也跟着没了？好运不也是种子吗？既然是种子，你就精心培育灌溉它不就行了。运气来的时候你总是知道的，知道了就好好做人、踏实做事，自然该是你的就是你的。只是要记得不可得意忘形，否则物极必反又转化了。所以人有钱有权更要谦虚谨慎，不然早晚会走到头。

过去的真修行人是把这些都扔掉，好运、坏运都不要了，只是在无极太极虚无本质中存身，这是绝对的出世法，并不合于绝大多数世俗生活中的人。总归我们不是要成佛成仙，还是要有酒色财气的，该是你的就去争取，不该是你的也莫要强求，得来了可以赏玩，但不可沾染过深，要沾而不染就对了。所有的人，包括佛、菩萨都是从欲望的坑里爬出来的，大家只是悟道有早晚，成道亦有早晚而已。通过练拳第一步是强身健体，第二步是改变气质，第三步呢，所谓齐家治国平天下，就得要做些力所能及的事了。你能做多大事就去做多大事，能做多大官就做多大官，能发多大财就去发多大财。如果不是普通人，但凡稍微出息一点，其实都是承担社会人生的责任。你当老板就要纳税养活员工，当大官就要哺育一方百姓发展经济。像我的责任就是为往圣继绝学，把真东西传续下去，同时在我活着的时候，尽可能地通过我的技艺学问帮助这个社会和群众健康阳光幸福。所以人各有志，人各有命，练拳明道，而后自知，方有所作为。

儒释道略谈

易经其实最早就是两个卦图，一个先天卦图，一个后天卦图，配合的有河图和洛书。河图是讲先天五行的形成，洛书是讲先天八卦的形成。先天卦是乾坤做主，后天卦是坎离做主。我常说人身上同时出在先天、后天两套系统，要是懂我说的，就知道先后天八卦的道理了。学问不是靠琢磨能出来的，要靠身心体悟，而练内家拳是一个最大的法门。我说阴阳相合，就是坎离交会；我说空空静静，就是转乾坤加上扭气机。学员不懂又怕大家瞎琢磨，所以用大白话把原则说出来，以利于在学习中把握。易经是把天地宇宙以及人类生命的成因讲明白了，不管是天地宇宙还是人类、动物的生命，都是道体衍化而来。道体衍化的程序，易经也说得很明白，这个因和果就是道。你明了道，按照这个衍化的过程逆反着回去，就是得道了。后来的儒、道文化，都是从易经这个最基本的道理来的，佛家也是和咱们的文化合流才被世人接受，大家只是方法、手段不同而已。就像我教拳不让大家瞎琢磨，有一天你悟了，不光拳法进入境界，看佛经尤其是金刚经和六祖坛经就都懂了。

孙公为什么把道法写在《八卦拳学》里？因为八卦掌的创拳立意就是先后天八卦图，转圈就是模仿天道和地道运转。所以天道左旋，地道右旋，右转左转，又要合上月日刚柔。不是有人说刚日读经、柔日读史吗，因为经书都是说先天，自然是合天道，史书都是说人事，自然是合地道。那么八卦拳是以形摩道，通过转圈合上天道、地道，身心内

部合上先天后天，逆反回真后天返先天，达致身心变化，结合武术的手法易骨、易筋，练出功夫来。现在练八卦拳的人可能多数都不懂这个，只是硬练，每天转圈多少小时，然后练硬功往里头加东西，不会打再去练拳击散打，这都是走错路了。起点就错了，后天就全错，错就错在不懂先后天分野的道理。天地日月分先后天，每个人身上也有先后天，不把这个搞明白就练不出真东西。八卦拳是走圈，太极拳不走圈如何体现先后天八卦？就是四正四隅。四正是先天，四隅是后天。孙公讲先后天要相交啊，大家不懂什么道理，就是要顺中用逆与逆中行顺结合，先天为体，后天为用。起点错了，八卦身、太极身练不出来，怎么可能有功夫？形意拳呢，简单直接，拳法里就是先后天合着，直接返先天。如果说体现先后天八卦图，就是转身这一下，有的往右转，有的往左转，往右转是先天图，往左换是后天图。有人问我八卦拳怎么用啊？我说你把劈拳转着圈打就是八卦拳的单换掌。一听即悟！这只是对学生的点拨，其实远不止于此。

　　先天图和后天图很久远了，传说是伏羲画卦。有说后天图是宋代才出来的，这是不可能的。因为先天图表达的乾坤定位和后天图表达的坎离易位是几乎同时发生的。有天地之后有日月。人类以及文明那是很久以后才出现的。乾坤坎离的大象早已存在，所以古人明道后创立先天卦的同时也必然创立后天卦。伏羲时代的八卦只有八个卦象，后来文王演算成六十四卦，除了乾坤坎离还有六十卦，是在原来天地成象之中又加了人的因素，也就是天、地、人三才卦象，里边就有了人事吉凶悔吝的判断。所以后世用周易算卦测事，还得感谢周文王赏饭。一笑！到了孔子做十翼，所谓"韦编三绝"，对易经作了很详细的解释。后世很多人都是从人事上去理解，其实不管是文王易还是伏羲易，核心的本质没有变，就是天地宇宙的起源和衍变。对于易辞的解读，也要从这个角度去理解，才能够彻底地明白。比如"龙战于野，其血玄黄"这句，我大概看过一个靠谱的解释，说是阴阳相合，这已经很不容易了，没给你搞到古代战争场面上去就不错了。真有专家是这么解释的。阴阳相合还比较浅显了，这句话说的是坎离相会再立乾坤后天返先天的过程之一。具体就很微妙了，以后再著书立说细细解读。孙公《八卦拳学》里就是两个八卦图，一个先天一个后天，然后进阳火退阴符，再深入他就不说了。其实先天后天都在大家身上。核心的就一句话：先天为体，后天为用。那么怎样返先天？怎样用后天？怎样先后天结合？深入一步什么是进阳火？什么是退阴符？身心上怎么变化？怎么易骨易筋长功夫？这些就都是师徒间口耳相传了。这些具体的不掌握，就是蒙着眼睛瞎练，一辈子门在哪儿都不知道。所以内家拳是拳道相合，不懂道只知道拳架是练不出来的。凡是跟我练的有的快一点，有的慢一点，无不是身心发育，精气充满，年轻人更加踊跃，岁数大的返了青春，为啥呢？后天返先天，拳法合道嘛！

　　不管是形意、太极还是八卦，拳法不合道就练不出真东西。而拳法合道逆反回真都是一个，并没有第二条路。不管是修佛、修道还是其他什么道，也不管你是密宗净土、禅宗还是律宗，不过是东方、西方圣人因无为法而有区别，都是渡河之舟而已，最后都得走到逆反回真这条路上来，都需悟道明道而后自渡，先做到无漏而后再往上走。道家一个无极，一个太极，就讲完了，你把握了无极和太极，就无往而不利。至于乾坤也好，坎离也罢，不过是其中衍化出来的现象而已。孙公立拳，从无极而含一气，从含一气而太极，从太极而两仪，从两仪而三体，从三体而五行拳、十二形，把拳法合道衍化得淋漓尽致。然后用儒家的道理来作补充解释，道家讲无极，佛家讲本心，儒家讲至诚。相对而言，孙公于佛家引用不多，更多的是道家和儒家，说的最多的一句就是："中和之外无元妙也！"这是儒家的话。喜怒哀乐之未发谓之中，发而皆中节谓之和。中，就是无极和一气的统称；和，在拳法里就是六合九要这些具体。所以入门要重规矩，规矩就是法门，但是又不能被规矩困住，困住就练不出来了。所以书上把拳法架势规矩写出来了，具体练法却不

说。之前我写的《学拳的几个误区》基本上就都说清楚了。

佛家讲"不见本心修法无益",道家也得悟道明道之后才好修道。凡是来问我修道的,我都告诉他,人都做不好修什么道?可能很多人觉得我是敷衍,其实我是告诉大家正确的方法。人生就是历程,活着就是修行,每时每刻都在道中,也都自觉不自觉地在修行。可是修道之难,在于心猿意马不能拴住,所以是永远不能成功的。佛家讲无漏,道家讲堤防,有句话叫"开口意气散,动意火工寒"。就是掌握了正确的方法,在正确的路上,只要心意一动就泄漏,这一次就失败了。何况正确的方法大家知道吗?怕就怕没走在正确的路上,真的假的然后被感觉或者自我意识带走,那就真的把自己糟践了。有些人神神叨叨的,有的已经精神不正常了,这都是自己害的自己。所以我说先把人做好,要止于至善,做到心如铁墙,堤防永固,身心无漏,才是修行的起点而已,就这么难!这辈子把人做好就不容易了,别跟我谈修什么道,还不如多做点好事善事,为社会多做点贡献,多积点福德钱粮,这个还是能带走且能受益的。

佛家十万八千法门,中国大概有禅宗、律宗、净土,等等。除了禅宗直接明心见性,其他的都是方法手段,最后也要见本心。净土是冲着眼耳鼻舌身意六贼去的,最后打的干干净净,本心就见到了。律宗和儒家有点像,种种规矩制度约束,把心性里头的乱七八糟都去了,人性上止于至善,最后善无所善,也是见到本心开悟。密宗其实也一样,并不是说带个密字就高明,觉得自己高明,首先从起点上就犯错了。对于头脑情欲都发达的民族来说,密宗的流弊太大。藏区修佛都是显密同修,也是要明心见性的,不然今天一个气脉明天一个明点,很容易就迷失掉了。藏区的人头脑简单思维直接,而且对佛教是笃信,人手一个念珠每天就是念佛,汉族人哪里做得到?这边念佛,心都不知道跑哪里去了。从方法手段上说,禅宗最高明,但禅宗不适合多数人。六祖也讲,禅宗只是为上上智人说。寻常人开悟不得，就去修净土念佛好了，念到一心不乱也能见到本心，只是别存着转生"西方"的心，有这个心就错了。但不是说"西方"不存在，要应无所住而生其心才对。起点错了，始有毫厘之差，终有千里之误。

修佛、修道都为解脱，其实就是了生死。既然你我今生见面娑婆，就是大家都还没了，都还在路上。大家都有这个缘分，用释迦牟尼的话是，累劫之中在恒河沙数佛前种下了善缘。所以这一辈子就能了生死吗？如果你能把七情六欲先了掉，把思维意识头停掉，身心内外如如不动，这个还只是入门而已。所以要平常心，一点一点进步积累。我们研究学习这些东西的目的，出世法有之，入世法更有之。学佛、学道的人都跑到深山老林里头去不问世事，这个是不对的，要以积极的态度面对生活，像维摩诘那样在红尘中打磨考验，把这些个酒色财气慢慢都勘破放下了，才能把心中结使一个个打开，把顽固的习气一点点破掉，不然就都是假的，经不住考验的。说到这儿，需要拐到宋儒理学说道一下。克己复礼之说就是这类，一味压制克制，心里头揣着个欲望习气的大老虎，早晚会跳出来吃人，那个都是伪君子，做不得真。食色性也，喜欢珍珠玛瑙也是真性情，喜欢就是喜欢，别损了天理人情，君子爱财还是好色都是取之有道，只是要沾而不染，在里头逐渐堪破，这个才是大丈夫。

儒家的东西是至情至性的。这个至极就是儒家修养的关键。儒家不讲本心或者无极，就是讲至诚，用诚来比喻本心。因为儒家是修入世法，要在功业事业乃至家庭琐碎中历练身心，一腔赤诚，又止于至善，所以儒家真的修养出来都是道德高深，学问道德走到极高深处一转就知道本心若何。然后《大学》里讲知止而后有定，定而后能静，静而后能安，安而后能虑，虑而后能得。一步步功夫身心变化体验与佛、道两家并无差别。儒家从心性上下手，从至善处见本心，其实也是个极大的方便法门。这就是我常说先把人做好，把人做好止于至善到极处自然有道。人都做不好，修什么道呢？那个是假道，害人害己。如果你佛也不通，道也不懂，那就从做好人开始吧，如果能止于至善，说明你和儒家有缘。

儒、释、道三家，无非都是逆反回真，让你见本心了生死，过程中因为后天返先天，杜绝聪明，智慧生发，人就高明，所以入世能建功立业。做成任何大事的人，都是靠智慧而不是靠聪明的。聪明人比比皆是，几乎都是一事无成，庸庸碌碌，只有大智慧的人才能超然于众人之上，能够带领众生去建功立业。不管是入世法还是出世法，内家拳是个极好的方便法门，一有全有，特别是孙公禄堂的武学体系，几乎都涵盖了。练这个拳既不辛苦也不占时间，转变身心，强健身体，年轻生命，延寿长命，练着练着智慧出来就悟了道，连带着把性命的事也办理了。这世上到哪儿找这么好的事去？跟我学拳的人已经非常多了，信佛的，信道的，啥也不信的，各类人都有，总能在拳里头找到自己的所爱，并且得到好处，身心受益，身体健康，事业成功，家庭幸福。好多人都说自己命不好要转运，基本是转不了的，但有句话叫性格决定命运，你把性格转了，命运也就转了。江山易改本性难移，唯有通过练咱们这个拳能够改变气质，就能把性格改了，相应的命运也就转了。我这里练了三四年的学员都有体会，自己性情上转化了，事业、家庭也都向好处转化。人这辈子都是吃脾气秉性的亏，冲和平淡，厚重中正，才能无往而不利。

关于习武者早死早衰的原因

无非是补和耗的问题。人的生命并不是一个可以无节制开采的油田，早晚会有资源枯竭的那天。你采得猛采得多，自然枯竭得就早。人生下来禀赋不同，这个禀赋就是先天元气的厚薄。所以有的孩子身体强壮，能吃能造，有的孩子身体瘦弱，三天两头去医院。这个禀赋基本上是固定的，好像前人给你留了一笔钱，要靠它用一辈子，可是你却不知道具体钱数，又养成了大手大脚的习惯，于是有一天银行告诉你没钱了，那就只有破产了。古人对养生的讲究，连吃饭都不敢暴饮暴食，而是惜福纳命，只吃个半饱。因为人只要跨过了性成熟期，生命就全部是消耗了，不断消耗下去，用孙公的话讲，阳极必阴，阴极必死，那点本钱都消耗光了，生命就走到尽头了。

人活着什么活动消耗最大？最普遍的是吃喝玩乐，尤其是酒色二字。还有就是连续的劳累，特别是用脑过度，还有情绪的集中爆发，比如伍子胥过昭关一夜白头，就是过于焦虑提前衰老。现代人夜夜笙歌，国内经济好了，竟然有欧美的华侨说国内是醉生梦死，国外的生活反而有点素净的意思。物价也不高，兜里都有个仨瓜俩枣的，于是每天都要出去吃吃喝喝，十二点也不睡觉，还在酒吧夜总会里消耗阳气，能不早早就衰退吗？这是说人们生活的日常。练武术、包括练体育的在内，只要你老得快，早早就头发白了，牙掉了，肚子起来了，屁股、腰上松松垮垮，这都表示身体已经进入老年，没什么可说的。生命不会骗人，极其客观真实公正。你身体不行了就是不行了，除非你像明星那样去打针，用各种药物，做整容手术，但有一天生命垮掉时就会像个鬼一样。

说到具体，无非都是在气血消耗上出问题。部分练太极拳的喜欢玩内气导引，打通任督二脉，其实是用意念给自己下套。任督二脉本来就是通的，不通人就死了。而所谓修炼意义上的打通，可不是简单的导引那么简单，后天气血不能被引导的，引导就要出问题。因为气血自有道路，按照既有道路旺盛地循环身体才会更健康，你非要改个道或者让它停下来，不出问题是不可能的。道艺上真正走进去，功夫都是自己来的。就是所谓打通气脉，也都是生命自己去通，并不需要你去刻意引导。真正能得到这个传授还能逐渐走进去的，千万人里没有一个。之前我说郭云深的丹道练法都是错误的，包括孙公说自己海底跳动，然后用吸入丹田的方法来平复，用伍柳派转河车来循环，这些都是不足取的，流弊非常大。海底跳动是好事，但用化虚入虚才对。所以孙公晚年对求道者说这里头风险太大，不要往气血里头去求，宁可往力中去求。本身太极拳也不是那么练的，如果练得对也是拳道相合，生命状态得年轻啊，可是看看我们一些人的状态，部分是正常衰老，部分是早早就衰老，五六十岁就死掉了，怎么能服众呢？

还有一类是练得太硬，自己把自己给磋磨死了。我知道一位练外家的，学生还特别多，名气也不小，我第一次看他练就觉得可能有点问题，结果没几年（大概五十多岁）就死了。武林中有"内练一口气，外练筋骨皮"的说法，但那要把气功、药功都结合在一起。少林拳每套拳法都有一套内功法，相应的还有用药来进行调理。如今留下的都是残枝剩叶了，所以也只能是表演。

一方面是练法不对头，每天用硬度砸自己，用强度消耗自己的气血，生命能承受得住吗？普通人摔一跤都受不了，你每天几百上千次凿自己，怎么能有好结果呢？又怎么补充回来呢？西方体育是通过运动医学和营养学来进行补充的，但也仅限于专业运动员。就是专业运动员，因为不断上量、不断挑战生理极限，身体也都普遍有问题。奥委会、专业运动协会和兴奋剂组织那里有个名单，就是著名运动员吃哪些药是可以不用负责任的。孙杨和傅园慧都有心脏病，各级运动员身上都有运动损伤，二十五岁以后集中大爆发，想不退役都不行。然后退役了就是各种想办法调补，有些补得回来，有些靠现在的医疗手段根本不行。所以有很多运动员通过传统武术气功寻找答案，关键是你能遇见明白人吗？

还有一种是老练发力的，这个也特别容易早死早衰。你发一个200斤的力量出去，最少得有150斤回来反噬其身，对心脏和大脑就是一个冲击。每天几十次、上百次冲击，几十年过来能有好吗？就是内家拳的发力，也要合上人生理的本能去发，而平时根本不能频繁地练发力，或者说基本就不练发力。因为发力基于人的本能，比如老虎的一扑一咬都是本能，你平时练在本能上，用时只是一瞬间发送出去的事。频频地练发力，对身体造成巨大伤害的同时，也容易让肌肉定型，就没有变化了，打普通人或者圈里人可以，一上搏击擂台马上就露馅，因为人家变化多啊。这些年输了的都不知道怎么输的，我把道理讲出来才如梦方醒。

上面是简单说说早死早衰的原因，如今基本上都是这几种，要么就是胡乱练内气，要么就是强度、硬度太大身体承受不住，要么就是没事老发力把自己弄废了。要么死在内脏衰竭，更多的是心脏病突发或者脑溢血，比比皆是。二十多岁时元气还算充足，恢复能力还比较强，通过上量好像有点功夫了，一过三十五就走下坡路，因为元气快消耗光了，身体机能全面下降，这时候还玩硬的，离死就不远了。四十几岁就有预兆，身体免疫力下降，容易感冒发烧得病，得病了还不容易好。玩内气的要么神神叨叨，要么满面红光，要么瘦得皮包骨头，要么胖的像发糕，这都不对。正确的应该是四五十岁看上去像三十多岁，身体机能还在二十几岁才对。反过来四五十岁像六七十岁，您真得注意了，生命是不会撒谎的。

兵器论

兵器，是手臂的延长，是猛兽的牙齿和爪子在人类肢体格斗中功能的再现。兵器在实战中的运用与拳法运用并无本质差别，只是强化了其对敌人身体的伤害作用。兵器的套路与拳法套路一样，都只是记忆载体，与实战本质无关。兵器的真正使用，极其简单迅捷。按照其本身特性，突出兵器一个方面的主要功用。

传统武术起源于对猛兽捕食的模仿。人的身体可以不断强壮，但唯独没有猛兽的爪牙。人类在对工具的开发使用中，逐渐将工具与猛兽爪牙的作用结合起来，发明了兵器。我们从猛兽捕食的技术中可以体会，猛兽对爪牙的使用，基本就是一抓和一咬。人类对兵器的使用，基本就是一顾兼一击。猛兽的抓和咬是不分开的，同样兵器使用的顾打也是一体的。所谓千金难买一声响，两人对垒，一个照面一个对接，胜负就决出了，这是指兵器相接的情况。最高级的是根本还没接触对方就中上，这就是唯快不破了。

拳法上二人对垒，也就是一个照面一个对冲的事。兵器也是一样。战场上是集团作战，这边几千人，那边几千人，排着队伍冲过来，对上的两人都是竭尽全力就一下。所以古代打仗士兵落单是很可怕的事。兵对兵将对将只是评书里头的演绎。如果是骑兵就更是如此。马上的对垒，马匹是否优秀占到一大部分。马快，马强壮，人借着马的冲量瞬间给对方一下，整体实力不行的最起码也是被冲开到一边去。过去中原无好马，从汉武帝开始就悄悄从西北边疆买马，逐渐地把汉地马匹改良了。骑兵要是打步兵就太简单了，只要往人堆里冲过去，举着兵刃一趟，挨着就没好。所以过去我们汉族吃北方少数民族的亏，主要是骑兵这一块整体差。人家从小就在马背上长大，从小练习骑射，所以我们就不占优势。

传统武术里边主要的兵器是刀、枪、剑。刀，就是一砍。枪，就是一扎。剑，就是一刺。

刀有背，所以不怕格挡，基本就是一挡一砍。著名的破锋八刀，里头最著名的一招就是用刀背去格对方的刺刀，顺着劲回来砍对方脖子。其实用单刀去格刺刀的直刺是非常困难的。刺刀就是古代长枪的衍化，一旦对方冲起来，单靠两臂的力量格挡那是自杀，必须要加上整个身体的纵向滚转和身法的斜向移位才行。这个没有明白人指点，只学了招式就上去比划的，基本是送死。其实兵器攻击无非上下、前后、左右六维，斜着的可以放入左右去考虑。刀主要是斜砍这一下，所以练刀可以用自己一条胳膊当样子，怎么挡怎么砍，脑子里头经常过过，对景了不用想，一下你就赢了。劈拳，其实就是刀法。

枪就是拦拿扎。落实在形意拳里就是里裹外翻加一打。这个打就丰富了，以践法总括之。如今普遍看到练兵器的，都是抡着膀子练的，其实这是根本性的错误。兵器是手臂的延长，是身体的附属，严格说是身法的延长，只有身法出来了，兵器才有施展的可能。所以长枪一定要冲起来，不然原地抖大杆只是练腰腹力，要么就是耍花枪了。长枪的最大功用是破长刀。我曾经给新疆的朋友出主意，用2米长的钢管削个尖，当长枪用，一个人对付一把长刀绰绰有余。如果是三个人背靠背移动着进攻，抵挡七八个拿长刀的也没问题。后来还真是普及了这个做法，网上我还看到了图片。我记得那年我去看师大爷程秉钧，他给我演示个长枪在树杈子上的勾挫发力，那一下子树叶飘满地。这就是长枪用法里所谓的千金难买一声响，挨上你的兵刃就得掉地上，同时人家的枪尖就到了。但这个力可不是膀子上肌肉的力，而是六合力。平时练长枪要两个手臂一起，分出前后来，没事就比划比划拦拿扎，里裹外翻往前送。对景了也是一出手就是你的。

可能最不好懂的就是剑。剑是单手，又轻巧，怎么上得了战阵？过去的剑都是重剑，基本都是在战车上或者战马上往下砍的，因为战车或者战马已经完成了百分之七八十的工作，把对方冲得人仰马翻。以前的战车上头以及马身上都绑着快刀，冲过去岂止是人仰马翻？坐在上边的人就是现成的"砍瓜切菜"就行了。所以春秋战国时论国家战斗力，都是看有多少乘战车。后来剑法的衍化历史就比较复杂了，有长剑有短剑。现代的剑基本上都是短轻剑。既然是两面刃，肯定就不能与对方的兵器磕碰接触。电影里两边拿着剑打得乒乒乓乓的，那个都是不懂的。剑走青，青即黑，也就是不跟对方正面接触，只是奔着对方软弱之处去，比如眼睛、咽喉、手腕、软肋等。因为剑有两面刃，所以前后抽拉这一下就狠毒了。

说到剑，可能很多人都知道李仲轩把薛颠的剑法传出来了，不过没几个人能看得懂。其实今天我都说了，能不能领会就在自己了。那些什么小人、星光，不过是让你返先天把本能反应找出来而已。剑法高级境界是无形无相。一开始人剑分离，到后来人剑合一，最后既没有人也没有剑，只是神气而已。李景林所谓神剑，这个神可不是神仙的神哦。如同郭云深说的：形意拳无他，神气耳！假若薛颠泉下有知，应该很欣慰如今还有懂他的人。

兵刃里最凶险的是匕首，因为有点无形无相的意思。菜刀相对好办，因为毕竟还要抡起来，这一抡就留出了反应空间。匕首捏在手里不一定从哪儿出来，而且也没预兆，关键是能反复刺杀。我见过一个当街用匕首杀人的视频。凶手捅第一刀时对方去夺刀，因为实力差距，这一接触受害者的重心就没有了。虽然第一刀没捅上，但受害者下意识地后退闪避，身位重心都失去。凶手刹那间第二刀就过来。人在任何时候都不能失去重心，重心失去运动功能就大部分丧失了。

  对付拿家伙的人，首先双方心理上要均衡。如果你空手，你的精神就不占优势。我曾经说过，真正的性命相搏，技术功力只占30%左右，精神因素要占到70%甚至以上。就是警察面对持刀歹徒，一个歹徒逼退一帮警察的例子也非常多。一旦后退，就容易失去重心，失去重心，就意味着死亡来临。所以形意拳是反其道行之，宁思一寸进不思一寸退，打人如亲嘴。但是面对持刀歹徒，首先要在精神上占到优势。比如对方亮匕首，你拿出一把长刀，双方精神上的优势立马就换到你这里。如果对方拿出一把手枪，你这边就又不行了。就是告诉大家，真打架如果自己精神上不占优势最好别打，除非你急眼了，本能出来一个打几个，那个另当别论。

  形意拳的兵器，一定要练到返现天出本质，反应的那一瞬间不会超过0.6秒，一下就把对方打上。不是说李存义找尚云祥去日本大使馆门前杀日本鬼子吗？要是抡着片刀拼命那就太低级了。不管是李存义还是尚云祥，如果用兵刃杀敌，都只是一瞬间的事，一刹那对方就倒下了。

  前面说过，劈拳就是刀法。崩拳呢？基本算四平枪吧。劲长劲短因时而异。钻拳，就是匕首，无声无臭，不管对方怎么防你都能进去。炮拳，就是一手盾牌，另一手单刀，这边用盾牌撞开了，然后一刀捅进去。横拳就复杂了，简单来讲是铁门栓，但里头包含着另外四拳的用法，随时可以变成另外四拳。用兵器来比喻五拳，还是在比较浅的层次，其实五拳深意何至于此？不过对于寻不到门径而入的人，还是有帮助的。

关于命门后凸

我遇到一些以前练过的人,问我命门后凸的问题。其实就是我不说,只要去看孙公禄堂的著作中关于六合九要的章节,可有命门后凸的要求?

人脊柱上的生理弯曲,是要很好地把它保持住的。如果弯曲变直或者变形,带来的后果就是那里的血管、神经脱离了正常的状态,直接损害相关联组织、脏器的健康。比如颈椎病,大部分人的生理弯曲没有了,造成脑血管供血不足,所以会头晕。比如椎间盘突出,现代人这个病比较多,过去睡硬板床或者坐木头椅子就很少有这种病。因为席梦思或者沙发、软椅把腰部的生理弯曲弄变形了,因为你的腰长时间窝在一个软软的凹陷里头,脊柱两边的筋就长期处于不正常抽紧的状态,慢慢地就把椎间盘从原来的位置拽了出来。

回到所谓命门后凸的话题。这基本是练在后天有形有相上,而且脱离了人作为动物最本来、最自然的生理状态,造作出一种刻意的身体形态,违背了人的生理法则,对生理的功能必然产生不利影响。身体都出问题了,又怎么去做强做大自己,达到强欺弱呢?无论是练拳术还是佛道修行,身体这个器是最重要的,因为脱离了这个生命的载体,你的任何锻炼或者修行都毫无意义。不管是练拳还是修行,首先要把身体调理到完全健康,带着一个病躯,绝无可能取得什么成功。

所谓命门后凸,其实是大龙做功时刹那、瞬间的一个状态,它是

动态的,而不是静态的。比如,猎豹奔跑,身体瞬间有个极度的拉长,那么脊椎骨在一刹那、也就零点几秒内会近乎一条直线,这个时候动物的所谓命门就是后凸的。但是这一瞬间脊柱上所有的结构都在做张力运动,岂止是命门?比如猴子纵山,身体从一个团团瞬间拉长,这个时候它的脊椎骨就会拉成一条近似的直线,这个时候大龙的每个局部都在往外扩张。那么人呢,是在虚领顶劲与塌腰坐胯这一对劲的基础上,体现出大龙的作用,这时整条脊椎骨的每个局部都在扩张,所谓命门也就是在往外凸的,但这只是动态的一瞬间,同时也只是大龙整体的一个局部而已。在具体应用上,当大龙驱动身体瞬间移动或者伸展时,比如鹞子钻天,大龙一瞬间做了一个伸缩,这个时候所谓命门是后凸了一下,可实际上大龙所有的部分都在扩张,又不仅仅只是命门。而绝大多数时间,人的身体应该完全都在正常的生理状态上,脊柱该弯曲的就要弯曲,你非要把它弄直了,是一定要吃苦头的,因为脊柱上的血脉连着五脏六腑,这里一旦出问题,就是大问题。

还有一种是所谓道艺上涉及性命双修,比如站桩要命门后凸。20世纪80年代以来的气功热,各种能人、大师出山,传播出来的东西大抵都是些有形有相的,重视身体在后天的感受、形态,如意守丹田、大小周天等。最后大气功师们出来了,就更加神乎其神。几十年过来,当年的那些大师们都去哪儿了?绝大多数都被揭露是骗子而锒铛入狱,少部分跑路在国外混生活。其实那些东西都是先天大道在后天的现象,练到现象上去,不就应了释迦牟尼那句话:"凡所有相皆是虚妄。若见诸相非相,即见如来!"网上流传的很多所谓高僧死后的神迹,那都是自欺欺人而已!真要是如文殊下凡骑个狮子在灶台上跑圈,也要如那个老和尚一棍子打过去才对!练大小周天入得深了,最后难免死于脑溢血。凡是每天练发力没完没了的,最后难免死于心脏病。我反复说过,先天大道无形无相,如果说形态,并没有脱离你作为人的自然生态,并不存在一

305

个脱离自然的刻意，但凡刻意制造，就都是离题万里，最后害人害己。凡事一定要看果，果对因就对。果不对，因肯定是不对的。极其客观。

点穴论

　　形意拳练到一定程度，就会点穴了。八卦拳和太极拳其实也应该一样。点穴，其实是个狭义的说法，广义的说，用拳还是用指，其实都可以点穴。点穴的目的，是瞬间阻断身体内部气血运输的线路，那么必然引起这条线路上相关联脏器的衰变，因为营养上不去了，新陈代谢逐渐停止。因此点穴会有很多种致死方式，有的一周，有的一个月，有的三个月，有的半年。古人对此研究很深，知道点中某个穴位，相关联的脏器需要多久才会坏死。因为过于阴损，所以孙公禄堂严禁门内使用点穴。薛颠留下一本点穴的书，里头只有解穴的药方，而没有具体的练法和用法，明白人都知道点穴用不着专门练，到一定程度自己就会了。练形意拳得着真传且真练出来的，没有不明白的。留下药方就够了，药方是救人的，其他都在门内传承，无须也不能流布到社会上。

　　这几十年有很多点穴的书或者方法在社会上流传，多数是用一个木板或者一个人体模型来训练准头，而后内有气功外有硬功练插指头。这就好像很多练硬气功或者铁砂掌的，表演的时候很能唬住人，也确实是一门技艺，但也只能归类到杂技里头去。因为所有的这些训练，都是在静态中实施的，你本人处于静态，对象也处于静态，你可以从容运功，从容实施。但是在实际的格斗中，双方形态千变万化，两人接触的一瞬间大约只有不到1秒钟，此时如果你平时练在后天思维刻意以及肌肉做功中，高速运动起来你的气血就是散的，全身也是散的，平时积累的所谓功夫根本就无从施展。而对方也是在瞬息万变中变化身法，不再是静

态的木偶，你怎么可能打得中？点得中？如今网络上有很多视频，和搏击运动员比划的，静态上运足气确实不怕打，但真一动手，几下就被人家轻松获胜了。道理就是这个！

　　内家拳，或者说形意拳是不走这个路子的。形意拳返现天，在本能上建立功夫。比如你踩急刹车，瞬间脚就出去，这一瞬间只有零点几秒，但你的气血你的身体都是整的，威力极大。再比如你的孩子突然从床上掉下来，你在旁边想都不用想，身体就会自动出去接住，这个时候你的气血、你的身法都是完整的，包括距离、时间都是最佳状态，根本不用你设计。如果你设计，就是后天思维肌肉做主，那就笨拙了。所谓练距离感、练时间的，都是后天笨功夫。当你在本能上把功夫练出来的时候，动手的一瞬间才能把平时积累的功夫全部施展出来。这就是内家与外家的区别。

　　功夫有了，你还得打得上才行。平时你在静止状态下练功，练得功夫再大，换到活人快速运动你就打不上了，门都没有。谁也不会站在那不动让你去打，除非你根本就没功夫，你要有功夫，没人敢把自己当沙袋。倒是有很多练传统武术的去和人家练搏击的动手，自己站在那里不动当沙袋，被人家几拳就打掉了。这一看就是根本不会打，或者被公园武术给洗脑了的。最起码你得动起来，要主动进攻，不能在那里站着当沙袋啊。那么如何才是能打上的要素呢？就是相对速度。如果你的速度比对方慢，你肯定打不上，最起码要一样快，这样你们的相对速度是零，在接触的一瞬间才有打上的可能。如果你的速度超过对方，那就简单了。可是我们看到拳台上你来我往，专业搏击运动员的速度也都差不多，除非差距特别大的，会被人家当猴子一样戏耍。形意拳是在先天本能上出速度，这个速度是人的生理防护本能，大约是零点六秒，一接触就反应，一反应就打上，这样才能谈得上实战致用。所以说到底，在后天思维指挥肌肉做功去打人的，时间上不占优势，力量上有巨大消耗，身法变化也很笨拙。大家都这样，所以现在的搏击擂台更多的都是互相抡，看谁更硬、更猛，技术上反而不如拳击擂台上更有看头了。

　　点穴的阴损之处在于，点上当时不会死掉，而是慢慢死掉。也有少数急穴，点上人会昏厥或瘫软过去，其实这样的相对还不算太致命，致命的反而是那些慢的。人潮人海中，不经意被点上，几个月后你才死掉，连凶手是谁你都不知道，这东西损不损？所以门里练出来的都是知而不用，就是有点穴的机会，也不会轻易使用。一般都是把人发出去，这样的情况居多，因为爬起来什么事也没有。其实用拳头打在穴位上，效果也差不到哪儿去，只是涉及的组织结构更宽泛，起效会更慢一点。就是不用点穴，只要练到暗劲上，打人一拳看似没事，但里面的组织器官已经受损，过几天病变蔓延到骨骼、肌肉、皮肤，才显现出病态来。这方面我有过深刻教训，自那以后再不敢轻易在人身上动劲了。不过有时候遇见个别不知道天高地厚的，跟他客气还真不行，既得让他吃点苦头，还不能留后遗症，分寸拿捏也是门学问。

　　对于内家拳而言，如果是出于防卫，主观上没有伤对方的意，那么反击到对方身上的劲力，与对方起的意差不多。如果对方只是试试，你的身体反应也只是轻描淡写。如果对方来真的，那么反击的力量基本是足以克制对手的自我防护力度。所以无意之中是真意，一般情况下我们并不主动打别人，怎么打完全取决于对方发什么心、出什么意，要是一开始对方就没好心思要来狠的、黑的，那最后肯定没什么好结果。当然我们也有主动进攻，那个就凶狠了。形意拳主动上要么不出手，出手就伤人害命。好像尚云祥那句话：打你上头让你吐血，打你下头让你拉屎，这还是轻的。当然，前提是你练出来了。

309

统论明劲、暗劲、化劲

化劲，确实如孙公所说的，就是先天神意一动，身体自己就出去。当然，孙公的程度非常人所能企及。支燮堂曾经回忆，自己用石子偷袭在院中躺椅午睡的孙公，结果石子出去孙公就不见了，等他省过神来，孙公已经站在他身后，用两个指头顶着他的后脑。于我而言，是神乎其神，但我相信是真的。有生之年我能练到孙公的水平，也一定来向大家继续报告。初步的化劲，就是身随意走。当你想打某人，心意一动，身体自动就到了对方跟前，或者正面或者侧面，看你方便。这个意，是先天意，也就是无意之中是真意的那个意。搞不懂的，就要来拜师学艺，不然一辈子糊涂，都在后天瞎琢磨里边。

化劲的化，是化自身，而不是化别人，这是从武艺的层面上讲。形意拳分武艺和道艺两个层面，武艺上是形而下、有形有相打人的，道艺上则归结于丹道，是形而上性命双修的部分，与佛家的修炼并无不同。这一点，《拳意述真》第一篇，孙公引述郭云深形意拳遗作，说得非常清楚而且完整。但是有一点这里我要强调，郭云深对于炼精化气、炼气化神、炼神还虚的解读，完全是借用道家修炼的用语，如果没有大明白人亲自指点，切记不可胡乱尝试。道家颇多隐晦，以致先天大道不显，种种伪道学流布于世，学者切莫自作聪明，最后误了自己的性命。过去有一些学错了的，几十年专注于炼丹，种种有形有相之学，结果身体里练出来所谓的丹，最后性命上兜不住了，当时坐化，两个鼻孔垂下一尺多长的白色流柱，很没意思。先天大道无形无相，但凡有形有相就都不

对。炼精化气、炼气化神、炼神还虚都是客观存在的，只是生命向上一路身心上的现象，本质上极其简易平直，而且都是自己来的，并不需要你去刻意追求。我们要做的只是走在正确的路上，其他都是道体本质的赋予。切记切记！

涉及内家拳对身体的改造，有病治病，无病强身，还要恢复青春的状态，避过这些是不可能的。我的老师李贵江先生要求我，但凡教人，论点、论证、论据必须三者具备，不然就是瞎忽悠害人。我自己练过验证了，才会总结写出来以示后来，也会教给有缘之人。有就是有，没有就是没有，会就是会，不会就是不会，懂就是懂，不懂就是不懂，既不能以其昏昏使人昭昭，也不能故弄玄虚把自己装扮成宇宙大神。但凡如此，因果不昧！我说了那么多，归根结底就是不能在后天用思维去琢磨，而是要在先天用身心去体悟，所谓灵机一动，这个灵就对了。当时不懂也没关系，读经书要不求甚解，非得去求甚解就麻烦了，一定走到弯路上去。暂时不懂是你智慧不够，就放下。我这一门就是去练拳站桩，在武艺、道艺中去激发智慧，层次到了突然或者慢慢你就懂了。这个全然不是你自己能够设计或者安排的。以上这段话，千金不易！

再重复一次，形意拳，甚至所有的内家拳，都分武艺和道艺两个层次，一体两面，同时存在，同时发展。

明劲，道艺上是身心还阳，青春昂扬。卦象是复卦。心肾相交，水火既济。炼精化气，髓满骨沉。武艺上骨力，硬打硬进无遮拦。因此身心越来越强壮，打人好像坦克车撞土墙，摧枯拉朽，一般人根本挡不住你。这个时候骨沉骨硬但筋未起，仍然是肌肉作用推着骨头走，所以大部分仍在后天有形有相的层面上。打人不讲理。

暗劲，其实和明劲不能分开说。这句话尚云祥说过，我老师李贵江也说过。因为明劲到了后半程，身心从后天逐渐转向先天，思维神经和肌肉的功能渐渐退位，先天神意渐渐做主，此时筋的作用开始显现，逐渐实现全身筋整。这个时候打人，就是筋拽着骨头去打，而肌肉只是跟随了。所以暗劲是筋力，崩拳到此才能体现似箭，全身各处打人，都好像拉弓射箭一样。明劲是精気做主，所谓炼精化气，到暗劲则是先天神意做主，是所谓炼气化神。

化劲，所谓炼神还虚，这个虚即是化。无论明劲还是暗劲，不管骨力还是筋力，都还能看得见摸得着。随着身心修炼的向上一路，先天神气逐渐入虚，身心内外则是还虚，这时候出现佛家讲的身心分离，也即身是身，心是心。此心在一片般若之海中如如不动，而身体则渐渐受控于先天神意的指挥，不再自己做主了。到了这个时候，就出现了孙公讲的心意一动，身体自动出去的能力。那么在技击上，完全是神意做主，随手击发而已。

涉及丹道的成分，明劲是一片昂扬，暗劲是一片沉静，化劲则归于虚无本质。走在明劲上了，就像小伙子一样劲头十足，练拳劲头十足，生活里也劲头十足，这就是还阳，所谓逆反回真的现象。这辈子要是始终在明劲上就不易，身心保持在十八九岁，到了七八十岁看着像四五十岁，身体里头依然活力十足，这就是"丹田养得长命宝，万两黄金不与人"，你拿钱买得来吗？

睡眠的重要性

人这一辈子，有几乎一小半时间都是在睡觉，却从来不想想为什么？只要是生理上与生俱来的本能，它对于生命都有着重要的意义，如果你不重视它，就会付出相应的代价。可是我们多数的人根本不把睡觉当回事，夜夜笙歌不说，熬夜基本成为日常，早晚你的身体会出问题。人七天不吃饭会饿死，七天不睡觉会怎么样？结果其实差不多，阳气耗尽，人也会死的。

记得很多年前，夜总会刚刚开始出现的时候，我的一个朋友说过一个段子：某日傍晚，他陪着媳妇饭后溜达，看到几个年轻女人走在街上，他就说一定是三陪小姐。他媳妇问为什么？他说那几个女人脸色苍白，一看就是昼伏夜出，基本上可以认定是夜总会的。说不信咱们跟着看。夫妻二人跟在后头，最后果然是到了一家夜总会。他是当笑话跟我们说的，其实这里边的原因，就是长期睡眠不足的人，体内阳气不足，气血也就不足，脸色苍白也就难怪了。因为气血供应上不足，输送的动能也不足，长期熬夜的人没精神、没气力，就是这个原因。

在生理上，睡眠其实是身体自动的功能，人困得不行了，自己会歪倒一边自然睡着。为什么会这样？因为睡眠是人体自我修复的一种机制。驱动人的身体做各种事的内在动力是阳气，当阳气消耗殆尽时，人就会感觉到疲乏困倦，就要通过入睡来补充阳气。睡眠，其实是以阴补阳的过程，人累了，病了，都会不自主的躺下休息，通过睡觉来恢复，这个恢复，其实就是恢复阳气。一般人睡一晚上就可以恢复精力，连续

几天劳累的人可能要连睡好几天才能彻底恢复。反过来，如果你睡眠不好，或者熬夜，阳气补充不上来，一个直接后果就是实阳不足，虚阳上升，也就是孙公禄堂说的"人为后天假阳所伤"，日子一长，各种毛病就来了。有的人脾气大，一量血压高了，这是阴虚阳亢，虚阳冒顶。有的气血衰弱，脸色苍白，这是实阳不足，阴气压制造成。阴阳不调，其实是各种疾病的最大源头。

以上是针对成年人讲的。一个吃一个睡，是人生存最基本的要素。尤其是睡，睡眠不好，日子长了五脏六腑都会出虚弱的问题，包括精神上，慢慢身体上有毛病了，自己还不知道是哪里来的，其实根子就在睡眠上。

睡眠于生命另外一个极其重要的作用，就是生长。植物都是在夜里拔节，小孩子也都是在夜里头长个儿。为什么是这样？这里边的原理极其复杂。总而概之，白天阳气做主，基本都是消耗，比如说四五岁的孩子狗都嫌，一分钟安静都没有。所以生长必须是在夜晚身心都休息安静了，阳气蛰伏不动、阴气做主的时候，才能开始细胞的各种分裂再生。好的睡眠是一沾枕头就着，且一夜无梦，醒了就醒了，没有赖床，且精力充沛浑身有力，这就是通过睡眠把阳气又补回来了。否则，始终处于阳气亏欠的状态，生长会迟缓乃至停滞，恢复也谈不上了。

睡眠是人的生理本能。人在劳累、病痛甚至无助时，也就是精神垮掉时，都会不由自主地躺下，这一躺，最核心的其实就是两个字——休息。病人每天都得躺着，大夫说要好好休息。等大病初愈，有一天后半夜醒了，或者是早晨醒了，突然阴茎勃起，这就是好了的征兆了。当然，这个只针对45岁之前的男子，老年人是没有这个的。老年人要修行，要先把生殖功能恢复过来，男人实现晨勃，女人把月经练回来。

关于生理上的种种都极其客观，没有任何神化的成分在里面。你合上了天地宇宙的规律，就能和人家同步，身心就会改变，你违背了这个规律，就会自我消耗乃至加速走向衰亡。从我们内家拳学上讲，睡眠就

是逆生长，和小孩子睡眠长个儿的意思差不多。无论站桩还是练拳，真的入了道，就会有更多睡眠的需求了。大白天你也会犯困，这个时候要懂得打盹的重要性。因为我们逆反回真合上了天地宇宙的规律，身心就又开始发育了，这个时候身体就需要通过睡眠来促进细胞的分裂再生。你不懂得休息，不充足睡眠，你功夫就上不去。过去老辈人什么都不干，每天就是练拳，然后睡觉，一天要睡四五个觉，或长或短。这里面的道理他们可能不一定知道，但是练法都是一代代这么传下来的。这个属于道艺的部分。

　　睡眠保证了，这时候就出现了一个更加重要的因素，就是活子时。活子时是与睡眠同步进行的，睡眠促进身体发育，活子时则是激发元阳。注意，这个元阳不是阴阳的阳气，元阳在阴阳之先，也就是道体衍化天地宇宙和各类生命、现象的本体功能在生命中的显现。这个补上来了，性命才开始改变，这个没有，就只是强身健体，形而上一路是没有的。所谓道家的性命双修，佛家的存形驻世，这个东西是非常关键的。只是具体的操作、里边的境界、关节火候的把握，是需要老师亲自指点的。

　　拳法入道后生活中怎么处理？肾功能强大起来，活子时来了，身体内部出现了回春的现象。是不是就禁欲了？要看你自己的目标定在哪儿。如果你只是想做个长寿且有质量的人生，就无所谓禁欲不禁欲。"精满不思淫"，功夫有了反而不想男女之事。至于具体的，只要第二天早晨起来晨勃还在，就没问题。如果没有了，就得休息补回来。男女交媾是极其客观的事情，并没有什么丢人不丢人或者廉耻不廉耻的事。但也不可过头，过头就没人性了。真要把它勘破看淡，甚至通过性命双修之学化解，这个才是真本事。男女交合其实也是阴阳相合，但那是外相合。人的身体里头自带阴阳，这个阴阳难道就不能自行交合吗？释迦牟尼说过，真正的快乐是人修行进入定境时的内触之乐。就是自身阴阳交合之后产生的寂灭之乐。

什么才是真松？

对于松，大约首先是从杨式太极拳里传出来的。这个松，困惑了世人近百年，有各种各样的说法。最著名的一句话，就是杨澄甫教导郑曼青："要松，不松就是挨打的架子！"于是乎大家都糊涂了，打人必然是紧，防卫也是个紧，为何反其道而行之。这边都要挨打了，自己还在使劲松，或者想把对方打躺下，非但不提起力气，还要尽可能松，怎么能打人？

这就是世人对内家拳的误解，以为和搏击一样的，都是用肌肉打人。内家拳都是返先天，不在后天神经肌肉上做功。后天是靠思维的，看谁比谁脑子快主意多，所以凡事都是要多琢磨多思考，打人也必然是肌肉做功的程度越大越好，把全身肌肉练到硬邦邦的，普通人手指头都抠不动，或被认为是本事最大的。但是内家拳恰好相反，不让肌肉做主，也不让神经思维做主，而是靠身体自我防护的本能去打人。所以才有杨澄甫说："要松，不松就是挨打的架子。"当然了，光是松也不足以去打人，不管内家外家，先天后天，应用上都是一整套体系，不会光靠这单一的功能或者身体的局部去进攻。而先天的体系，相比于后天的体系，则简而事大，也正因为其简，所以不容易把握理解。

其实所谓的松，首先是精神上放松，然后肌肉也就放松了，这样神经思维肌肉等后天体系就不会主动参与到做功里头。之前我在一篇文章里说过，后天的体型特征，就是当你思想上准备进攻时，肌肉同步紧张，心肺负担加大，身体进入到高度消耗，这就是不松。而松，则是反过来，不让神经肌肉参与，才是真松。

这些内家拳的窍要关节，仅仅是通过思维去琢磨，是永远想不明白的。就是我今天说出来了，其实对读者也只是启发。你认识是这样，但是你身体上没做出来，就没有同步的体证，就还不是你的，也不是真正领会。那么当你真正做到松了，身心之中自我保护的本能便会激发，这个本能可以模糊地称其为"一气"，也就是内劲。再结合我们平时易骨、易筋、长筋、腾膜的锻炼，把先天一气作用到后天筋骨膜上，借助着打法的手段，瞬间作用到对方身上，可谓摧枯拉朽，才是内家拳的真实用法。这个"松"，等你练到了这个层面，所有的疑惑就迎刃而解了。比如为什么老辈人过去拳劲那么大？当你还只是通过肌肉做功来打人的时候，你永远不理解老辈人的功夫，甚至以为是骗人的。当你走到了筋骨膜做主的程度，你才知道这东西轻则伤人内脏，重则一拳毙人性命，实在是过于恐怖。

内家拳训练体系中的性命双修

西方一直在研究东方的禅坐、太极拳等,也认定可以缓解甚至治愈人类的一些慢性病。但是道理在哪里,他们大抵只是认为放松了身心,有助于机体恢复,骨子里怎么回事他们就不知道了。包括我们绝大多数的爱好者,也是知其然不知其所以然。多数人都在傻练,碰对了就受益了,还有碰不对的,反而走到弯路上去了。

其实,西方科学所不了解的,就是先天和后天的区分。西方科学注重实验,后天有形有相的东西他们认可,先天无形无相的就两眼茫茫。先天无形无相可以通过后天有形有相来体现自己的功能和效果,比如身体功能的转变。如果没有切实好的效果,传统武术何以能流传千百年至今呢?如果拳不与道合,就只是格斗术而已。正因为传统武术后来与道家合流,才有了之后更加宽广的存在基础。也不要以为性命双修是个多么高大上的东西,高不可攀,其实道在屎溺,百姓日用而不知,这东西极其简易朴实,如果光怪陆离高高在上,那一定是假的。

我们从内外家练法的不同切题。外家练硬功,比如金钟罩、铁布衫、铁砂掌等,这些当年我都练过,所谓内练一口气,外练筋骨皮。外练其实是通过外力刺激筋、骨、膜逆生长,使其局部变得强壮。内练一口气,是通过疏通和旺盛气血,加强局部的血液供给,促进血液循环,其实也都是为了让局部再生长起来。内家呢?则是从生命根本上入手,通过逆反回真使身体再次进入生长的轨道,实现全方位的强壮。二者对比,目的都是一个,方法上不同,最终结果也不同。显然内家更科学、更高明。因为外家功夫是造作出来的，内家功夫是自己长出来的，最起码从健康的角度，内家是没有伤痛困扰的，而且功夫是全方位的。

那么问题来了，内家功夫是如何长出来的？这个长，就涉及性命双修的内容了。首先对生长要有个全面的认识。一个大人打一个儿童，显然是极其轻松的，根本原因在于大人的强壮程度几十倍于儿童，这是成长的优势。按照自然的生理规律，到一定年龄人就停止生长了，因此西方体育竞技是分量级的。如果在成年后还能继续生长，别人都停止了你还在不断强壮上去，当几倍或十几倍于常人，所谓武术的强欺弱不就很好理解了嘛！这个自然界从来都是强欺弱，没有弱欺强的时候。中华武术几千年，走的也是这个自然生存法则的路线，即适者生存，弱肉强食。当别人打你打不动，你一下就能把对方打躺下、打吐血甚至一命呜呼，才会知道什么叫强欺弱。尚云祥有句话：我打你上头让你吐血，打你下头让你拉屎，这还是轻的。从这个唯一的角度，再来认知传统武术就客观而且简单了。没有那么多神奇乃至神话的东西，就是个功夫大了不讲理的事。老虎吃羊，羊永远也吃不了老虎。所以我们要做老虎，哪怕你曾经是只羊，也要把自己变成一只老虎。

道家性命双修中的逆生长是如何实现的呢？这个千古秘密到底是什么呢？今天我就彻底揭开这个秘密，答案是"阳气"。当你身心内部阳气处于主导地位，身体就会不断生长上去，如果阳气消耗到与阴气平衡，身体发育就停止了，一般男人是在二十四岁，女人是在二十一岁。继续消耗下去，阴气超越阳气占据了主导地位，身体就开始衰老了。男人从三十二岁，女人从二十八岁，身体开始由盛而衰，开始逐渐衰老。所以说，"雨露滋润禾苗壮，万物生长靠太阳"，这话是一点都不假的。

但是对于这个天地宇宙几乎所有的生命而言，衰老是不可逆的，生老病死是客观规律，谁也违背不了。为什么？因为自出生后，所有的生命就都不自觉地处于消耗之中，不断地把阳气消耗出去。只要这个进程不停止，生命衰老就不会停止。人生最大的消耗无非酒色财气。眼耳鼻舌身意但凡发动，就一定会有消耗，因此六贼不死，真常难见，性命难回，从衰老一直到死亡，所谓方生方死方死方生。其实死亡并不可怕，死亡只是生命的一种转变过程，这个形式死掉了，马上就会换成另外一种形式存在。人类畏惧死亡，主要是因为对死亡后的境遇不可知。当你知道你死了，还有另一个你出生，你还会害怕吗？其实只是死亡的过程痛苦而已。这种被动地解脱，四大分离，确实是一个很艰难的过程。所以我常说，最起码通过练拳，能够无疾而终，这还不算人生最大的福祉吗？其实不算。人生最大的福祉，其实就是释迦牟尼说的存形驻世，也就是四大弟子所肩负任务而留在人间。这种事看似神奇，等我把道理讲清楚，就会觉得特别简单了。归根结底，就是个逆反回真不断培育阳气的过程。我在之前的文章中讲过，人的生命是个极其客观真实的形态，人的肉体就是个机器，是人类真我寄存的一个壳子而已，所谓皮囊。既然是个机器，既然有存有废，背后就有它的规律，只要把握了这个规律，就能做到延缓衰老，延长生命。那么最根本的问题来了，怎么培育这个阳气？

首先得知道，阳气从哪里生产出来的？其实我之前说了无数遍，"道自虚无生一气，便从一气产阴阳"。阴阳二气的源头是一气，一气的源头是虚无道体！一气是什么？孙公禄堂反复说："虚无一气，金丹也，形意拳之内劲！"拳上讲是内劲，从天地宇宙讲，是道体衍化万物的那个功能。阴阳二气从一气而来，一气归根虚无道体，你把握了道体本质，也就把握了阴阳。接下来的问题更加关键：道体是什么？怎么把握？又怎么运用？这个就最难了。多少人修行一辈子，几辈子，几十辈子，就为了悟这个道。老子说："道可道非常道。"这东西要靠智慧体悟，用文字叙述总归偏颇。那么暂时没悟到，还有没有办法呢？有的，虽不中不远矣。这东西好在只要你无限接近，道体的功能就会产生作用，虽然谈不上解脱，但是作用于自我身心还是实事求是的。这个无限接近，就是我常常说、常常讲的"空空静静别动心"。其实也不是我讲的，而是孙公讲的："道本自然一气游，空空静静最难求。"你只要无限接近空空静静，常空常静，就能激发道体作用，实现逆反回真，重新孕育阳气。

到这里可能有个疑问，既然一气产阴阳，为何只谈阳气而不谈阴气？因为在道体生发这个源头，同时孕育阴、阳二气，而阳气是占主导作用的。也就是说，如同婴儿刚刚出生的状态，比如乾卦，六爻皆阳，我们练形意拳明劲的终点是"六阳纯乾，刚健之至"，说的就是这个状态。所以那些把明劲练到刚劲上去的人，是从根本上就错了。明劲是身心转变的过程，一味刚猛，反而是加大了消耗，加速了阳气的消耗，是自掘坟墓。形意拳打人也不是肌肉做功，而是内在阳刚气质的一个激发而已。至于说用拳头打人还是用哪里打人，只是就手的事。

当你能够把握住这个空空静静，则身心自然变化。所谓"养气忘言守，降心为不为。动静知宗祖，无事更寻谁。真常须应物，应物要不迷。不迷性自住，性住气自回。气回丹自结，壶中配坎离。"历史上这些明白人，只有吕洞宾最不保守，说的最直接、最清楚、最明白。从孙式内家拳体系，一开始的无极桩加上混元桩，基本就是实现"孕育阳气、旺盛气血"这个过程，后面的五行拳，特别是劈拳，主要是起到发育筋骨膜的作用，二者合一，也就是拳桩一体，拳在桩里，桩在拳里，互为促进。有兴趣的，可以参加我的网络学习班体会。

"一粒金丹吞入腹，始知我命不由天"。这话的口气得有多大？老天爷不收的人，大约只有孙悟空吧。首先得知道金丹是什么。过去有很多讹传，以为金丹是个物质化的东西，其实过去道家书籍都是用隐喻的，不会直白说出来，因为怕泄露天机遭天谴。幸运的是孙公禄堂是明白人，直接就解密了："虚无一气，金丹也，形意拳之内劲！"所谓金丹，其实是一气的另一种说法，而一气，是道体衍化万物的那个功能，所以道体功能就是金丹。那么你悟道、得道了，把握了这个一气，也就是得丹了。

可能不光是过去，就是现在还有很多人在追求这个有形有相的东西，以为真可以修炼出来个明晃晃的大金丹，一开始挂在天上，然后从顶门进入到体内。过去有些神话小说就是这么写的。可是先天大道无形无相，它的功能体现在后天有形有相里。也就是说，我们人类的生命，包括身体，其实只是道体功能产生的现象，既然是现象，就有生有死，所谓方生方死、方死方生。唯独有一个永远不死的，就是道体本质和它的功能，也就是一气，也就是金丹。比如释迦牟尼在《楞严经》里对那个国王说的：你年幼时看见的恒河，与现在你年老时看见的恒河，可有不同？国王说并无不同。释迦牟尼接着说：你的身体虽然已经衰老不堪，可是在年幼时和年老时能见到恒河的那个能见的功能却一直在那里没变过，何以见得你真正的本我衰老了呢？

佛家是比较彻底的，这个肉体就算是能与天地同寿，天地也是要毁灭的，所以不如把握根本，才能真正做到来去自由。道家其实也是彻底的，但是在具体修行上强调长生久视，所以吕洞宾被那个老和尚骂，说他顶着个不死的牌位瞎嘚瑟什么。一笑！道家讲性命双修，如果是老年人，比如老年妇女，需要先把月经修回来。然后再把月经修没掉，这叫"斩赤龙"。女人在来月经之前的状态，不就是少女的阶段嘛。男人也是一样的，但是比女人好一点，有的男人七八十岁还有生育能力。但是往回走，这个功能肯定越来越强，到最后也是把精都练没掉，这叫做"断白精"。这时候生命状态就进入到少年的阶段。再往上，就是纯阳的童子，也就是刚出生的婴儿了。所以老子说"专气致柔如婴儿"。

如果用后天八卦来解释，刚出生时乾卦，六爻纯阳。逐渐消耗，阳爻一点点消退，阴爻一点点上来，那么女人到四十多岁，男人到五十几岁，就变成坤卦纯阴了。这个时候身体里的阳能全部消耗光了，身心就进入到老年，也就是更年期。因为阴气主沉静收敛，所以老年人大体都是不那么好动的，等到阴气也消耗光了，生命也就结束了。当然这个过程每个人禀赋不同，时间有长有短，但是一般人都活不到该有的年纪就死掉了，原因在于日常精气损耗及病痛等。因为身体这个机器逐渐磨损了，不像年轻时那么好用，问题逐渐出现，会加速走向衰亡的过程。

有很多人误打误撞，走到逆反回真的路上，普遍出现遗精走马的现象，只要白天练功，晚上就都跑了，非常苦恼。所以这东西没有正式的传承，瞎练也是要不得的。其实这个是好事，说明你的生命真的把阳能旺盛起来了，首先就反映到肾功能上。人，包括动物的生命，都是从两性淫欲上来的，这个根本大欲其实是生命的源头，你说它不好，其实没有它也就没有了生命。所谓"阴阳和合成三体，三体重生万物长"。阴阳本身就是要合和的属性。你四五十岁了，本来就已经肾虚肾亏少精，结果现在弄得又旺盛起来，当然是好事。关键是你锁不住精，就没法继续往前头走，作为练内家拳的，你的身体逆生长就到头了。这里头的秘密，我今天可以把它说出来，其实就是没有同步把炼精化气的机制建立起来，等你把这个机制建立起来，或者说系统功能建立起来，这边不断地生长，那边不断地转化，就不存在漏精的问题了，那么女人就是把月经化掉，男人就是把精化掉，都转化成气血，养育身心了。

当你把生命调整到这个状态，如果能够长期保持在这个状态上，你说是不是"我命不由天"啊？自己的生命自己做主了？所以这个事极其客观真实，物理世界的物理规律，没有任何神话的成分在里头。你明白了，就一切真相大白了。只是过去的人说的太隐晦。

天长地久，为什么人类的生命不能和天地一样长久？因为天地无情而人有情啊。说白了就是自我消耗。天地不仁以万物为刍狗。什么意思？就是在天地的逻辑里面，是不考虑仁义道德、罪与非罪的，人家那里只有规律而已。那么圣人不仁以百姓为刍狗呢？圣人当然是悟道得道之人，明白天地宇宙背后的真相是怎么回事，或者说从本质上，圣人和天地是一体两面的现象，圣人自然也不会有所谓仁爱或者不仁爱的心理，人家只是引导让你悟道。考虑到大部分人很难悟，于是留下圣人之学教导后世，干脆就做个好人，从好人、善人上面再往圣人上转化，总归方便一点。既然是手段就有流弊。所以老子说圣人不死大盗不止。披着羊皮的狼外婆很多呢。

其实形意拳的修炼就是丹道的修炼,太极拳和八卦拳也是一样,只是形意拳系统化了,提出了三步功夫三层道理。第一层明劲就是还阳的过程,也即是我刚才说的过程。只是拳法毕竟是形而下的东西,过去很多人练到了不自知,结果上没有走到道艺上去,最后得个无疾而终也就罢了。我只要是说出来的,就都是我已经练出来的,验证过了,不然空口白牙胡说是要有因果的。如今很多人说话太随便,你觉得说完就完了,佛经里说十方世界都会引起震荡。胡说八道图一时痛快,一句话让别人走了弯路,害了别人的道命,最后结果是什么是不言而喻的。也不要把丹道认为是什么高大上的东西,道在屎溺,百姓日用而不知,丹本身就是个虚无的东西,道也无非就是正确的方法。每个生命身上都有个八卦炉,也都有个虚无一气,人与人生来平等,所以做人既不要仰望,也不要藐视,平常心虽然并不是道,虽不中但不远矣。